Gottfried Wilhelm Leibniz

Monadologie

Deutsch mit einer Abhandlung
über Leibniz' und Herbarts
Theorien des wirklichen Geschehens
von Dr. Robert Zimmermann

Gottfried Wilhelm Leibniz: Monadologie. Deutsch mit einer Abhandlung über Leibniz' und Herbarts Theorien des wirklichen Geschehens von Dr. Robert Zimmermann

Erstdruck: Wien, Braumüller und Seidel, 1847

Neuausgabe mit einer Biographie des Autors
Herausgegeben von Karl-Maria Guth
Berlin 2017

Umschlaggestaltung von Thomas Schultz-Overhage unter Verwendung des Bildes: Christoph Bernhard Francke, Bildnis des Philosophen Gottfried Wilhelm Freiherr von Leibniz, um 1695

Gesetzt aus der Minion Pro, 11 pt

Verlag: Henricus - Edition Deutsche Klassik GmbH
Mörchinger Str. 33, 14169 Berlin, info@henricus-verlag.de
Druck: Libri Plureos GmbH, Friedensallee 273, 22763 Hamburg

ISBN 978-3-7437-0803-7

Bibliografische Information der Deutschen Nationalbibliothek

Die Deutsche Nationalbibliothek verzeichnet diese Publikation in der Deutschen Nationalbibliografie; detaillierte bibliografische Daten sind im Internet über www.dnb.de abrufbar.

Gottfried Wilhelm Leibniz

Monadologie

Deutsch mit einer Abhandlung über Leibniz und Herbarts
Theorien des wirklichen Geschehens von
Dr. Robert Zimmermann

Sr. Excellenz
dem hochgeborenen Herrn

Hieronymus Grafen von Lützow

Dreylützow und Seedorf

Vicepräsidenten des k. k. General-Rechnungs-Directoriums,
Commandeur des österr. kaiserl. königl. Leopold-Ordens
(S. C. E. K.), k. k. wirkl. Geh. Rath und Kämmerer,
Protectors-Stellvertreter bei der wechselseitigen Capitalien- und
Renten-Versicherungsanstalt in Wien, stiftenden Mitglied der
Gesellschaft des Vereines zur Ermunterung des Gewerbsgeistes,
wirklichen Mitglied der Gesellschaft des vaterländischen Museums
in Böhmen, Ehrenmitglied des pomologischen und des
Schafzüchtervereins, Mitglied des Vereins zur Beförderung der
Tonkunst und des nied. österr. Gewerbvereins, Herrn der
Herrschaft Lochowic in Böhmen etc. etc. etc.,
ehrfurchtsvoll zugeeignet
vom Verfasser.

Noch vor ganz kurzer Zeit dachte man, wenn von deutscher Philosophie die Rede war, beinahe ausschließlich an *Kant* und seine Nachfolger, mit welchen das Licht in der Finsterniß aufgegangen sei. Was vor ihm auf diesem Felde geschehen, ignorirte man entweder ganz, oder man glaubte es mit dem Namen *Wolffianismus* und *Dogmatismus* hinlänglich abgefertigt zu haben. Selbst *Leibniz*, dem es Manche nicht verzeihen konnten, daß er französisch geschrieben, war zu großem Theile Tradition. Seine Monaden waren populär, seine Theodicée nannte man hie und da; von seinem bedeutenden Einfluß auf die Folge- und Neuzeit war wenig die Rede. *Kant* galt allgemein für die Pforte deutscher Weltweisheit. Allein selbst dieser lief zuletzt Gefahr, über seinen Enkeln in den Winkel gestellt zu werden, und genoß, obgleich man ihm noch immer die Ehre anthat, ihn als Pförtner des philosophischen Hörsaales zu betrachten, kaum ein kärgliches Gnadenbrot.

Dies hat sich im letzten Decennium mit Einemmale geändert. Eine plötzliche bibliographische Thätigkeit ist über die Literatur gerathen; der Deutsche sammelt von allen Seiten die Schätze, die er sonst bisweilen sorglos unbeachtet gelassen, mannigfache Editionen vergriffener Meisterwerke aller Art und jeder Zeit werden veranstaltet, und, den ungünstigsten Fall angenommen, haben diesem literar-historischen Treiben auch die beiseitegelegten Schriften der vorkantischen Periode die Aufmerksamkeit zu danken, die man von Neuem ihnen zugewendet. *Leibniz*' philosophische Werke erschienen zum ersten Mal vollständig gesammelt von *Erdmann*; *Guhrauer* schrieb dessen Biographie und gab seine deutschen Schriften heraus; eine Auswahl seiner historischen Manuscripte ist auf dem Wege. Sogar *Wolff*, der lang verunglimpfte, gescholtene, der ehrliche *Wolff par excellence* gelangte wieder zu Ehren; wenigstens gab *Wuttke* dessen interessante Selbstbiographie heraus und verspricht eine ausgewählte Gesammtausgabe seiner zahllosen Schriften. Die Scholastiker werden aufgesucht, gesichtet, und Männer der äußersten Linken wie *Feuerbach* halten *Leibniz* und *Bayle* der ausführlichen Würdigung und Besprechung werth. Auch die mehrfachen Gesammtausgaben von *Kant*, die nun vollendete von J. G. *Fichte*, die *Auerbach*'sche Übersetzung *Spinoza*'s, die Ausgaben *Mendelssohns* gehören hieher.

Es ist möglich, daß hieran das reinhistorische Interesse, das Agens unserer Zeit, das nicht immer nach dem Werthe, sondern nach dem Namen wählt, bisher den größten Antheil hat, es wäre sonst kaum zu begreifen, wie man so plötzlich sollte zur Erkenntniß gekommen sein, nachdem man das Alte so oft geschmäht, verachtet, an den Pranger gestellt hatte; aber daß es das historische Interesse allein gewesen sein sollte, ist doch unwahrscheinlich. Auch innere Gründe, in der Natur der Sache selbst gelegene, müssen mitgewirkt haben, und wenn nichts Anderes, so verräth die Rückkehr zu den alten verlassenen Wohnsitzen wenigstens, daß den Heimkehrenden in den prunkenden Luftschlössern der Speculation, mit welchen sie sich so viel gewußt, nicht heimisch geworden sei. Nachdem sie lang im süßen Wahne gelebt, endlich den Stein der Weisen gefunden zu haben, stiegen auch daran Zweifel auf, und in dem so entstandenen Schwanken und Suchen nach Wahrheit greifen sie endlich auch nach den verrußten Repositorien, die sie so oft in die Rumpelkammer verwiesen zu haben sich gerühmt hatten.

Noch vor einem Jahrzehend gab es eine Schule in Deutschland, welche sich mit stolzem Selbstvertrauen die herrschende nannte; im gegenwärtigen Augenblick ist diese Schule zerstreut, und von Gegnern überflügelt, deren Ansichten sie für längst überwunden erklärt hatte. Es gibt keine herrschende Schule mehr. Monadisten, Monisten und Dualisten stehen sich streitend gegenüber, fast eben so, wie vor anderthalb Jahrhunderten *Leibniz*, *Spinoza* und *Descartes*. Der Idealismus und die Identitätsspeculation scheinen ihre Rolle ausgespielt, das Denken besonnener, ruhiger, praktischer geworden, scheint Lust zu haben, zum Realismus zurückzukehren, um wenigstens einen sichern Boden unter den Füßen zu fühlen. Eine *révolution conciliatrice* prophezeit *Willm* in Straßburg in seiner Preisschrift: »*De la philosophie allemande, qu'il est impossible de caractériser tant que Mr. de Schelling n'aura pas achevé l'oeuvre du système définitif, qu'il a promis à l'Europe.*« Der bisherige Erfolg desselben scheint nicht zu verrathen, daß es das künftige Schiboleth ausmachen werde. Jene Revolution erwartet der Franzose von dem Realismus *Herbart*'s, der auch seinerseits zum Beweise dienen kann, wie sich ähnliche Ruhepunkte im Laufe des philosophischen Gedankenganges wiederholen. Gegenwärtig hat der philosophische Kreislauf sein Ziel erreicht, er ist in seinen Anfang zurückgekehrt; das wäre eine traurige Erfahrung, wenn es sich buchstäblich so verhielte. Allein auch wenn dem so wäre, und der menschliche

Geist wäre auf einem seit siebzig Jahren mit dem angestrengtesten Eifer verfolgten Wege am Ende nur zu der Überzeugung gelangt, einen Irrweg eingeschlagen zu haben, ohne darum den Muth zu verlieren, unverdrossen und der erlangten Übung froh, einen neuen vom Anfang zu beginnen: so wäre dieser kraftvolle Vorsatz um so viele Aufopferung nicht zu theuer erkauft.

Selbst wenn die besondere Veranlassung des im Jahre 1846 gefeierten, und auch in *Wien* durch die Stiftung der Akademie der Wissenschaften, eines Lieblingsgedankens des großen Mannes, verherrlichten zweihundertjährigen Geburtsfestes *Leibniz'*, nicht hinzukäme, so dürfte dennoch in einem Zeitpunkte der Art ein Versuch, durch Herausgabe eines seiner wichtigsten Schriftchen ein Schärflein zum Verständniß alter und neuer Richtungen beizutragen, um seiner selbst willen Nachsicht und Entschuldigung verdienen. Niemand ist dazu besser geeignet, als eben dieser allumfassende Denker, welcher den sich anfeindenden Parteien des Idealismus und Realismus gleich nahe steht, in dem sich die Keime aller seiner Nachfolger und die Spuren aller seiner Vorgänger finden. Während seine angebornen Ideen und sein Hauptsatz: *nihil est in intellectu, quod non fuerit in sensu, nisi ipse intellectus*, sich in *Kant* zum Kategorienschema ausbildeten, erschien *Fichte*'s streng teleologische Weltordnung als eine natürliche Tochter der *Leibniz'*schen Monade, darin sich das Universum spiegelt, und gerade so und nicht anders spiegeln muß, soll der höchste Zweck des Menschen, den der Idealismus in die Selbstständigkeit, *Leibniz* aber in die Beförderung des allgemeinen Wohles setzte, erreicht werden. Bei *Herbart* endlich taucht das ganze Monadensystem mit seiner indifferenten Vielheit und wechsellosen Starrheit wieder auf, an der Stelle des bildlichen Spiegelns sich blos eines anderen Hilfsmittels, der zufälligen Ansichten bedienend. Daß sich von der Identitätsphilosophie wenig bei *Leibniz* findet, ist leicht begreiflich; denn er, dem die Mystiker ein Gräuel waren, war auch der Alleinheitslehre so abhold, daß er *Spinoza*'s Werke noch in späteren Jahren als *absurdité* bezeichnete. Trotzdem hat sich *Feuerbach* bemüht, auch in ihm die Embryonen des künftigen Pantheismus und Synkretismus nachzuweisen; ob mit Recht, davon kann sich Jeder überzeugen, dem auch nur flüchtig die Hauptumrisse seines großartigen Baues bekannt sind.

Keines seiner Werke bietet dazu eine bessere Gelegenheit, als das nachstehende, dessen Übersetzung, seit 126 Jahren wieder die erste[1], dem Publicum geboten wird. Während er in den meisten seiner anderen Schriften einen bestimmten Gegner oder eine besondere Richtung vor Augen hat, gegen die er ankämpft oder sich vertheidigt, wodurch selbst seine Hauptwerke, die *Theodicée* und die *nouveaux essais*, nicht weniger als die zahlreichen Flugschriften einen polemischen Anstrich und ein persönliches Gepräge erhalten, das dem allseitigen Gesichtspunkte und allgemeineren Verständnisse des Gegenstandes häufig nachtheilig werden kann, gibt er in dieser trefflichen Abhandlung einen vollständigen Überblick seines gesammten Systemes, läßt ganz allein die Sache selbst reden, unbekümmert um fremde Meinung und Ansicht, und entwickelt so den großartigen Prachtbau seiner Weltansicht, an dem zwar das unbefangene Auge manche Risse und Spalten entdeckt, dessen Fundamente aber ewig bleiben werden, und der in seiner genialen Unvollendung dem Torso gleicht, den kein Bildhauer zu ergänzen wagte. Was er sonst häufig nur aphoristisch hinwarf mitten unter fremde, bestrittene und geduldete Ideen, oder als geistreiche Axiome aufstellte, seine tiefsten zerstreuten Gedanken und scharfsinnigsten Combinationen, das sammelte er hier wie in einem Brennpunkte, in dem, am Ende eines der Wissenschaft und der Welt wie kein anderes gewidmeten Lebens, alle Strahlen seines Geistes und Wissens zusammenflossen. Er selbst äußert sich über das Verhältniß dieser seiner Schrift zu seinen übrigen auf ähnliche Weise in einem Briefe an seinen Freund *Remond de Montmort*[2] mit welchem er die Zusendung des

1   So war es, als diese Worte geschrieben wurden. Gerade als diese Schrift in die Druckerei abging, kamen dem Verfasser die Gelegenheitsschriften zur 200jährigen Geburtsfeier *Leibniz'* in die Hände. Unter ihnen fand sich in *Schilling's* »*Leibniz als Denker*« die Übersetzung der Monadologie nach *Erdmann's* Ausgabe. Da der Herr Verfasser indeß sich nicht auf die Vergleichung der verschiedenen Ausgaben einläßt, so dünkte uns die nachstehende Übersetzung noch immer nicht überflüssig.

2   Den Jüngeren. Es gab zwei Brüder dieses Namens, die beide mit *Leibniz* im Briefwechsel standen. Der ältere, *Pierre*, war ein ausgezeichneter Mathematiker und lebte von 1678 bis 1719 zuerst als Canonicus, dann als Mitglied der Akademie der Wissenschaften. Von 11 Briefen, die *Dutens* unter dem Namen der *Montmort's* aufführt, ist nach *Guhrauer's* Ansicht nur die *lettre VIII. Opp. o. ed. Du. V. p. 29* an ihn gerichtet, die übrigen

Manuscripts an denselben begleitete: »*J'ai espéré, que ce petit écrit contribuerait à mieux faire entendre mes méditations en y joignant ce, que j'ai mis dans les journaux de Leipsic, de Paris et de Hollande. Dans ceux de Leipsic je m'accommode assez au langage de l'école, dans les autres je m'accommode davantage au stile des Cartésiens, et dans cette dernière pièce j'ai tâché de m'exprimer d'une manière, qui puisse être entendue de ceux, qui ne sont pas encore trop accoûtumés au stile des uns ou des autres.*«

Unbefangen von Vorurtheilen, frei von Systemisirungssucht und unwissenschaftlicher Pedanterei, will er von Unbefangenen gelesen und hofft von solchen verstanden zu werden. Nicht die Wahrheit einer gewissen Schule, die Wahrheit selbst wollte er lehren und vertheidigen, und wie er für seine eigene Person keiner Schule angehörte, hat er auch keine hinterlassen. Dafür ist er auch nicht der einzige redliche Wahrheitsforscher geblieben, der noch bis auf die neueste Zeit von der vornehmen Abgeschlossenheit der Männer von Fach und Kaste an den schlichten, befangenheitslosen Sinn des einfachen Gebildeten appelliren muß, um die Gerechtigkeit zu finden, die von den literarischen Sternkammern ihm vorenthalten wurde. Unwissenschaftlichkeit und falsche Popularitätssucht wird das Bestreben gescholten, auch solche Wahrheiten, die man noch nicht streng bewiesen in ein System einzureihen vermocht, auf das philosophische Gebiet zu ziehen. Lieber soll man engherzig und eitel genug sein, nicht einzugestehen, es gebe noch gar Manches, dessen Grund wir nicht erkennen, dessen Wahrheit aber gleichwohl evident, und dessen Kenntniß nutzbringend für uns ist. Wir sind überzeugt, daß es für jede Wahrheit, sobald sie dies wirklich ist, sie stehe noch so scheinbar isolirt und unvereinbar mit anderen da, einen Platz in der Wissenschaft gibt, an welchen sie eingereiht und ihre Verbindung hergestellt zu werden verdient, auch wenn dieser noch von Niemandem erkannt wird, weil es unmöglich ist, daß eine Wahrheit jemals der anderen widerspreche. Ein übereilter Schluß aber dünkt es uns, aus dem bisherigen Mißlingen, irgend einen Satz auf directem Wege aus einem anderen abzuleiten, kurzweg die Unvereinbarkeit desselben mit den Übrigen zu folgern, und einen von beiden für irrig zu erklären.

> an seinen Bruder. Dieser war Secretär des Herzog-Regenten von Orleans und ein eifriger Freund der Philosophie. *Leibniz* schätzte ihn sehr hoch.

Leider begegnete dieser Fall auch Leibniz, und dies mag zum Beweise dienen, wie verlockend die Versuchung sei. Sein Lieblingskind, die prästabilirte Harmonie – man könnte sie mit einem kostbar ausgemauerten Marmorteiche vergleichen, den ein König erbaute, um einen Gießbach aufzufangen, über den er mit dem Zehntheil der Kosten keine Brücke zu schlagen wußte – die prästabilirte Harmonie bleibt ein immerwährendes Denkmal des Fehlschlusses: es gebe keine äußere Wirksamkeit, kein thätiges Leben und Schaffen in dieser Welt einfacher Monaden, weil ein solches aus den vorausgesetzten Principien direct abzuleiten nicht möglich war. Diesen letzteren zu Gefallen widersprach er lieber der eigenen Überzeugung und machte die augenscheinlichste Thatsache der Erfahrung zum Irrthum, blos weil er keine apriorische Deduction derselben zu geben im Stande war. Um seinem eingebildeten Grundsatze treu zu bleiben, verbannte er sogar die in seinem eigenen Systeme liegenden Antriebe hiezu, die ihn bei einer glücklichen Wendung seines Gedankenganges auf einen, der Wahrheit wenigstens sehr nahe zu liegen scheinenden Weg gebracht haben müßten. Was ihm nicht gelungen war, gelang späteren monadistischen Denkern nicht in höherem Grade. Wie und mit welchem Erfolge sie es versuchten, haben wir bei der Wichtigkeit des Gegenstandes in einer eigenen, am Schlusse hinzugefügten Abhandlung darzustellen uns erlaubt. Wir glaubten, es dabei als einen Act der Pietät gegen den großen Denker ansehen zu dürfen, auf die in seinen eigenen Gedanken liegenden Keime hinzudeuten, welche bei längerem Verweilen und sorgfältigerer Beachtung eine Verstand und Herz mehr befriedigende Lösung anzubahnen versprechen. Inwiefern es uns gelungen ist, dieselben anschaulich zu machen, müssen wir der Prüfung Anderer überlassen.

Nach dieser kurzen Rechtfertigung des Unternehmens erübrigt uns noch die nöthigen literar-historischen Notizen über die nachstehende Schrift, wie wir sie *Guhrauer's* und *Erdmann's* gründlichen Forschungen verdanken, hinzuzufügen. *Leibniz* verfaßte das Original der Monadologie in französischer Sprache, wie der oben angeführte Brief uns lehrt, während seines Aufenthaltes in Wien in den Jahren 1713 und 1714 zunächst für den Gebrauch und auf Veranlassung des großen *Eugen*. Der Brief ist von Wien datirt am 26. August 1714. Er sagt darin: *Maintenant je vous envoie un petit discours, que j'ai fait ici pour le prince Eugène de Savoie sur ma philosophie.* Des Prinzen Interesse an Wissenschaft und Kunst, die er nicht blos aus Liebhaberei, sondern aus wahrer Liebe pflegte, ist bekannt und seine noch vorhandene Büchersammlung in der k. k. Hofbibliothek zu Wien, wie seine reichen Kunstschätze geben genügendes Zeugniß davon. Neben mathematischen und Kriegswissenschaften liebte er die Philosophie und er konnte, sagt *Guhrauer*, wie Alexander sich glücklich schätzen, daß zu seiner Zeit ein Aristoteles gelebt habe. Er verschloß, fährt *Leibniz'* Biograph fort, die philosophische Schrift, die *Leibniz* für ihn aufgesetzt hatte, wie eine seiner größten Kostbarkeiten und war zu eifersüchtig darauf, sie auch nur zu zeigen. Demungeachtet ist die Schrift verloren gegangen, und unter den prachtvollen rothen und blauen Maroquinbänden des Prinzen, die einen abgesonderten Theil der kaiserl. Hofbibliothek zu Wien ausmachen, findet sich keine Spur mehr von dem schlichten Manuscripte des deutschen Gelehrten. Ja nicht blos die dem Prinzen geschenkte Abschrift, sondern das Original der Abhandlung selbst schien bis auf die neueste Zeit, wo es *Erdmann* wieder auffand, von dem Erdboden verschwunden.

Öffentlich erschien die Schrift zuerst vier Jahre nach *Leibniz'* Tode in deutscher Sprache unter dem Titel: »Des Herrn Gottfried Wilhelm von *Leibniz* Lehrsätze über die Monadologie; ingleichen von Gott und seinen Eigenschaften, seiner Existenz und der Seele des Menschen. Aus dem Französischen von H. *Köhler*. Jena (nach Anderen: Frankfurt am Main) 1720.« Derselbe *Köhler* gab in demselben Jahre auch *Leibniz'* Streitschriften mit *Clarke* in deutscher Übersetzung heraus. Jene Ausgabe, die sehr selten geworden zu sein scheint, ist mir nicht zu Gesichte gekommen. Christian *Wolff* bevorwortete sie und 1740 erschien eine neue Auflage von derselben durch *Huth*. In welchem Verhältnisse sie zu der Handschrift *Leibniz'* selbst stand, ist mir nicht bekannt. Wenn es aber wahr ist, was *Erdmann*, der sie gesehen hat, behauptet, daß die lateinische Übersetzung in den *Actis eruditorum* nur eine Version der deutschen Übersetzung sei, so müssen schon in ihr hie und da Abweichungen stattgefunden haben. Diese lateinische Übersetzung erschien unter dem Namen: *G. G. Leibnizii principia philosophiae in gratiam principis Eugenii conscripta* in den *actis eruditorum Lipsiensium, Suppl. tom. VII. 1721 sect. XI. p. 500–514.* Sie ist die bekannteste. Völlig gleich mit ihr lauten die Abdrücke bei: *M. G. Hansch: Principia philosophiae Leibnizii geometrico modo demonstrata. Francofurthi. Monath 1728,* und *Lud. Dutens: Principia philosophiae seu theses in gratiam principis Eugenii in Leibnizii Opera omnia. Genevae de Fournes. 1768. tom. II.*

pag. 20–31. Nachdem der Urtext auf der k. Bibliothek zu Hannover unter Fascikeln alter Schriften wieder entdeckt, und auf diese Weise vor fernerer Verwechslung mit einem zuerst 1718 publicirten, stellenweise gleichlautenden Schriftchen: *Principes de la nature et de la grâce* gesichert worden, nahm ihn *Erdmann* zuerst in seine Ausgabe: *Leibnizii opera omnia philosophica (Berolini, Eichler, 1840) tom. II. Seite 704–712* unter dem ursprünglichen Titel: *la Monadologie*, wieder auf. Diesen Text haben wir unserer Übersetzung zu Grunde gelegt. Die mehr oder minder wichtigen Abweichungen, die sich zwischen ihm und den lateinischen Ausgaben finden, sind unter demselben getreulich angegeben. Woher diese rühren, ist zweifelhaft. Möglich, daß es verschiedene Handschriften von *Leibniz* selbst gab, nach deren einer die deutsche Übersetzung, die Mutter aller übrigen, gefertigt worden. Keinesfalls sind die Varianten bedeutend und bestehen meist in geringfügigen Zusätzen. Der wichtigste ist jener §. 33 über die zufälligen Wahrheiten. Von größerem Interesse, besonders für die Geschichte der Philosophie, sind die Parallelstellen aus der Theodicée, die *Leibniz* mit eigener Hand am Rande des Originals bemerkt hat. Doch nahm der Übersetzer Anstand, dieselben beizufügen, weil sie theils einen sehr ausführlichen Commentar verlangt haben würden, theils längst verlebte Ansichten und Meinungen betreffen. Desto lebhafter müssen wir wünschen, daß recht viele Freunde der Philosophie sich durch die Verdeutschung des Werkchens bewegen ließen, einer Schrift ihre Theilnahme zu schenken, welche der große Eugen so hoch hielt, daß er, wie der Graf Bonneval erzählt, sie den Freund nur küssen ließ und dann wieder in sein Kästchen einschloß, wie Alexander die göttlichen Gesänge des mäonidischen Sängers.

Wien, im Juni 1846.

Leibniz' Monadologie

(*La monadologie; Monadologia seu principia philosophiae in gratiam principis Eugenii conscripta.*)

1.

Die Monade, von der wir hier sprechen werden, ist eine einfache Substanz, welche Verbindungen mit andern eben solchen zu zusammengesetzten Substanzen eingeht; einfache, d. i. ohne Theile.

2.

Einfache Substanzen muß es geben, weil es zusammengesetzte gibt; denn das Zusammengesetzte ist nichts, als eine Anhäufung oder ein *aggregatum* von Einfachem.

3.

Wo keine Theile sind, da ist auch keine Ausdehnung, keine Gestalt, keine mögliche Theilbarkeit; die Monaden sind die wahren Atome der Natur, mit Einem Worte, die Elemente der Dinge.

4.

Eine Auflösung in Theile ist bei ihnen niemals zu befürchten; so wenig, als sich überhaupt eine mögliche Art und Weise erdenken läßt, auf welche eine einfache Substanz dem Naturlaufe gemäß zu Grunde gehen könnte.

5.

Gleich undenkbar ist es aus demselben Grunde, daß eine einfache Substanz auf natürlichem Wege irgend einen Anfang nehme; weil sie ja nicht durch Zusammensetzung gebildet wird.

6.

Anders als plötzlich kann daher die Existenz der Monaden weder anfangen noch enden; sie muß beginnen durch einen Act der Schöpfung (*création*), aufhören durch einen Act der Vernichtung (*annihilation*); während das Zusammengesetzte sich Theil um Theil bildet oder zu Grunde geht.

7.

Zu erklären, wie es möglich sei, daß eine Monade in ihrem Innern durch eine andere einen Wechsel oder eine Veränderung erfahre, haben wir durchaus kein Mittel. Denn es läßt sich weder aus der einen in die andere etwas übertragen, noch in dieser letzteren durch die erstere eine innerliche Bewegung erzeugen, die von außen geweckt, geleitet, vermehrt oder vermindert werden könnte, wie dies bei zusammengesetzten Dingen möglich ist, wo die mehreren Theile eine Vertauschung oder Verschiebung unter einander gestatten. Die Monaden jedoch haben keine Fenster, durch welche irgend etwas ein- oder auszutreten vermöchte. Die Accidenzen dürfen sich von ihren Substanzen nicht ablösen, wenn sie nicht haltlos im leeren Raume, etwa wie die sichtbaren Schemen (*espèces*) der Scholastiker herumflattern sollen. Weder Substanz noch Accidenz kann von außen her Eingang in eine Monade finden.

8.

Indeß müssen die Monaden nothwendig auch Qualitäten an sich haben, sonst wären sie keine seienden Wesen (*êtres*; *entia*). Unterschieden sich die einfachen Wesen nicht durch ihre Qualitäten, so würde uns jedes Mittel fehlen, irgend einen Wechsel an den Dingen wahrzunehmen, weil dasjenige, was am Zusammengesetzten erscheint, nur von den einfachen Bestandtheilen (*ingrediens*) herrühren kann. Die Monaden aber, sobald sie keine Qualitäten hätten, wären eine von der andern in gar nichts verschieden, weil sie nicht einmal der Quantität nach differiren könnten. Folglich würde, den Raum als erfüllt vorausgesetzt, jeder Ort in der Bewegung beständig nichts anders als ein vollkommenes Äquivalent dessen erhalten, was er schon früher besaß, mithin jeder Zustand der Dinge jedem andern in allen Stücken völlig gleich sein.

9.

Jede Monade muß verschieden sein von jeder andern. Denn schon in der Natur gibt es nicht zwei Wesen, die einander in allen Stücken völlig gleich und wo wir außer Stande wären, eine innere oder auf eine innere Bestimmung sich gründende Verschiedenheit zu finden[3].

10.

Für ausgemacht nehme ich an, daß jedes erschaffene Wesen, folglich auch die erschaffene Monade, ein Gegenstand der Veränderung, wie auch, daß dieser Zustand des Wechsels ein continuirlicher sei.

11.

Daraus folgt, daß die naturgemäßen Veränderungen der Monaden aus einem innern Princip in denselben abfolgen müssen, weil ja eine äußere Ursache keinen Einfluß auf das Innere der Monas auszuüben vermag.

12.

Es ist aber auch nothwendig, daß außer diesem allgemeinen Principe der Veränderlichkeit wirkliche besondere Veränderungen in jeder Monas vorhanden seien, und diese sind es, welche die specifische

---

3   In den lat. Ausg. lauten diese beiden Paragraphe wie folgt: *VIII. Opus tamen est, ut Monades habeant aliquas qualitates, alias non entia forent.* und IX. *Imo opus est, ut quaelibet Monas differat ab alia quacunque. Neque enim unquam dantur in natura duo entia, quorum unum ex asse conveniat cum altero et ubi impossibile sit, quandam reperire differentiam internam aut in denominatione intrinseca fundatam. Quodsi substantiae simplices etc. etc.* Eine Wortstellung und Capiteleintheilung, die von dem französischen Originale stark abweicht.

Verschiedenheit und bunte Mannigfaltigkeit der Monaden unter einander begünstigen (*il faut, qu'il-y-ait un détail de ce qui se change ....*)[4].

13.

Dieses Besondere (*détail*) der Veränderung (in jeder einfachen Monas) umschließt eine Vielheit in der Einheit oder ein Vielfaches im Einfachen. Denn da jede natürliche Veränderung stufenweise vor sich geht, so ändert sich Einiges und Anderes bleibt, und dadurch entsteht in jeder einfachen Substanz eine Mehrheit von Zuständen (*affections*) und Beziehungen (*rapports*), ungeachtet sie keine Theile hat.

14.

Der vorübergehende Zustand, der eine Mehrheit in der Einheit oder Einfachheit umschließt und vorstellt, ist kein anderer, als den man gewöhnlich Vorstellung schlechtweg (*perception, perceptio*) nennt, und welcher, wie später klar werden wird, von der bewußten Vorstellung (*apperception, apperceptio*) unterschieden werden muß. Die Cartesianer haben hier arg geirrt, indem sie alle unbewußten Vorstellungen für ein Nichts erachteten. Dieser Irrthum machte sie dann glauben, die Geister allein seien wahre Monaden, die Thiere aber hätten keine Seelen, oder wenn man es so nennen will, Entelechieen. Deshalb verwechselten sie auch, wie das gemeine Volk, eine bloße lange Betäubung mit dem Tode im strengsten Sinn des Worts, und verfielen zugleich in das scholastische Vorurtheil von dem Vorhandensein gänzlich isolirter Seelen, was manches geängstigte Gemüth im Glauben an die Sterblichkeit der Seelen noch bestärkte.

15.

Jene Thätigkeit des innerlichen Princips, welche die Veränderung oder den Übergang von einer Vorstellung zur andern bewirkt, kann Begehren (*appetition*) heißen. Es ist zwar wahr, daß das Begehren nicht immer

---

4   *Et generaliter affirmare licet, vim non esse nisi principium mutationum.* Zusatz in den lat. Ausgaben.

zum Besitze der ganzen Vorstellung gelangt, auf welche es hinzielt, aber es erreicht doch immer etwas und kommt zu neuen Vorstellungen.

16.

Wir selbst machen die Erfahrung des Vorhandenseins einer Vielheit in der einfachen Substanz, sobald wir an uns wahrnehmen, daß auch der kleinste Gedanke, dessen wir uns bewußt werden, noch eine Mannigfaltigkeit in seinem Objecte enthalte. Wer immer daher nur die Einfachheit der Substanz zugesteht, kann nicht umhin, auch die Vielheit in der Monas anzunehmen und *Bayle* hätte hierin keine so bedeutenden Schwierigkeiten suchen sollen, wie er es in seinem Wörterbuche (Art. *Rorarius*) gethan hat[5].

17.

Andererseits muß man gestehen, daß die Vorstellungen, und Alles, was von ihnen abhängt, aus mechanischen Gründen, dergleichen körperliche Gestalten und Bewegungen sind, unmöglich erklärt werden können. Man stelle sich eine Maschine vor, deren Structur so eingerichtet sei, daß sie zu denken, zu fühlen und überhaupt vorzustellen vermöge und lasse sie unter Beibehaltung derselben Verhältnisse so anwachsen, daß man hinein, wie in das Gebäude einer Mühle eintreten kann. Dies vorausgesetzt, wird man bei Besichtigung des Innern nichts Anderes finden, als etliche Triebwerke, deren eins das andere bewegt, aber gar nichts, was hinreichen würde, den Grund irgend einer Vor-

---

5 Über diese Einwürfe *Bayle*'s vgl. die Abhandlung am Schlusse. Dieser *Rorarius*, geb. zu Pordenone in Friaul um das Ende des 15ten Jahrhunderts, war Nuntius des Papstes *Clemens* VII. am Hofe König Ferdinand's von Ungarn. Einst äußerte Jemand in seinem Beisein, Carl V., der damals zur Zeit des schmalkaldischen Kriegs auf dem Gipfel seiner Macht stand, komme an großartigen Eigenschaften weder den Ottonen noch Friedrich Barbarossa gleich. Mehr bedurfte es nicht, um den *Rorarius* zu einem Buche zu veranlassen, worin er mit großem Aufwand von Gelehrsamkeit zu beweisen suchte, die Thiere seien vernünftiger als die Menschen und eine Menge Tatsachen aufhäufte, die den Kunstfleiß der Thiere und die Bosheit des Menschen darthun sollen, das aber, wie *Bayle* meint, gar nicht übel geschrieben gewesen sein soll.

stellung abzugeben. Die letztere gehört ausschließlich der einfachen Substanz an, nicht der zusammengesetzten, und dort, nicht hier, muß man sie suchen. Auch sind Vorstellungen und ihre Veränderungen zugleich das Einzige, was man in der einfachen Substanz antrifft.

18.

Den Namen der Entelechieen könnte man allen einfachen Substanzen beilegen, denn alle tragen in sich einen gewissen Grad von Vollkommenheit (ἔχουσι τὸ ἐντελές) und ihr vollkommenes Sichselbstgenügen (αὐτάρκεια, *suffisance*) macht sie zu Urhebern ihrer eigenen innern Thätigkeiten, so zu sagen zu unkörperlichen Automaten.

19.

Kommen wir überein, Seelen alles dasjenige zu nennen, dem in obenerklärtem Sinne die Fähigkeit des Vorstellens und Begehrens zukommt, so sind alle einfachen Substanzen oder geschaffenen Monaden Seelen. Allein da Empfindung schon etwas mehr ist, als eine bloße Perception schlechtweg, so bin ich der Meinung, für diejenigen einfachen Substanzen, welchen nur die letztere zukommt, reiche der Name: Monade oder Entelechie hin, und die Bezeichnung: Seele (*âme*) solle für diejenigen vorbehalten werden, deren Vorstellungen deutlicher und vom Erinnerungsvermögen begleitet sind.

20.

Denn an uns selbst lernen wir durch die Erfahrung Zustände kennen, in welchen uns weder eine gehörige Erinnerung, noch irgend eine deutliche Vorstellung zu Gebot steht. Dergleichen sind Schwäche, Ohnmacht, oder ein tiefer traumloser Schlaf, der uns gefangen hält. In diesen und ähnlichen Lagen unterscheidet sich die Seele nicht merklich von einer bloßen Monade, und steht nur insofern höher denn diese, als jene Zustände bei ihr von keiner Dauer sind, sondern sie sich durch eigene Kraft aus denselben emporzuraffen vermag.

21.

Hieraus folgt indeß ganz und gar nicht, daß die einfache Substanz, selbst so lange sie in diesen Zuständen befangen ist, jemals ohne Vorstellungen sei. Sie kann es nicht sein, schon aus den früher angegebenen Gründen nicht; denn sie kann weder zu Grunde gehen noch fortbestehen, ohne daß sie dadurch irgendwie afficirt würde, und eben diese Affection ist schon eine Vorstellung in ihr. Ist nun eine große Anzahl dergleichen, wenn auch nur schwacher und unbedeutender Vorstellungen zugleich vorhanden und befindet sich unter ihnen keine deutlich bestimmte, so verliert man (wie man zu sagen pflegt) den Kopf, gerade so, als hätte man sich mehrmahl nach einander und beständig nach derselben Seite hin im Kreise gedreht, wo uns dann der Schwindel ergreift, und die Sinne so vergehen, daß wir nichts deutlich unterscheiden. In einen Zustand dieser Art versetzt die thierischen Organismen für eine gewisse Zeit der Tod.

22.

Weil ferner jeder gegenwärtige Zustand einer einfachen Substanz nothwendigerweise eine Folge ihrer sämmtlichen vorhergehenden Zustände und die Gegenwart daher (so zu sagen) die schwangere Mutter der Zukunft ist:

23.

so ist es offenbar, daß die Seele, die, sobald sie einmal aus der Betäubung wieder erwacht, sogleich Vorstellungen in sich selbst als daseiend wahrnimmt, ihrer auch schon vor diesem Wiedererwachen, obgleich unbewußt, gehabt haben muß. Denn eine Vorstellung kann auf natürlichem Wege nicht anders entstehen, als wieder durch eine Vorstellung, so wie eine Bewegung nicht anders als durch eine andere vorangehende Bewegung dem Gange der Natur gemäß erzeugt werden kann.

24.

Hätten wir also nicht Vorstellungen von einem höheren Grade der Deutlichkeit, die gleichsam über die gewöhnlichen Perceptionen hervorragen, so würden wir uns ununterbrochen in einem Zustande der Betäubung befinden. Ein solcher ist aber der Zustand der gemeinen Monade fortwährend.

25.

Den Thieren dagegen hat die Natur schon höhere Vorstellungen verliehen, wie wir wenigstens aus der Sorgfalt schließen dürfen, mit der sie ihnen Organe zugetheilt hat, die dazu geeignet sind, theils reichlichere Lichtstrahlen, theils zahlreichere Luftschwingungen aufzunehmen, um durch diese Vereinigung größere Wirkungen hervorzubringen. Ähnlich verhält es sich mit ihrem Geruchs- und Geschmackssinne, mit ihrer Anhänglichkeit und vielleicht noch einer Menge anderer Sinne, die uns alle unbekannt sind. Wie aber die Vorgänge in der Seele jene in den Organen abbilden, werde ich sogleich auseinander setzen.

26.

Das Gedächtniß bringt die Seelenthätigkeiten in eine Art regelmäßiger Aufeinanderfolge, die der Vernunft sehr ähnlich sieht, aber von ihr unterschieden werden muß. So sehen wir, daß Thiere, sobald sie eine Vorstellung von Etwas haben, das ihnen auffällt, und wovon sie schon einmal eine ähnliche gehabt haben, auf dasjenige, was damals mit der ähnlichen Vorstellung verknüpft war, aufmerksam und auf diese Weise zu ähnlichen Empfindungen fortgeleitet werden, wie sie damals hatten. Zeigt man z. B. dem Hunde den Stock, so entsinnt er sich der Schmerzen, die er ihm einst verursachte, heult und läuft davon.

27.

Die heftige Einbildung, die ihm hier Schrecken einjagt und ihn aufscheucht, kommt entweder von der Stärke oder der Menge der vorhergehenden Vorstellungen. Oft bringt ein einziger starker und lebhafter Eindruck auf einmal die Wirkung einer langgehegten Gewohnheit oder vieler mit geringer Kraft, aber oft wiederholter Vorstellungen hervor.

28.

So lange nun die Aufeinanderfolge der Vorstellungen vom Gedächtnisse allein abhängt, handeln die Menschen wie die Thiere, ähnlich den roh empiristischen Ärzten, die ohne Theorie bloße Routine besitzen. In drei Viertheilen unserer Handlungen sind wir reine Erfahrungsmenschen. Behaupten wir z. B. es werde morgen wieder ein Tag sein, so urtheilen wir der Erfahrung nach, weil dies bisher immer so der Fall gewesen. Nur der Astronom fällt dieses Urtheil mit Bewußtsein der vernünftigen Gründe.

29.

Was uns von dem gewöhnlichen Thiere unterscheidet, ist allein die Erkenntniß der wirklich nothwendigen und ewigen Wahrheiten. Diese gibt uns Vernunft und Wissen, denn sie erhebt uns zur Erkenntniß Gottes und unser selbst. Diese allein auch nennen wir die vernünftige Seele in uns oder den Geist (*esprit*).

30.

Mittels der Erkenntniß der nothwendigen Wahrheiten und ihrer Abstractionen erheben wir uns endlich zu den Acten des reflectirenden Denkens, zum Gedanken des Ichs und zu der Betrachtung unseres Innern. Auf dem Wege des Nachdenkens über uns selbst gelangen wir dann zum Begriffe des Wesens, der Substanz, des Stofflosen (*immatériel*) und endlich Gottes selbst, indem wir einsehen lernen, daß was in uns beschränkt vorhanden ist, in ihm ohne Grenzen sei. Und dieses Denken verschafft uns die Hauptgegenstände unsrer weiteren Untersuchungen.

31.

Unsere Schlüsse stützen sich auf zwei Hauptgrundsätze: jenen des Widerspruchs (*principe de la contradiction*), kraft dessen wir dasjenige für falsch erklären, was einen Widerspruch enthält, und dasjenige für wahr halten, was dem Falschen entgegengesetzt oder widersprechend ist;

32.

und auf jenen des zureichenden Grundes (*principe de la raison suffisante*), kraft dessen wir schließen, daß keine Thatsache wahr oder wirklich, kein Satz wahrhaft sein könne, ohne daß ein hinreichender Grund vorhanden ist, warum es sich so und nicht anders verhalte, obgleich diese Gründe sehr häufig uns weder sämmtlich bekannt sind, noch es jemals werden.

33.

So gibt es auch zwei Classen von Wahrheiten, jene der Vernunft- und jene der Erfahrungswahrheiten (*verités de fait*). Die Vernunftwahrheiten sind nothwendig und ihr Gegentheil ist unmöglich, die Erfahrungswahrheiten zufällig und ihr Gegentheil möglich. Sobald eine Wahrheit nothwendig ist, lassen sich durch Analyse ihre Gründe auffinden, indem man sie in Begriffe (*idées*) und einfachere Wahrheiten auflöst, bis man zu den Grund- oder primitiven Wahrheiten gelangt[6].

34.

Auf ähnliche Weise führen die Mathematiker ihre speculativen Theorien und praktischen Canones auf Definitionen, Axiome und Forderungen (*demandes*) zurück.

35.

Endlich gibt es hier auch einfache Begriffe, von denen keine Definition möglich ist, ferner unbeweisbare Lehrsätze und Forderungen, mit Einem Wort, erste Grundsätze, bei denen ein Beweis weder möglich noch

---

6 Die Stelle: »*Il-y-a aussi deux sortes des verités, celles de raisonnement et celles de fait. Les verités de raisonnement sont nécessaires et leur opposé est impossible, et celles de fait sont contingentes et leur opposé est possible*« fehlt in den lateinischen Ausgaben.

nothwendig ist, und dies sind die identischen Sätze, deren Gegentheil einen ausdrücklichen Widerspruch enthält[7].

36.

Ein solcher zureichender Grund muß sich aber auch bei den zufälligen oder Erfahrungswahrheiten aufzeigen lassen, d. i. in der Aufeinanderfolge der Dinge, die durch die geschaffene Welt ausgebreitet liegen. Wo nicht, so könnte die Auflösung in Theilgründe wegen der unendlichen Mannigfaltigkeit der Naturdinge und der unendlichen Theilbarkeit der Körper sich in grenzenlose Einzelnheiten verlieren. So gibt es eine Unzahl von Dingen und Bewegungen, die zusammengenommen die bewirkende Ursache meines gegenwärtigen Schreibens ausmachen, und ebenso eine unendliche Menge gegenwärtiger und vergangener Neigungen und Stimmungen meines Geistes, die alle zur Endursache desselben beitragen.

37.

Weil aber jede dieser Einzelursachen nur wieder weiter auf neue, noch mehr in's Einzelne gehende zufällige Ursachen führt, deren jede, um abermals begründet zu werden, einer ähnlichen Analyse bedarf: so kommt man damit allein nicht vorwärts, und der wahre zureichende Grund muß außerhalb der Reihe (*series*) der zufälligen Einzelursachen, die sich bis in's Unendliche fortsetzen kann, gelegen sein.

38.

Der letzte Grund der Dinge muß sich daher in einer nothwendigen Substanz vorfinden, in welcher sämmtliche Veränderungen formaliter (*éminemment*), als in ihrem Urquell, ihren Grund haben, und diese ist es, welche wir Gott nennen.

---

7 Die Stelle: »*dont l'opposé contient une contradiction expresse*«, fehlt in den lateinischen Ausgaben.

39.

Weil nun diese Substanz der zureichende Grund des Ganzen und dieses in allen seinen Theilen auf das Engste verbunden ist, so gibt es nicht mehr als Einen Gott, und dieser genügt.

40.

Ferner kann man schließen, daß diese letzte Substanz, einzig, allumfassend und nothwendig, wie sie ist, da sie nichts außer sich hat, das von ihr unabhängig wäre, und selbst nichts ist, als schlechthin die Folge der Möglichkeit ihres eigenen Wesens, auch keiner Grenzen fähig sein darf, und alle nur mögliche Realität besitzen muß.

41.

Hieraus folgt, daß Gott absolut vollkommen ist. Denn die Vollkommenheit ist nichts Anderes, als die Größe aller positiven Realität, absolut genommen, mit Beiseitesetzung aller Grenzen und Schranken der Dinge in der Welt. Und nur dort, wo es keine Schranken gibt, also bei Gott, ist die Vollkommenheit absolut unendlich[8].

42.

Ferner folgt daraus, daß die Geschöpfe ihre relative Vollkommenheit durch den Einfluß Gottes besitzen, ihre Unvollkommenheiten dagegen durch Schuld ihrer eigenen Natur, die sich der Schranken nicht zu entäußern vermag. Darin beruht ihr Unterschied von der Gottheit.

43.

Es ist ferner wahr, daß Gott die Quelle ist nicht allein des Seins (*existence*), sondern auch des Wesens (*essence*), so weit es wirklich (*réel*) ist; also dessen, was wirklich ist in der Möglichkeit (*réel dans la possibilité*). Denn der göttliche Verstand ist das Reich der ewigen Wahrhei-

---

8 Die Stelle: »*la perfection est absolument infinie*«, fehlt in den lateinischen Ausgaben.

ten oder der Begriffe, von welchen diese beherrscht werden, so daß es ohne ihn nichts Reelles in der Möglichkeit, und nicht nur nichts Existirendes, sondern sogar nichts Mögliches gibt.

44.

Dabei versteht sich, daß, wenn es eine Realität gibt, in dem Wesen der Dinge oder in ihren Möglichkeiten, oder selbst in den ewigen Wahrheiten: diese Realität sich stützen muß auf etwas Existentes und Actuelles, folglich auf die Existenz des nothwendigen Wesens, in welchem die Essenz die Existenz einschließt, und für welches es hinreicht, möglich, um auch schon wirklich zu sein.

45.

Gott allein also (das nothwendige Wesen) hat das Privilegium mit Nothwendigkeit zu existiren, sobald er nur möglich ist. Und weil Niemand die Möglichkeit dessen läugnen wird, was weder von Schranken umschlossen, noch durch irgend eine Negation oder einen Widerspruch gestört wird, so reiche das Gesagte hin, Gottes Dasein *a priori* zu erkennen. Wir haben dasselbe auch aus der Existenz der nothwendigen Wahrheiten bewiesen. Kurz zuvor aber auch *a posteriori* aus dem Dasein zufälliger Dinge, die ihren letzten oder zureichenden Grund nur in jenem nothwendigen Wesen haben können, das den Grund seiner Existenz in sich selbst trägt.

46.

Dabei braucht man aber gar nicht, wie Einige gethan, sich einzubilden, die ewigen Wahrheiten seien, weil abhängig von Gott, auch willkürlich und seinem Belieben anheimgestellt, wie *Descartes* und nach ihm *Poiret*[9]

---

9 Peter *Poiret*, geb. 1646 zu Metz, gehörte anfangs zu den lebhaftesten Anhängern des *Cartesius*. Grund zu seiner Berühmtheit legte er durch sein Werk: *Cogitationes rationales de anima et malo*, Amsterdam 1685. Darin bewies er unter Anderem, daß eine Seele nie ohne Körper sein könne, sondern jedesmal bei'm Austreten aus demselben dasjenige Organ, mit welchem sie am innigsten und nächsten verknüpft gewesen, ihr unmittelbares Seelenorgan, mit sich nehme. Von diesem Satze machte er

geglaubt zu haben scheinen. Dies gilt nur von den zufälligen (*contingentes*) Wahrheiten, deren Princip die Zuträglichkeit (*convenance*) oder die Wahl des Besten ist, während die nothwendigen Wahrheiten einzig von seinem Verstande, dessen innere Objecte sie ausmachen, abhängen[10].

47.

So ist Gott allein die ursprüngliche Einheit oder die *einfache ursprüngliche* Substanz, deren Productionen alle abgeleiteten oder geschaffenen Monaden sind, welche, wenn man sich dieses Bildes bedienen darf, von Moment zu Moment durch beständige Ausstrahlungen (*fulgurations*) der Gottheit entstehen, welche in ihrer Thätigkeit nur durch die wesentlich begrenzte Empfänglichkeit der Creatur beschränkt wird.

48.

In Gott ist die Macht, die Quelle von Allem, was ist, die Erkenntniß, die den ganzen Umfang der Begriffe umfaßt, und endlich der Wille, der nach dem Princip der Wahl des Besten Veränderungen bewirkt und Neues schafft. Diese Eigenschaften entsprechen in Gott demjenigen, was in den Monaden das Subject oder die Grundlagen ausmacht, dem Vorstellungs- und Begehrungsvermögen. In Gott aber sind sie absolut,

> später mancherlei Anwendung, um die Transfiguration u. A. auf natürliche Weise zu erklären. Zuletzt ward er ein eifriger Vertheidiger der mystischen Schwärmerin Antoinette *Bourguignon*, und suchte mit Hilfe jenes Satzes ihre Visionen zu vertheidigen. Deshalb vielfach verfolgt und angegriffen, starb er endlich nach öfterem Aufenthaltswechsel als Expfarrer zu Reimsberg bei Leyden 1719. *Bayle* behandelt ihn als einen gelehrten, aber exaltirten Schwärmer, wie er diesem scharfen Verstandesmenschen auch nicht anders erscheinen konnte. Auch ist es Schade, daß er den wahren und folgenreichen Gedanken, daß eine Seele, um zu wirken, eines Organs, und zwar eines solchen, auf welches sie unmittelbar wirkt, bedürfe, eines solchen daher zu keiner Zeit entbehren könne, durch seine Theilnahme an mystischen Abenteuerlichkeiten verdächtigte und sich dadurch auch dort um das Vertrauen brachte, wo er die Wahrheit sprach.

10 Die Stelle: »*Dont le principe est la convenance ou le choix du Meilleur*« fehlt in den lateinischen Ausgaben.

unendlich oder vollkommen, während sie in den Entelechieen oder geschaffenen Monaden (nach *Hermolaus Barbarus* Übersetzung: *perfectihabiis*) bloße Nachbildungen der Seinigen nach Maßgabe der jeweiligen Vollkommenheit der Monade sind.

49.

Das Geschöpf soll nach außen so viel thätig sein, als es Vollkommenheit besitzt, und von Anderen in gleichem Maaße leiden, als es unvollkommen ist. Man legt daher der Monade Thätigkeit (*action*) in dem Verhältnisse bei, als sie deutliche Vorstellungen hat, und Schwäche (*passion*) im Verhältniß, je nachdem diese verworren sind.

50.

Ein Geschöpf ist vollkommener als ein Anderes, sobald man an ihm etwas findet, was den vollständigen reinapriorischen Grund dessen abgeben kann, was an einem Anderen geschieht und deshalb sagt man, es wirke auf dies Andere.

51.

Aber unter den einfachen Substanzen herrscht nur ein idealer Einfluß einer Monade auf die andere, und dieser gelangt zu seiner Wirksamkeit nicht anders, als durch die Dazwischenkunft Gottes selbst, indem in seinem Gedankenkreise jede Monade mit Recht verlangen kann, daß er bei Anordnung und Regelung der übrigen von Anbeginn der Dinge her auch auf sie Rücksicht nehme. Denn da keine geschaffene Monade einen physischen Einfluß auf das Innere einer anderen nehmen kann, so bleibt dies als das einzige Mittel übrig, um die eine in der Abhängigkeit von der andern zu erhalten.

52.

Daher sind auch zwischen den geschaffenen Substanzen Thätigsein und Leiden wechselseitig. Denn Gott findet, sobald er zwei einfache Substanzen vergleicht, in jeder derselben Gründe, die ihn bestimmen, die eine derselben der anderen anzupassen, woraus folgt, daß diejenige, die uns von einem Gesichtspunkte aus als thätig erschien, uns von einem anderen aus als leidend erscheinen kann; und zwar thätig, insofern dasjenige, was man an ihr deutlich zu erkennen im Stande ist, dazu dient, den Grund dessen abzugeben, was an der anderen vorgeht; leidend aber, insofern der Grund dessen, was so eben in ihr geschieht, in demjenigen anzutreffen ist, was so eben an der andern Monade mit Deutlichkeit unterschieden werden kann.

53.

Da es aber unter Gottes Vorstellungen eine unendliche Menge möglicher Welten gibt, und doch nur eine einzige davon zur Wirklichkeit gelangen kann, so muß es zu Gottes Wahl einen zureichenden Grund geben, der ihn zu der einen mehr als zu der andern bestimmte.

54.

Dieser Grund konnte sich nur in der Zuträglichkeit vorfinden, in den Stufen der Vollkommenheit, welche diese Welten besaßen, weil jede im geraden Verhältnisse ihrer größeren oder geringeren Vollkommenheit (mehr oder weniger) das Recht hat, eine ihr angemessene Existenz zu begehren.

55.

Dies ist die Ursache des Daseins der besten Welt, welche Gott vermöge seiner Weisheit erkannte, vermöge seiner Güte wählte, und kraft seiner Macht erschuf.

56.

Diese innige Verknüpfung (*liaison*) oder die (vollkommene) Übereinstimmung aller geschaffenen Dinge mit jedem einzelnen und jedes einzelnen mit allen übrigen macht, daß jede einfache Substanz Beziehungen (*rapports*) an sich trägt, die ein Abdruck aller Übrigen (einfachen Substanzen) sind, und folglich jede einzelne gleichsam als ein lebender immerwährender Spiegel des gesammten Universums erscheint.

57.

Und wie eine und dieselbe Stadt, von verschiedenen Seiten angesehen, immer als eine andere, und gleichsam vervielfältigt erscheint, so kann es geschehen, daß wegen der unendlichen Menge einfacher Substanzen es eben so viele verschiedene Welten zu geben scheint, die, genauer besehen, nichts Anderes sind, als die verschiedenen Ansichten der einzigen von den verschiedenen Standpunkten der einzelnen Monaden angesehenen Welt.

58.

Hierin aber liegt das Mittel, die größtmögliche Mannigfaltigkeit und doch in der größtmöglichen Ordnung zu erhalten, oder, was dasselbe ist, der Weg, die größtmögliche Vollkommenheit herzustellen.

59.

Auch ist es nur diese Annahme allein – ich wage es, sie für bewiesen zu halten[11], – die das Ansehen der Größe Gottes, so wie es sich gebührt, wieder herzustellen vermag. Dies gesteht selbst *Bayle* und bemerkt zu seinen Einwürfen (*Dict. hist. crit. art. Rorarius*[12]) blos, ich weise Gott zu viel, und mehr als zu leisten möglich, zu. Aber er vermag nicht einen Grund beizubringen, warum diese allgemeine Übereinstimmung (*harmonie universelle*), welche macht, daß jede Substanz mittels ihrer allseitigen Beziehungen ein Bild aller übrigen liefere, unmöglich sein sollte.

60.

Man sieht übrigens aus dem Gesagten die Gründe ein, warum der Lauf der Dinge gerade der und kein anderer sein kann, der er ist. Gott hat bei Anordnung des Ganzen ein Auge auf jeden Theil desselben, auf jede Monas insbesondere, deren einmal vorstellende Natur durch Nichts genöthigt werden kann, gerade nur eine bestimmte Partie der Dinge

---

11 Die Stelle: »*Que j'ose dire demontrée*«, fehlt in den latein. Ausgaben.
12 Vgl. die Abhandlung am Schlusse.

außer sich vorzustellen. Nichtsdestoweniger ist es klar, daß diese Gesammtvorstellung des ganzen Weltalls im Einzelnen nicht anders als verworren ausfallen und nur ein kleiner Theil der Dinge deutlich vorgestellt werden kann, nämlich derjenige, den jene Dinge ausmachen, welche jeder Monade die nächsten, oder im Vergleiche mit ihr die größten sind; sonst müßte jede Monade Gott sein. Die Beschränktheit der Monade liegt nicht in der Zahl der Gegenstände, welche sie vorstellt, sondern in der besonderen Beschaffenheit ihrer Kenntniß von denselben. Alle Monaden gehen auf die Erkenntniß des Unendlichen, des Ganzen aus, aber sie sind beschränkt und unterschieden von demselben durch die Deutlichkeitsgrade ihrer Vorstellungen.

61.

Hierin kommen zusammengesetzte und einfache Substanzen überein. Denn weil der ganze Raum erfüllt, daher alle Materie dicht ist, ferner im erfüllten Raume jede Bewegung auf entfernte Körper eine dieser Entfernung proportionirte Wirkung ausübt, so daß jeder Körper nicht nur von jenem Körper afficirt wird, der auf ihn wirkt, und gewissermaßen Alles mitempfindet, was diesem zustößt, sondern durch dessen Vermittlung auch an den Zuständen jener Körper theilnimmt, die mit dem ersten, von welchem er unmittelbar berührt wird, in Verbindung gerathen: so folgt, daß diese Mittheilung auf was immer für eine Entfernung hinaus sich fortpflanzen könne. Mithin empfindet jeder Körper Alles mit, was im ganzen Universum geschieht, und der Allsehende liest gleichsam in jeder einzelnen Monade, was in allen Übrigen geschieht, geschah und geschehen wird. So nimmt er in der Gegenwart Dinge wahr, die der Zeit und dem Orte nach entlegen sind; ihm sind, wie *Hippokrates* sagte: σύμπνοια πάντα. Aber in sich selbst kann eine Seele nichts Anderes lesen, als was sie deutlich vorstellt. Daher kann sie auch nicht mit Einemmale alle ihre Bilder enthüllen, denn diese gehen in's Unendliche.

62.

Obgleich also jede geschaffene Monade das Universum vorstellt, hat sie doch eine deutlichere Vorstellung nur von dem Körper, der ihr selbst als Individuum angehört, und dessen Entelechie sie ist. Weil aber dieser Körper durch seinen Zusammenhang mit der den Raum erfüllenden Materie auch mit dem ganzen Universum in Verbindung steht, so stellt die Seele, indem sie ihren eigenen Körper vorstellt, das Universum selbst vor.

63.

Der Körper einer Monade, dessen Entelechie oder Seele sie ist, macht mit dieser Entelechie dasjenige aus, was man ein lebendes Wesen (*vivant*) nennen kann, mit einer Seele verbunden jedoch dasjenige, was wir ein Thier (*animal*) nennen wollen. Der Körper eines Lebendigen sowohl als der eines Thieres ist immer organisch, denn jede Monade ist in ihrer Art ein Spiegel des Universums; und weil dieses selbst nach einer vollkommenen Ordnung eingerichtet ist, so folgt, daß auch in den auf dasselbe bezüglichen Vorstellungen der Seele, folglich auch im Körper, als dem Mittel, mit Hilfe dessen die Seele das Universum sich vorstellt, eine solche herrschen müsse.

64.

Jeder derartige organische Körper eines lebenden Wesens ist eine Art göttlicher Maschine, ein natürlicher Automat, der alle künstliche Automaten unendliche Mal übertrifft. Denn eine Maschine von Menschenhand hört in ihren kleinsten Theilen schon auf, Maschine zu sein, und der Zahn eines messingenen Rades z. B. hat Theile und Bestandstücke, die für uns nichts Kunstreiches mehr sind und nichts an sich tragen, was noch in Bezug zu dem Nutzen der Maschine stünde, zu welcher das Rad gehört. Die Maschinen der Natur dagegen, die lebenden Körper, sind noch bis in ihre kleinsten Theile, ja bis in's Unendliche herab Maschinen. Dies macht den Unterschied aus zwischen Natur und Kunst d. i. zwischen der göttlichen Kunst und der unseren.

65.

Der Urheber der Natur konnte dies göttliche und unendlich vollkommene Werk vollenden, weil jeder Theil der Materie nicht nur, wie schon die Alten erkannten, in's Unendliche theilbar, sondern auch wirklich ohne Ende in Theile und Theile der Theile untergetheilt ist, deren jeder eigene Bewegung hat. Sonst wäre es unmöglich, daß jeder Theil der Materie das ganze Universum darstellte.

66.

Hieraus sieht man nun, daß es noch in den kleinsten Theilen der Materie eine Welt von Geschöpfen, Entelechieen und Seelen gibt.

67.

Jeder Theil der Materie kann angesehen werden als ein Garten voll Pflanzen oder ein Teich voll Fische. Aber jeder Zweig der Pflanze, jedes Glied des Thieres, jeder Tropfen seiner Säfte ist noch ein solcher Garten und ein solcher Teich.

68.

Und obgleich Erde und Luft, die sich zwischen den Pflanzen eben so wie das Wasser zwischen den Fischen befinden, selbst weder Pflanze noch Fisch sind, enthalten sie deren doch in sich, aber meist von einer für unsere Organe nicht mehr wahrnehmbaren Feinheit.

69.

Also gibt es nichts Unangebautes, nichts Unfruchtbares, nichts Todtes im Universum, kein Chaos, keine Verwirrung, außer im äußeren Scheine; fast wie uns aus der Entfernung gesehen das Treiben in einem Teiche erscheinen würde, worin wir eine verwirrte wimmelnde Bewegung der Fische wahrnehmen, ohne diese selbst zu unterscheiden.

70.

Hieraus wird ferner offenbar, daß jeder lebende Körper eine herrschende Entelechie hat, die im Thiere zur Seele wird; aber die Glieder jedes lebenden Wesens sind voll von anderen lebenden Wesen, Pflanzen und Thieren, deren jedes wieder seine eigene herrschende Entelechie, seine eigene Seele hat.

71.

Keineswegs aber darf man sich mit Einigen, die meine Ideen mißverstanden haben, vorstellen, daß jede Seele ihre eigene Masse, ihre besondere Portion Materie besitze, und an diese für immer gebunden sei, daß ihr also gewisse untergeordnete Wesen unterworfen und zu ihrem immerwährenden Dienste bestimmt seien. Denn all diese Körper sind wie Bäche in fortwährendem Flusse begriffen, und beständig gehen Theile derselben ein und aus.

72.

Also vertauscht die Seele den Körper nur Theil um Theil und stufenweise, so zwar, daß sie niemals auf einmal von allen ihren Organen sich entblößt, und es zwar häufig Metamorphosen im thierischen Leben gibt, aber niemals Metempsychosen oder Seelenwanderungen. Gänzlich isolirte Seelen gibt es eben so wenig, als körperlose Geister (*génies*); Gott ist von einem Körper völlig frei[13].

73.

Eben deshalb gibt es auch eben so wenig eine Erzeugung, die von Grund aus neu wäre, als es einen völligen Tod in strengem Sinne des Worts gibt, in welchem er eine völlige Trennung der Seele von (jedem) Körper bedeutet. Was wir Geburt (*génération*) nennen, ist Enthüllung und Zunahme, so wie der sogenannte Tod blos Verhüllung und Abnahme ist.

74.

Die Philosophen waren einst sehr verlegen um den Ursprung der substantiellen Formen, der Entelechieen und der Seelen. Seit es sich jedoch heutzutage durch genaue Untersuchungen an Pflanzen, Insecten und anderen Thieren gezeigt hat, daß organische Körper in der Natur niemals durch einen Fäulniß- oder anderen chaotischen Proceß erst erzeugt werden, sondern immer aus Samen, in welchem es ohne

---

13 Die Stelle: »*Dieu en est détaché entièrement*« fehlt in den latein. Ausgaben.

Zweifel schon eine Vorbildung (*préformation*) derselben gab, so schloß man, daß nicht nur der organische Körper vor der Empfängniß, sondern sogar eine Seele in ihm, mit einem Wort das ganze Thier selbst schon da sei, und daß mittels der Empfängniß dieses Thierchen nur fähig gemacht werde, durch eine mit ihm vorgehende bedeutende Umwandlung ein Thier einer anderen Gattung zu werden. Schon außerhalb des Zeugungsprocesses erblickt man etwas Ähnliches, wenn man Würmer sich in Fliegen, Raupen in Schmetterlinge verwandeln sieht.

75.

Diese Thierchen, deren einige durch die Empfängniß auf die Stufe der höchsten Thiergattungen erhoben werden, kann man Samenthierchen (*spermatiques*) nennen. Jene unter ihnen, die in ihrer Gattung verbleiben – der bei weitem größere Theil[14] – vermehren sich und gehen unter wie die großen Thiere, und es ist nur eine kleine Zahl von Auserwählten, die auf eine höhere Lebensbühne übertreten.

76.

Aber dies wäre nur die halbe Wahrheit; schon oben behauptete ich, wenn ein Thier auf natürlichem Wege keinen Anfang nimmt, so könne es auch auf einem solchen nicht enden; es gebe daher auf Erden weder eine wahre Geburt, noch eine gänzliche Vernichtung oder eigentlichen Tod. Die Schlüsse, die wir jetzt eben aus Erfahrung abgeleitet und *a posteriori* gemacht haben, stimmen vollkommen mit den früher *a priori* entwickelten Principien überein.

77.

Es ist also jetzt zu sagen erlaubt, nicht nur, daß die Seele als Abbild eines unzerstörbaren Weltalls, sondern daß auch ein jedes Thier unzerstörbar sein müsse, obgleich seine Maschine oft theilweise zu Grunde geht und es seine organische Hülle bald anzieht, bald ablegt.

---

14   *c'est-à-dire, la plupart* fehlt in den lat. Ausgaben.

78.

Diese Grundsätze geben uns nun auch ein Mittel an die Hand, auf sehr natürliche Weise die Einheit, oder besser, die Übereinstimmung der Seele und des organischen Körpers zu erklären. Die Seele folgt ihren eigenen Gesetzen, der Körper den seinigen, und beide treffen kraft der zwischen den Substanzen vorherbestimmten Harmonie (*harmonie preétablie*) zusammen, weil sie beide Darstellungen desselben Universums sind.

79.

Die Seelen handeln nach den Gesetzen der Endursachen mittels Begehren, Zwecken und Mitteln. Die Körper handeln nach den Gesetzen der wirkenden Ursachen, oder der Bewegung. Und diese zwei Reiche, jenes der Endursachen und dieses der wirkenden Ursachen, sind untereinander harmonirend.

80.

Descartes erkannte, daß die Seelen den Körpern keine Kraft mittheilen könnten, aus dem Grunde, weil sich in der Materie immer dasselbe Quantum von Kraft vorfindet. Doch glaubte er, es vermöge die Seele die Richtung der Körper abzuändern. Zu seiner Zeit wußte man noch nichts von dem Naturgesetze, welches die Beibehaltung derselben Totalrichtung schon in die Materie hineinlegt. Hätte er dieses gekannt, so wäre er ohne Zweifel auf das System der prästabilirten Harmonie verfallen.

81.

Dieses System bewirkt, daß die Körper handeln, als ob sie, was unmöglich ist, gar keine Seelen besäßen, und die Seelen handeln, als ob sie keine Körper hätten, und doch alle beide so handeln, als wirkten die Einen auf die Anderen.

82.

In Betreff der Geister als der vernünftigen Seelen, meine ich nun zwar, daß das so eben von Thieren und lebenden Wesen Gesagte auch von ihnen gelte, nämlich daß Thier und Seele nur mit der Welt zugleich einen Anfang und ein Ende nehmen können; allein es gilt doch bei den vernunftfähigen Thieren insbesondere, daß ihre kleinen Samenthierchen, so lange sie nichts mehr sind, als dies, blos empfindende gewöhnliche Seelen haben, die erst von dem Augenblicke an, da die unter ihnen Auserwählten, um diesen Ausdruck zu gebrauchen, durch eine wirkliche Empfängniß zur menschlichen Natur gelangen, sich zur Stufe der Vernunft und zu den Vorrechten des Geistes erheben.

83.

Unter anderen Verschiedenheiten zwischen gewöhnlichen Seelen und eigentlichen Geistern, davon ich bereits einen Theil aufgezählt habe, ist auch noch diese, daß die Seelen im Allgemeinen blos lebende Bilder der geschaffenen Welt, die Geister aber noch überdies Abbilder der Gottheit selbst als des Urhebers der Natur sind; denn sie sind fähig, das Universum zu erkennen und in eigenen architektonischen Probestücken theilweise nachzuahmen, denn ein jeder Geist ist in seinem Kreise eine kleine Gottheit.

84.

Dies macht auch, daß die Geister in gewisser Art mit Gott in Gemeinschaft treten können, und daß er in Rücksicht auf sie nicht blos in dem Verhältniß des Erfinders zu seiner Maschine (wie zu seinen anderen Geschöpfen), sondern in dem eines Fürsten zu seinen Unterthanen, oder besser, eines Vaters zu seinen Kindern steht.

85.

Die Gemeinschaft aller dieser Geister macht zusammen die Stadt Gottes aus, den vollkommensten möglichen Staat unter dem vollkommensten Monarchen.

86.

Diese Stadt Gottes, diese im wahren Sinne des Worts allumfassende Monarchie, eine moralische Welt in der natürlichen, das Erhabenste und Göttlichste der Werke Gottes, ist zugleich dasjenige, worin sein Ruhm wahrhaft besteht, weil dieser gar nicht vorhanden wäre, wenn seine Güte und Größe nicht von Geistern erkannt und bewundert würde. In seinem Verhältnisse zu dieser Stadt Gottes ist es vorzüglich, worin seine Güte anschaulich wird, während seine Macht und Weisheit sich allenthalben zeigen.

87.

Wie wir oben eine vollkommene Harmonie zwischen zwei Naturreichen, jenem der wirkenden und jenem der Endursachen aufgestellt haben, so müssen wir hier noch eine Harmonie zwischen dem physischen Reiche der Natur und dem moralischen der Gnade in Betracht ziehen, d. i. die Übereinstimmung, die zwischen Gott als Baumeister des mechanischen Weltgebäudes und Gott als Regenten der göttlichen Stadt betrachtet, herrscht.

88.

Diese Harmonie macht, daß die Dinge auf dem Wege der Natur selbst zu der Gnade geführt werden, und daß diese Erdkugel z. B. in demselben Augenblicke auf natürlichem Wege vernichtet und wieder hergestellt werden würde, in welchem es die Regierung der Geisterwelt zur Züchtigung der Einen oder zur Belohnung der Anderen verlangen möchte.

89.

Man kann hinzufügen, daß Gott als Weltbaumeister sich selbst als Gesetzgeber vollkommen befriedige, und daß daher die Sünder ihre Strafe nach der Ordnung der Natur und nach dem mechanischen Zusammenhange der Dinge unter einander selbst mit sich tragen müssen, und eben so die guten Handlungen ihre Belohnungen, so weit sie die

Körper angehen, auf mechanischem Wege nach sich ziehen, obgleich dies weder immer sogleich geschehen kann, noch auch soll.

90.

Endlich würde es unter dieser vollkommenen Regierung weder eine gute Handlung ohne Belohnung, noch eine schlechte ohne Strafe geben, und Alles müßte zuletzt zum Wohle der Guten, d. i. derjenigen ausschlagen, welche zufrieden sind in diesem großen Staate, welche nach gethaner Pflicht sich der Vorsehung anheimstellen, welche, wie sich gebührt, den Urheber alles Guten lieben und nachahmen, und sich an der Betrachtung seiner Vollkommenheiten mit jener wahren reinen Liebe erfreuen, die uns ein Vergnügen finden läßt an der Glückseligkeit des geliebten Gegenstandes. Diese Liebe ist es, die weise und tugendhafte Personen anspornt, an allem dem mit allem Kraftaufwande zu arbeiten, was dem vermutheten oder vorangehenden Willen Gottes gemäß scheint. Diese Liebe ist es, die sie zufrieden sein läßt, was auch Gottes geheimer, bestimmter und beständiger Wille immer senden mag, weil sie erkennen, daß wir bei gehöriger Einsicht in die Ordnung des Universums finden müßten, daß diese alle Wünsche, auch die weisesten, weit übersteigt, und es unmöglich ist, sie besser zu machen; – besser zu machen, nicht nur für das Ganze, sondern für uns selbst insbesondre, wenn wir uns pflichtgemäß an den Urheber des Alls anschließen, an ihn, nicht nur als den Baumeister der Welt und Urgrund unseres Daseins, sondern als unsern Herrn und Endzweck, der das Ziel unseres Wollens bleiben soll und der einzige Urheber unsrer Glückseligkeit.

Über Leibniz' und Herbarts Theorien des wirklichen Geschehens

Eine Abhandlung zur Geschichte des Monadismus

Unter den Fragen der monadistischen Metaphysik spielt jene, ob in der wirklichen Welt eine nach außen gehende (transeunte) Wirksamkeit stattfinde oder nicht, eine der wichtigsten Rollen. Abgesehen von den seltsamen Hypothesen *Leukipp*'s, *Epikur*'s und *Demokrit*'s, hat auch die gesammte neuere Metaphysik, selbst wenn sie sich nicht zur Annahme der Alleinheit oder des absoluten Werdens wie *Spinoza* bekannte, von *Descartes* und *Malebranche* anzufangen bis auf *Leibniz* und *Wolff* die Möglichkeit einer solchen zwischen den geschaffenen Substanzen, also mit Ausschluß der göttlichen, bestritten, und besonders *Leibniz* an ihrer statt seine berühmte oder berüchtigte prästabilirte Harmonie erfunden. Der Widerspruch, in den er bei dieser Läugnung des äußeren Einflusses unter Substanzen mit unserer Gewohnheit und inneren Nöthigung gerieth, einen solchen vorauszusetzen, veranlaßte die Skeptiker nach *Locke*'s und *Hume*'s Vorgang, den Causalzusammenhang, dessen Erklärung so schwierig, ja unmöglich schien, in eine bloße Gewohnheit des denkenden und auffassenden Subjects, in eine Regel der Zeitfolge zu verwandeln. *Kant* ging noch weiter und indem er die Frage nach dem Wie des Causalzusammenhanges zwischen den wirklichen Dingen an sich ganz außer das Bereich des menschlichen Erkenntnißvermögens verwies, machte er dessen Voraussetzung unsererseits zu einer bloßen Verstandeskategorie. Die Idealisten sprachen ihr als einer solchen vollends alle Verbindlichkeit für das Reale ab, ohne des Widerspruchs gewahr zu werden, in den sie sich hiedurch mit ihrer gleichzeitigen Annahme unüberwindlicher »Schranken« des Ichs verwickelten, welche auf nichts Anderes als ein Beschränkendes von außen hinweisen konnten. Als sich der Idealismus von einem blos subjectiven und particularen zum transcendentalen und absoluten erweiterte, konnte es nicht weiter befremden, daß, wo alle einzelnen Wesen in der Allheit eines Einzigen verschwanden, auch die Wirksamkeit des Einen auf das Andere aufhörte, und wo die Immanenz und *causa sui* zum alleingiltigen Princip erhoben wurden, auch der Begriff einer transeunten Wirksamkeit keinen Raum fand. Desto auffallender muß es erscheinen, daß gerade dasjenige System, welches in neuerer Zeit sich am meisten wieder dem vernünftigen Monadismus der älteren Schule angenähert hat, an demselben Problem eine Klippe fand, deren offene Darlegung und ungelöstes Festhalten dem gesunden Menschenverstande unmöglich eine bleibende Befriedigung gewähren kann. Diesem widerstrebt es offenbar, das Nichtdasein einer äußeren Wirksamkeit der Substanzen anerkennen zu sollen. Gerade je kräftiger sich eine Seele fühlt, je mehr sie sich bewußt sein zu dürfen glaubt, durch Wort und That nicht nur in sich allein, sondern auch in andern von ihr unterschiedenen Wesen Wirkungen verschiedener Art hervorzubringen und stündlich hervorgebracht zu haben, um desto schwerer fällt es ihr, plötzlich ihre Unfähigkeit hiezu einzugestehen. Die Erfahrung jeder Minute scheint zu widersprechen. Ich will meinen Arm heben; im selben Augenblicke werde ich gewahr, daß er sich hebt, und geschieht dies nicht, so empfinde ich das unangenehme Gefühl eines Hindernisses, was mich um so mehr schließen läßt, daß ich, derselbe, der hier gehemmt wird, es auch bin, der in Andern die Wirkung ohne dies Hemmniß zu erzeugen vermag. Je schlichter und alltäglicher diese Erfahrungen sind, desto schroffer erscheint der Widerspruch der Speculation mit denselben, und er allein ist es oft gewesen, der Vielen das Vertrauen zu einer tieferen philosophischen Forschung raubte, welche ein so augenscheinlich widersinniges Resultat gab.

Andrerseits ist es aber nicht wenig merkwürdig und sehr geeignet, Mißtrauen gegen die eigene gewöhnliche Erfahrung zu erwecken, wenn so viele und namentlich alle dem Monadismus mehr oder weniger nahe stehende Denker ihr in einem so wichtigen Punkte beinahe einstimmig widersprechen. Liegt der Grund dieser Erscheinung im Wesen des Monadismus selbst, oder nur in der bisherigen Art und Weise seiner Auffassung? Das ist eine Frage, deren Beantwortung uns nicht uninteressant und deren Bejahung oder Verneinung wesentlich zum Credit oder Mißcredit des Monadismus überhaupt beitragen zu müssen scheint.

Um diese Beantwortung und die daraus fließende Entscheidung mit hinreichender Evidenz aussprechen zu können, wollen wir in dem Nachstehenden auf streng historischen, aus den eigenen Schriften der Erfinder geschöpften Daten untersuchen, auf welchem wahren oder falschen Wege die beiden Hauptrepräsentanten dieser Richtung, *Leibniz* und *Herbart*, denen wir *Kant* als Übergangspunkt und ein Paar Neuere als Ausläufer beifügen, zu ihrem Endausspruche gelangt sein mögen. Daraus wird sich, wie wir hoffen, mit hinreichender Klarheit ergeben, ob mit ihren Darstellungen die möglichen Wege erschöpft, oder vielleicht noch einer oder der andere zurückgelassen worden sei.

Nach den beiden Hauptansichten, deren eine das Wie eines äußeren Zusammenhanges unter den Dingen an sich dahingestellt und nur für uns Menschen nicht erkennbar sein läßt, die andere dagegen diesen selbst für an sich unmöglich erklärt, zerfällt das Ganze eigentlich in zwei Theile. Der erste liegt, da wir es nur mit dem strengen Monadismus zu thun haben wollen, uns begreiflicherweise ferner ab und findet hier nur der Vollständigkeit wegen seinen Ort. Desto ausführlicher mußte der zweite in Betracht gezogen werden, der sich, je nachdem der regelmäßige Ablauf der inneren Veränderungen und der dadurch entstehende Schein eines wirklichen wechselseitigen Einflusses als erzeugt durch die Allmacht eines außerweltlichen vollkommensten Wesens angesehen oder als Folge nothwendiger Denkformen jeder zusammenfassenden Intelligenz betrachtet wird, wieder in zwei Abschnitte scheidet. Beide Ansichten finden Vertreter und Fortbildner unter den Neueren, deren Modificationen wir zum Schlusse anführen wollen, bevor wir an den Versuch einer selbständigen Betrachtungsweise der Frage gehen.

1. Die prästabilirte Harmonie: *Leibniz*

Auffallend ist es bei strenger Betrachtung dessen, was *Leibniz* selbst über seine prästabilirte Harmonie lehrt, zu bemerken, wie er blos durch das Beiseiteliegenlassen eines Gedankens, dem er schon sehr nahe stand, zu seiner Hypothese fortgetrieben wurde, die sich im Verhältnisse zum übrigen Systeme wie ein todtes Reis auf einem ursprünglich kräftig treibenden, aber gewaltsam gestutzten Stamme ausnimmt.

Leibniz trug sein neues System zuerst öffentlich vor in einem Aufsatze, den er im Jahre 1695 in das *Journal des savans* (27. Juni) unter dem Titel: »*Système nouveau de la nature et de la communication des substances aussi bien que de l'union, qu'il-y-a entre l'âme et le corps*«

einrücken ließ[15] . Das Problem der Einheit zwischen Körper und Geist beschäftigte damals alle Denker, und *Descartes*, oder vielmehr sein Schüler *Malebranche*, hatte um der specifischen Verschiedenheit willen, die er zwischen Geist und Materie annahm, sich nicht anders zu helfen gewußt, als indem er die occasionelle Einwirkung der Gottheit, die vermöge ihrer Allmacht über alle Beschränkungen des Wie hinaus war, zu Hilfe rief. Sobald eine Veränderung in der Seele da ist, welcher eine im Körper entsprechen sollte, bewirkt Gott, daß die letztere stattfindet, und so umgekehrt. Occasionell heißt diese Einwirkung Gottes deshalb, weil ihr Beschluß bei Gott erst in dem Augenblick eintritt, wo sein Beistand nöthig wird, also bei Gelegenheit. Auf diese Weise glaubte *Descartes*, bei seinem Schwanken zwischen gänzlicher Indifferenz des menschlichen Willens und der Vereinbarkeit desselben mit göttlicher Präscienz, das er zwar nie im Systeme, wohl aber in Briefen ausgesprochen hat[16] , die menschliche Willensfreiheit zu retten, während er dadurch zugleich die Gottheit zu einem Wesen machte, in welchem Entschlüsse in der Zeit entstehen und vergehen können.

In jenem Aufsatze nun bezieht sich *Leibniz* zunächst auf seinen Brief an einen berühmten Theologen, dem er vor Jahren die Umrisse seiner Theorie mitgetheilt, der sie anfangs ziemlich paradox gefunden, nachher aber doch einem Theile derselben wenigstens seine Billigung nicht habe versagen können. Dieser ist kein Anderer, als der berühmte Anton *Arnauld*, der Doctor der Sorbonne und Stifter von Port-Royal, mit welchem *Leibniz* von 1686–93 in häufigem Briefwechsel stand[17] . Der Brief selbst ist vom Jahre 1690, also fünf Jahre vor dem oben erwähnten Aufsatze, mit dem er nahe übereinstimmt, geschrieben, und enthält im Wesentlichen Folgendes[18] : »Kein Körper hat ein eigentliches Sein; dieses kommt nur den untheilbaren, anfangslosen und unvergänglichen Substanzen zu, die ihn ausmachen und die den Seelen ähnlich sind. Diese Substanzen sind und bleiben immer, wenn auch unter verschiedenen Formen, an organische Körper gebunden. Jede von ihnen enthält in ihrer eigenen Natur ein Gesetz der Reihenfolge ihrer Thätigkeiten

---

15   *Erdmann*, S. 124–128.
16   *Sigwart*: der Spinozismus, S. 31. u. ff.
17   *Guhrauer*: Leibniz etc. II. S. 108.
18   Bei *Erdmann*, S. 107–108. *Leibniz'* Briefwechsel mit *Arnauld*, herausg. von *Grotefend*. Hannover, 1846. S. 132.

sowohl, als ihrer erfahrenen und jemals zu erfahrenden Begegnisse. Daher kommen alle ihre Thätigkeiten unbeschadet ihrer Abhängigkeit von dem eigenen Wesen der Substanz her. Jede Substanz drückt das ganze Universum aus, aber die eine deutlicher als die andere, jede in Bezug auf gewisse besondere Dinge, und von einem eigenthümlichen Gesichtspunkte aus. Die Einheit des Körpers und der Seele, ja selbst die Einwirkung einer Substanz überhaupt auf die andere besteht nur in der vollkommenen wechselseitigen Übereinstimmung (*accord mutuel*), die sich ausdrücklich angeordnet von dem ursprünglichen Schöpfungsacte beider herschreibt, und kraft welcher in jeder Substanz in Folge des ihr von Anbeginn inwohnenden Veränderungsgesetzes in jedem Augenblick gerade diejenigen Zustände stattfinden, welche von den übrigen Substanzen gefordert werden, also die Thätigkeiten der einen die Veränderungen der anderen regelmäßig und unabhängig von einander begleiten.« Das Übrige der Stelle, obgleich es schon eine Andeutung der *Leibniz* sehr geläufigen Idee eines moralischen Geisterreichs unter Gottes Leitung enthält, gehört nicht unmittelbar hierher.

Genug, schon zu jener Zeit besaß *Leibniz* die Idee der prästabilirten Harmonie, die hier noch *accord mutuel* heißt, und hatte sich damit von *Descartes* sowohl, als von *Malebranche*, dessen Anhänger *Arnauld* war, losgemacht. Sein Verhältniß zu dem Ersteren bezeichnet er selbst in dem *Nouveau système*[19] genauer: »Ich nahm wahr«, sagt er, »daß die bloße Betrachtung einer ausgedehnten Masse nicht hinreiche, und daß man hier noch eine Kraft anzunehmen genöthigt sei, deren Begriff, obgleich die Triebfeder der Metaphysik, doch leicht verständlich ist.« – »Es ist nämlich unmöglich, das Princip der wahren Einheit in der Materie allein oder in Demjenigen zu finden, was durchaus passiv ist, weil es nichts Anderes ist, als eine Anhäufung oder Ansammlung von Theilen bis in's Unendliche. Eine Menge kann ihre Realität nur in den wahren Einheiten haben, die ganz anderswoher kommen und etwas ganz Anderes sind, als bloße Punkte, aus welchen unmöglich (?) das Stetige zusammengesetzt sein kann. Um zu diesen Einheiten zu gelangen, sah ich mich gezwungen, zu formellen Atomen meine Zuflucht zu nehmen, weil ein materielles Wesen nicht zur selben Zeit materiell und doch vollkommen untheilbar oder wahrhaft eins sein kann, sobald das Wort »materiell« immer im Sinne eines ausgedehnten Zusammen-

---

19   *Erdmann*, S. 124.

gesetzten genommen wird. Ich fand nun«, fährt er fort, »daß deren (der substantiellen Formen) innere Natur in der Kraft bestehe, und sie folglich etwas den Vorstellungen und Begehrungen Analoges besitzen, also auch unter den Begriff: Seele, âme, gefaßt werden müssen .... Aristoteles nennt sie Entelechieen. Ich nenne sie vielleicht passender primitive Kräfte, die nicht blos das *Sein* (*l'acte*), das Complement der Possibilität, sondern außerdem noch eine ursprüngliche Thätigkeit (*l'action*) besitzen.« Er unterscheidet sie auf das schärfste von den gemeinen Atomen. »Die Atome der Materie widersprechen der Vernunft, außerdem daß sie ja selbst noch aus Theilen zusammengesetzt sind. Denn dadurch, daß diese Theile an einander hängen, hört noch nicht ihre Verschiedenheit als Theile auf.« – »Es gibt nichts als substantielle Atome, d. i. reelle und vollkommen theillose Einheiten, die die Quellen der Thätigkeit und als letzte Elemente der Substanzenanalyse die absoluten Grundprincipe der Zusammensetzung der Dinge sind. Man könnte sie metaphysische Punkte nennen.« ... »Sie haben etwas Vitales an sich, eine Art von Vorstellungen, und ihre mathematischen Orte oder Punkte sind die Gesichtspunkte, von welchen aus sie das Universum vorstellen.«

Von *Descartes* also schied sich *Leibniz* durch den einfachen Schluß: Wo es Zusammengesetztes (Körper) gibt, muß es Einfaches geben. Der cartesianische Dualismus verwandelte sich in einen Monismus, aber nicht der Form und Materie, wie bei *Spinoza*, sondern blos der Materie nach. Während dort die einzelne Persönlichkeit und individuelle Existenz sich in der unbegreiflichen baren Alleinheit einer allumfassenden ungetrennten Substanz aufheben sollte, welcher das gesammte Denken und die gesammte Ausdehnung in unbeschränkter Fülle als unendliche Attribute zukommen, entstand hier ein zahlloses Heer gleichberechtigter einfacher Wesen desselben Stammes, die nur gradweise unterschieden waren, und unter denen das höchste Wesen die allvollkommenste, die Hauptmonade, »*le monarque*« war, eine vollständige Demokratie der Geister, darin im Gegensatze zum Dualismus die Standesvorrechte einer verhältnißmäßig nur geringen Anzahl höherer Geister aufhörten und die Pariaskaste der Materie vom Schauplatze des metaphysischen Seins verschwand. An ihre Stelle traten die selbst- und freithätigen Individuen; das abendländische Princip der Individualität trat, wie *Hegel*[20]

---

20 Encyclopädie, herausgeg. von *Henning*. I. S. 301.

sagt, gegenüber der orientalischen Alleinslehre *Spinoza*'s, und *Leibniz* verwirklichte auf diese Weise einen Gedanken, den er schon als kaum sechzehnjähriger Jüngling in seiner ersten Schrift: *dissertatio de principio individui*[21], damals noch unter vielem scholastischen Mit- und Beiwerk angeschlagen hatte.

So einfach jener Schluß scheinen kann und wirklich ist, so folgenreich ist er auch, und wir werden späterhin Gelegenheit genug haben, uns zu überzeugen, daß dies gerade derjenige Satz ist, dessen nachherige Verkennung das System von seinem eingeschlagenen Wege abgeführt hat. Wie leicht eine solche Verkennung sich einschleicht, davon gibt gleich die obige Stelle, die wir mit einem Fragezeichen bemerkt haben, einen Beweis. Das Stetige, heißt es dort, könne unmöglich aus Punkten zusammengesetzt sein? Woraus sollte es denn? Der erwähnte Schluß verlangt ja ausdrücklich, das Zusammengesetzte setze einfache Bestandtheile voraus. Punkte aber sind nichts anderes, als die einfachen Bestandtheile des Raumes. Gleichwohl behaupten z. B. die Geometer durchgehends, die stetige Linie sei wieder nur aus Linien zusammengesetzt, also wieder aus Zusammengesetztem, was dem oben anerkannten Satze offenbar widerstreitet. Denn die durch die Theilung erhaltenen Linien sind entweder zusammengesetzt, haben also selbst noch Theile, sind daher nicht die letzten Bestandtheile, oder sie sind einfach, und dann keine Linien mehr, sondern Punkte, unter denen man sich freilich keinen auch noch so winzigen physischen Punkt vorstellen darf. So wird der allgemeine Satz zugleich anerkannt, und seine Realität doch in seinen Anwendungen geläugnet. Der Grund dieser Erscheinung scheint darin zu liegen, daß wir bei jeder unserer Vorstellungen, mitunter selbst bei solchen, die gar keinen Gegenstand haben, uns ein

---

21 Über diese, lange Zeit unbeachtete und selbst von *Leibniz'* Historiographen *Ludovici* nur unvollständig gekannte Schrift, die sich nur mehr bei *Dutens* (*ed. Genev.*) findet, äußert sich *Guhrauer* bei ihrer Wiederherausgabe (Berlin 1837, S. 10): »Man würde ihrer endlich ganz vergessen haben, hätte nicht F. H. *Jacobi* auf Veranlassung seines Streits mit *Mendelssohn* durch seine wissenschaftliche Parallele der Systeme von *Spinoza* und *Leibniz* dahin geführt, auf jene Dissertation als eine schon der Aufgabe wegen merkwürdige Schrift hingewiesen.« In der That war sie die Klaue des Löwen, wie schon der alte *Thomasius* in seiner Vaterfreude über den großen Zögling vorempfinden mochte. Vgl. auch L. *Feuerbach*: Leibniz' Philosophie etc. S. 32. u. ff.

Bild (Schema) von diesem Gegenstande mit der Phantasie zu entwerfen gewohnt sind[22], und uns von diesem gewöhnlich leichter bestimmen lassen, als von dem Begriffe selbst. Wo wir ein solches Bild nicht zu schaffen vermögen, da gewinnt auch der Begriff selten einen festen Halt. Dieser Fall tritt beim einfachen Punkte, beim einfachen Zeittheile, bei der einfachen Substanz und überhaupt in beinahe allen Fällen ein, wo wir ein einfaches, sinnlich nicht Vorstellbares und nur im Begriff zu Fassendes vor uns haben. Er darf uns aber, eben weil er nur in der Einbildungskraft seinen Sitz hat, auch gar nicht irre an Demjenigen machen, was wir einmal unabhängig davon aus reinen Begriffswahrheiten, also mit Nothwendigkeit erkannt haben. Darum bestand auch *Leibniz* mit Beharrlichkeit auf dem Dasein einfacher und folglich den Geistern analoger Substanzen als Bestandtheile der Materie, ungeachtet er dieselben eben so wenig wie wir oben die einfachen Punkte sinnlich nachweisen, ja nicht einmal ein Bild von demselben zur Veranschaulichung entwerfen konnte.

Nachdem so die Materie[23] als selbständiges Ausgedehnte aufgehoben und zu einem objectiven (nach *Herbart*'s Ausdruck) beim Zusammenfassen der Dinge mit Nothwendigkeit sich aufdringenden, gleichwohl nicht reellen Scheine herabgesetzt worden, schien die Schwierigkeit, welche *Descartes* gegen die Möglichkeit des Einwirkens der Geister als des Unausgedehnten auf die Materie als das Ausgedehnte, also generisch Ungleichartige erhoben hatte, und welche *Malebranche* zur Aufnahme des Occasionalismus veranlaßte, hinweggeräumt zu sein. Es gab statt der unter sich ungleichartigen Geister und Materie durchgehends gleichartige einfache geistige Wesen und alle äußeren Einwirkungen, welche wir, von der sinnlichen Erfahrung genöthigt, außer uns wahrzunehmen glauben, reducirten sich statt auf die Einwirkung der Geister auf die heterogene leibeigene Materie, auf die Einwirkung homogener einfacher Wesen auf und unter einander selbst. Zwischen den Körpern nehmen wir Einwirkungen wechselseitig wahr; Körper aber als solche *sind* nicht wahrhaft, sondern nur die einfachen Theile derselben *sind*;

---

22   *Drobisch*: Empir. Psych. S. 52 u. ff. – *Bolzano*'s Wissenschaftslehre (Sulzbach, v. *Seidel*, 1837), III. S. 60.

23   Über *Leibniz*' frühere Vorstellungen von der Materie vgl. die neuerliche treffliche Abhandlung *Hartenstein*'s: *De materiae apud Leibnitium notione commentatio*. Leipzig, 1846.

die allein können es also auch sein, welche hier wirken, und die Wirkungen, welche wir zwischen den Körpern wahrzunehmen glauben, können nur die Resultate derjenigen sein, die zwischen den einfachen Theilen derselben statthaben.

Allein gerade hier erst fand *Leibniz* die eigentliche, wie er meinte, nicht zu hebende Schwierigkeit. »Es gibt«, sagt er[24] , »im strengen metaphysischen Sinne keinen reellen Einfluß einer Substanz auf eine andere, und man muß daher (mit *Descartes*) allerdings zugeben, daß alle Dinge sowohl als ihre Eigenschaften fortwährend durch Gottes Wirksamkeit erzeugt werden. Um aber das Problem zu lösen, ist es nicht genug, wie der Occasionalismus, eine Ursache im Allgemeinen anzuführen und kurzweg einen *deus ex machina* anzunehmen; denn wenn sich Alles so von selbst macht ohne weitere mögliche Erklärung, so heißt dies ganz eigentlich zum Wunder seine Zuflucht nehmen. Die Philosophie aber muß Gründe angeben und erkennen lassen, wie die Dinge übereinstimmend mit dem Begriffe des Gegenstandes, um welchen es sich handelt, nach der Weisheit Gottes sich entwickeln.«

Nun verwarf er sowohl den reellen physischen Einfluß einer Substanz (Monade, einfaches Wesen) auf die andere mittels Übergangs eines Theilchens aus Einem in's Andere; »denn«, sagte er, »die Monaden haben keine Fenster, durch welche irgend etwas ein- oder austreten könnte«, als den Occasionalismus, »denn das heißt einen *deus ex machina* einführen in einer ganz natürlichen und gewöhnlichen Sache, wo er vernünftigerweise nicht anders mitwirken sollte, als er in jedem anderen natürlichen Ereignisse mitwirkt.«[25]

Daß er den physischen Einfluß der Substanzen so kurz abfertigte, gründete sich auf einen weitverbreiteten, zum Theil noch jetzt gang und gäben Irrthum. Fast allen seinen Zeitgenossen und ihm selbst schien der physische Einfluß, sollte er anders diesen Namen verdienen, nicht anders stattfinden zu können, als indem sich von der einen (thätigen) Substanz ein Theil ablöse und in die andere (leidende) Substanz übergehe. Nun hatten die einfachen Monaden weder Theile, von denen sich einer ablösen konnte, noch Ausdehnung, um den ab-

---

24 *Nouv. système*, S. 127.
25 *II. Eclaircissement*, S. 134.

gelösten in sich aufzunehmen, also – gab es keinen physischen Einfluß[26]
. *Descartes* hatte folgendermaßen geschlossen. Die Seele kann auf Materie nicht wirken, weil sich nichts von ihr trennen kann, denn sie ist einfach: die Materie nicht auf die Seele, denn diese ist ausdehnungslos, kann also nichts Ausgedehntes, kein Theilchen der Materie, das wieder Materie ist, aufnehmen. So schien, wenn man den physischen Einfluß mittels Überganges materieller Theile als die einzige Möglichkeit realen Einflusses der Substanzen auf einander ansah und jenen mit Recht für unmöglich erklärte, sowohl sein Occasionalismus als *Leibniz' accord mutuel*, der blos ideale Einfluß überhaupt, außer Zweifel. *Leibniz* selbst, da er sich von mehreren Seiten, besonders von *Foucher*, lebhaft wider-

26   Es ist nicht uninteressant, neben dieser Beweisführung jene zu betrachten, die M. G. *Hansch* in seinen: *princ. phil. geometrico modo demonstrata* liefert, und durch welche er, wie er in der Widmung an den Prinzen *Eugen* ausspricht, die Lehre seines Meisters erst recht festgestellt zu haben meinte. Sie heißt dort: *Theor. XV. Nulla monas derivativa physice influere potest in interius alterius monadis derivativae. Demonstr. Quandoquidem monades omnibus prorsus partibus carent (per. def.), in monadibus etiam derivativis nullae partes continuo mutare possunt locum suum (per. ax.). Sed si in monadibus derivativis nihil prorsus datur, quod locum suum continuo mutare possit, nec intelligibili modo explicari potest, quomodo in interiori monadum derivativarum motus ullus excitari, dirigi, augmentari aut diminui possit (per. def.), consequenter nulla in iisdem fieri potest per motum internum mutatio (per. def.). Sed in cujus interiori nulla, mediante motu interno, fieri potest mutatio, in illius interius etiam nihil physice influere potest (per. def.). Quamobrem nulla omnino monas derivativa in interius alterius monadis derivativae physice influere potest. Q. E. D. Theorem. XVI. In monadem creatam forinsecus nec substantia nec accidens intrare potest. Demonstr. Cum nihil in interius monadis creatae physice influere possit (per. theor. praec.), nihil etiam in eandem ab extra ingredi potest, nec substantia nec accidens (per. def.) in monadem creatam forinsecus intrare possunt. Q. E. D.* So fremdartig, ja selbst abgeschmackt uns dieses *Quod erat demonstrandum* erscheinen mag, so kann doch Niemand läugnen, daß dieser Anhänglichkeit auch an die äußeren unwesentlichen Formen der Mathematik das Bestreben zu Grunde lag, das Wesentliche der mathematischen Methode, die Klarheit und Bestimmtheit ihrer Begriffe auch auf das philosophische Denken zu übertragen. Daß dieses Bestreben, welches die Grundlage jeder wahren Methode der denkenden Forschung ausmachen muß, auf mathematische Form allenthalben zurückführt, hat wenigstens zum Theil schon *Herbart* bewiesen.

sprochen sah, suchte sich durch folgendes Beispiel zu rechtfertigen, das nach seiner Gewohnheit, die Lieblingsgedanken häufig fast mit denselben Worten zu wiederholen, öfter wiederkehrt: »denket Euch zwei Thurm- oder auch Taschenuhren, die vollkommen übereinstimmen. Dies kann auf dreierlei Weise geschehen. Die erste besteht in dem wechselseitigen Einflusse einer Uhr auf die andere; die zweite in der Sorge eines Menschen, der auf beide beständig Acht gibt; die dritte darin, beide so kunstreich und kunstgerecht zu verfertigen, daß man in der Folge ihrer Übereinstimmung gewiß sein kann.«[27] ... »Der Weg des Einflusses ist jener der gemeinen Philosophie; da man aber nicht begreifen kann, wie materielle Theile aus einer in die andere Substanz übergehen können, so ist dieser Ausweg damit schon zu Boden geschlagen. Der Weg der beständigen Assistenz von Seite des Urhebers ist jener der occasionellen Ursachen, aber ich glaube, daß man hier einen *deus ex machina* in einer ganz natürlichen und gewöhnlichen Sache in's Spiel bringt, wo Gott vernunftgemäß nicht anders wirksam sein kann, als er es in allen übrigen natürlichen Ereignissen ist. Also bleibt nur eine Hypothese übrig: der Weg der Harmonie; Gott hat vom Anfang der Dinge her jede von je zwei Substanzen so eingerichtet, daß sie zufolge ihrer inwohnenden, zugleich mit ihrem Dasein empfangenen Gesetze beständig mit der andern dergestalt übereinstimmt, als gäbe es eine wechselseitige wahrhafte Einwirkung zwischen beiden, oder als hätte Gott beständig seine Hand im Spiel[28].«

Leibniz' eigenthümlicher Gang, der sich allmälig durch und an seinen Gegnern recht heranbildete, macht es hier nöthig, einzuhalten und einen tiefern Blick in sein System zu thun. Setzen wir an die Stelle jener Uhren die einfachen Monaden. Diese haben Kräfte, weil sie Substanzen sind und zwar einfache Substanzen; denn *Leibniz* dehnt den Umfang dieses Begriffs so weit aus, daß er auch einen ganzen Inbegriff von Substanzen Eine Substanz nannte. »Substanz aber ist ihm jedes Wesen, das der Thätigkeit fähig ist«, und »die Substanz eines Dinges selbst besteht in der Kraft zu handeln und zu leiden[29].« Statt Substanz überhaupt verstehe man hier durchgehends »einfache Substanz«, denn

---

27   II. Eclaircissem. S. 134.

28   II. Eclaircissem. Fast mit denselben Worten auch im III. Eclaircissem. à M. Foucher.

29   *Principes de la nature et de la grâce*, S. 714.

die zusammengesetzte hat als solche keine Kraft, sondern nur insofern die sie ausmachenden einfachen Bestandtheile zusammen eine gewisse Summe von Kraft besitzen. Die Wesen sind aber der Thätigkeit nicht nur fähig, sondern auch in der That thätig, denn: »Thätigkeit ist unmöglich ohne Vermögen thätig zu sein; aber auch Vermögen wäre ein leeres Wort, wenn es niemals in Thätigkeit übergehen könnte[30].« Sie sind ferner nicht nur zeitweilig, sondern fortwährend thätig, denn nicht nur jedes Thätige ist eine besondere Substanz, sondern auch jede einzelne Substanz wirkt ohne Unterbrechung fort, selbst die Körper nicht ausgenommen, in welchen sich niemals absolute Ruhe findet[31]. Das Letztere folgt aus dem Ersteren; sind die Theile nicht in Ruhe, so ist es auch das Ganze nicht, wenigstens nichts absolut, wenn auch seine relative Lage gegen äußere Gegenstände sich vielleicht nicht ändert. Jedoch beschränken sich alle diese Kräfte auf die einfache Substanz selbst; nach außen können sie nicht wirken nach dem berühmt gewordenen Grundsatze von den fehlenden Fenstern der Monaden. Innerhalb der Monade selbst sind sie aber fortwährend wirksam; denn wäre irgend eine es zu irgend einer Zeit nicht, so könnte sie es niemals sein, weil es »durchaus kein Mittel gibt, durch welches aus der Einen in die Andere Etwas übertragen, oder in der letzteren durch die erstere irgend eine innerliche Bewegung von außen erzeugt, geleitet, vermehrt oder vermindert werden könnte[32].« Sind aber die inneren Kräfte der Monade fortwährend thätig, so erzeugen sie auch fortwährend Veränderungen in derselben, so daß »der Zustand des Wechsels in der Monade ein continuirlicher wird[33]« und, da sie von außen nicht bestimmt werden können, »die naturgemäßen Veränderungen der Monade aus einem inneren Princip in denselben abfolgen[34]«, so daß »eine jede ihrer eingepflanzten Naturkraft (*vim insitam*) und ihren der Außenwelt angepaßten Gesetzen folgt, worin die Einheit der Seele und des Körpers besteht[35].« Nach dem Princip der *indiscernibilium* muß ferner »jede

30 *De ipsa natura*, S. 157.
31 *De ipsa nat.* S. 157.
32 *Monadolog.* S. 705.
33 Daselbst S. 705.
34 Daselbst S. 705.
35 *De ipsa natura*, S. 157.

Monade verschieden sein von jeder anderen, denn schon in der Natur gibt es nicht zwei Wesen, die einander vollkommen gleich und wo wir außer Stande wären, eine innere oder auf eine innere Beschaffenheit gegründete Verschiedenheit nachzuweisen[36].« Diese Verschiedenheit liegt bei den einfachen Wesen in ihren Qualitäten. Ohne diese »würde jedes Mittel fehlen, irgend einen Wechsel an den Dingen gewahr zu werden, weil Dasjenige, was am Zusammengesetzten erscheint, nur von den einfachen Bestandtheilen (*ingrediens*) desselben herrühren kann. Bei Monaden aber, sobald sie gar keine Qualitäten hätten, wären eine von der andern ganz und gar nicht verschieden, nicht einmal der Quantität nach differirend: folglich würde, den Raum als erfüllt vorausgesetzt, jeder Ort der Bewegung beständig nichts Anderes, als ein vollkommenes Äquivalent dessen erhalten, was er schon früher besaß, mithin jeder Zustand des Dinges jedem Anderen in allen Stücken völlig gleich sein[37].« Worin diese Qualitäten bestehen, ob sie erkennbar seien oder nicht, reell oder ideell, darüber spricht sich *Leibniz* nirgendwo entscheidend aus. Man kann annehmen, daß er darunter Dasjenige verstanden habe, was er *détail de ce, qui se change* nennt, und worin der Grund liegt, daß in jeder Monade zu einem gegebenen Zeitpunkt gerade diese und keine anderen Zustände stattfinden können, als diejenigen, welche in selbem Zeitpunkt in ihr wirklich stattfinden. Der Ausdruck ist jedenfalls etwas dunkel. *Feuerbach* ist der Ansicht[38], »*Leibniz* verstehe unter demselben nicht sowohl das inwohnende Gesetz der Aufeinanderfolge und regelmäßigen Selbsterzeugung der Vorstellungen, welches in jeder Monade ein anderes sein muß, soll sie andere Vorstellungen als die übrigen besitzen, sondern vielmehr diese autonomischen Veränderungen der Monade selbst und wolle diese die Qualitäten derselben genannt wissen. In diesem Falle hat dann jede Monade nicht eine, sondern so viele Qualitäten, als sie einzelne Veränderungen besitzt, also unendlich viel. So viel steht gewiß, daß dieses »*détail de ce, qui se change*« es ist, was die specifische Verschiedenheit und bunte Mannigfaltigkeit der einzelnen Monaden untereinander

---

36 *Monadol.* S. 705. Die Anekdote von den vergeblich gesuchten zwei völlig gleichen Blättern im königl. Hofgarten zu Charlottenburg ist bekannt.

37 *Monadol.* S. 705.

38 *Leibniz'* Phil. etc. S. 51.

begründet[39] .« Die Veränderungen in der Monade, mögen sie selbst deren Qualitäten, oder nur Folgen des jeder Monas als specielle Qualität immanenten individuellen Veränderungsgesetzes sein, sind Kraftäußerungen derselben und die Monas ist vollkommen »spontan«, sie ist selbst die »eigene und einzige Ursache ihrer Handlungen.« Denn, wie schon *Aristoteles* richtig bemerkte, folglich hängt sie von nichts Anderem ab, als von Gott und sich selbst.

Daraus folgt schon von selbst, was das für Veränderungen seien. Sie finden nur in einfachen Wesen statt, ohne Veranlassung von außen, als von innen kommende und innen bleibende, also spontane, völlig ideale Bestimmungen; dergleichen sind nur die Vorstellungen. »Diese und ihre Veränderungen sind das Einzige, was man in den einfachen Wesen antrifft. In ihnen allein bestehen alle inneren Thätigkeiten der Monaden[40].« – »Eine Vorstellung«, fährt *Leibniz* fort, »ist jener vorübergehende Zustand, der eine Vielheit in der Einheit umschließt; denn da jede natürliche Veränderung stufenweise vor sich geht, so ändert sich in der Seele (der einzigen wahren substanziellen Einheit und Einfachheit) Einiges, Anderes bleibt. Dadurch entsteht in jeder einfachen Substanz eine Mehrheit von Zuständen und Verhältnissen, ungeachtet sie keine Theile hat ... Einer solchen Vielheit werden wir uns schon bewußt, wenn wir wahrnehmen, daß selbst unser kleinster Gedanke noch eine Vielheit, wenigstens seinem Gegenstande nach, enthalte[41].« Ob sich *Leibniz* hier nicht getäuscht habe, und ob es wirklich unter unseren Vorstellungen keine einzige, ob es nicht vielmehr sehr viele gebe, die sich auf keine Vielheit von Gegenständen, sondern auf einen einzigen beziehen, wollen wir für jetzt dahingestellt sein lassen. Genug, *Leibniz* erklärt Zustände, welche eine Vielheit (von Veränderungen) in der Einheit (der einfachen Monade) einschließen, schlechtweg für Perceptionen und unterscheidet sie von den bewußten Vorstellungen oder Apperceptionen. Nach ihnen bestimmen sich die Rangstufen der Monaden. Jene, die durchgehends nur Perceptionen oder dunkle Vorstellungen besitzen, heißen Entelechieen, ein Name, der ihres Selbstgenügens, ihrer Autarkeia wegen allen Monaden zu-

---

39 *Leibniz'* Phil. etc. S. 51.
40 *Monadol.* S. 706.
41 Daselbst S. 706.

kommt (ἔχουσι τὸ ἐντελές), jene, deren Vorstellungen, zum Theile wenigstens deutlich und vom Bewußtsein begleitet sind, Seelen (*âmes*).

Bis hieher haben wir die Monaden als völlig freithätig betrachtet, befinden uns aber zugleich noch in Bezug auf die einzelne Monade auf dem Standpunkte eines vollkommenen Idealismus, der nur durch das jeder Monade inwohnende Gesetz ihres Veränderungsablaufs, welches in jeder Monade ein anderes ist, eine bestimmte Richtung empfängt. Soll also eine Art Zusammenhang in diese mannigfachen und von einander wechselseitig gänzlich unabhängigen Reihen von Veränderungen gebracht werden, so daß sich mit der Veränderung in der einen Monas die correspondirende in der andern zugleich vorfinde, was durch besondere Einwirkung der Einen auf die Andere nicht geschehen kann, und durch die blos gelegenheitliche der Gottheit nicht geschehen soll, damit das Ganze nicht planlos zusammengewürfelt, sondern vom Standpunkt der höchsten Weisheit aus geordnet erscheine: so muß von diesen den Monaden inwohnenden Gesetzen aus gewirkt werden. Diese Gesetze müssen so beschaffen sein, daß sich, so oft nach dem in einer der Monaden thätigen Gesetze zu einem gewissen Zeitpunkt ein bestimmter Zustand eintritt, in allen übrigen Monaden in Folge ihrer Gesetze die entsprechenden und anpassenden erzeugen. Zu deren Auswahl gehört erstens eine vollständige Erkenntniß aller überhaupt möglichen Gesetze dieser Art, deren wegen der unendlichen Anzahl der Monaden auch unendlich viele sind, sammt den Reihen von Veränderungen, welche in alle Ewigkeit aus ihnen folgen, also *eo ipso* eine unendliche Erkenntniß; ferner ein unendlicher Wille, der aus der unermeßlichen Menge möglicher Gesetze und Folgenreihen gerade diese gewählt hat, um eine zu jeder Zeit vollkommenste Welt zu schaffen; und endlich eine unendliche Macht, um diese Gesetze in den Monaden auch wirklich zur Thätigkeit zu bringen. Unendliche Erkenntniß, vollkommenster Wille und größte Macht sind aber nur die Attribute Gottes, dem allein wir die Wahl und Belebung der Veränderungsgesetze der Monaden und dadurch mittelbar das Dasein aller aus diesen, wie Folgen aus ihren Gründen, zu jeder gegebenen Zeit hervorgehenden Wirkungen verdanken.

Aus diesem Grunde durfte *Leibniz* von Gott, dem Urgrund aller Dinge, sagen: »er sei jene nothwendige Substanz, in welcher sämmtliche (mögliche und wirkliche) Veränderungen formaliter ihren Grund und

Urquell haben[42].« Denn sein »Verstand ist die Quelle der ewigen nothwendigen Wahrheiten«, in welchen jene Gesetze begründet sind, und welche ihn zu der Wahl derjenigen bestimmten, welche dem allgemeinen Besten am zuträglichsten sind (*choix du Meilleur*). In ihm ist »die Macht als Quelle von Allem, die Erkenntniß, die alle Ideen umfaßt, und der Wille, der verändert und schafft nach dem Princip des allgemeinen Besten[43].« Gott mußte *wollen*, daß das Ganze so eingerichtet werde, wie er *erkannte*, daß es am besten sei, er mußte es auch so *vermögen*. Alle jemals stattfindenden Veränderungen sind längst von Anbeginn her in jeder Monade oder vielmehr in dem ihr von Gott eingepflanzten Veränderungsgesetze virtuell vorhanden, und laufen wie aufgezogene Uhrfedern nacheinander ab. Auf diese Weise wird die ganze reale Welt mit allen wechselnden und bleibenden Zuständen das Abbild einer idealen Welt von Gesetzen in Gottes Verstande. Was sich in dieser idealen Welt wie Grund und Folge verhält, wird in der realen zur (scheinbaren) Ursache und Wirkung. Denn »ein Geschöpf heißt vollkommener als ein anderes, sobald sich an ihm Etwas findet, was den vollständigen rein apriorischen Grund dessen abzugeben vermag, was an diesem Andern geschieht, und deshalb sagt man, es wirke auf dieses Andere[44].« Das Wirken ist ein bloßes Wort, eine Redensart, ein gedachtes Wirken, denn ein reales soll ja absolut unmöglich sein. Das was sich an dem Ersten von der Art findet, daß es die Ursache eines Zustandes an dem Zweiten abgeben zu können scheint, ist nur eine reale Folge des innern Gesetzes dieser ersten Monade, eine ihrer inneren wirklichen Veränderungen, ein Theil ihres immanenten realen Geschehens selbst. Der Einfluß aber unter den Substanzen von Monade auf Monade ist blos ein idealer und dieser gelangt zu seiner Wirkung nicht anders, als durch die Dazwischenkunft Gottes selbst, indem im Kreise seiner Ideen jede Monade mit Recht verlangen darf, daß er bei Anordnung und Regelung des Weltgebäudes auch auf sie und ihre jetzigen und künftigen Veränderungen Rücksicht nehme. Denn »da keine geschaffene Monade einen Einfluß auf das Innere einer anderen nehmen kann, so bleibt dies als das einzige Mittel übrig, die Eine in der Abhängigkeit von der Anderen zu erhalten ..... Daher sind

---

42 *Monadol.* S. 708.
43 *Monadol.* S. 708.
44 Daselbst S. 709.

auch zwischen den geschaffenen Substanzen Thätigsein und Leiden wechselseitig. Denn Gott findet, sobald er zwei einfache Substanzen vergleicht, an jeder derselben Gründe, welche ihn bestimmen, die Eine in gewissen Beziehungen der Anderen anzupassen, woraus folgt, daß dieselbe, die uns von einem gewissen Gesichtspunkt aus als thätig erschien, von einem andern aus uns als leidend erscheinen kann; und zwar thätig, insofern dasjenige, was man an ihr mit Deutlichkeit wahrzunehmen im Stande ist, dazu dient, den Grund dessen anzugeben, was an der Anderen vor sich geht; leidend aber, insofern der Grund dessen, was so eben an ihr geschieht, in demjenigen anzutreffen ist, was an einer anderen Monade mit Deutlichkeit unterschieden werden kann[45].« Was wir also Ursache und Wirkung an verschiedenen Substanzen nennen, sind nur verschiedene Bestimmungen, welche die Gottheit einer Jeden von Beiden mit Rücksicht auf die Anderen beigelegt hat. Ursache und Wirkung sind sie nur für uns, nur für den Beschauer, an sich sind beide Bestimmungen gegen einander völlig indifferent, und die Gottheit muß ihre besonderen Gründe gehabt haben, sie an beiden Monaden gerade so eintreten zu lassen, daß wir auf die Vermuthung gelangen, die Eine sei die Ursache der Anderen. Diese Gründe lassen sich in Gottes Verstande allerdings wie Sätze betrachten, deren einer den andern zur Folge hat, so daß z. B. die Bestimmung a an der Substanz A da sein muß, weil die Bestimmung b an der Substanz B da ist, und der Satz: »a ist an A« als Grund des Satzes: »b ist an B« erscheint; darum ist aber weder a die Ursache von b, noch b die Ursache von a, weil ja ein- für allemal kein Ding auf das andere wirken, also auch keines die reale *erzeugende* Ursache irgend einer Bestimmung an einem andern werden kann.

Ursachen und Wirkungen an verschiedenen Substanzen sind daher blos todte Bestimmungen, die nur uneigentlich diesen Namen verdienen, und deren Eine allenfalls gänzlich wegbleiben könnte, ohne die andere wegfallen zu machen. Denn die Ursache selbst ist in diesem Falle ganz und gar nicht die Bedingung des Eintrittes der Wirkung; die letztere ist blos eine Folge des ihrer Monade von Anbeginn her inwohnenden Gesetzes, so wie die (scheinbare) Ursache an der andern Monade gleichfalls nichts als eine Folge des dieser letzteren inhaftenden Gesetzes ist, und nur der Umstand, daß Gott diese beiden Gesetze von

---

45   *Monadol.* S. 709.

Anfang her so gewählt und eingerichtet hat, daß einst kraft derselben zu gleicher Zeit an beiden Monaden solche Veränderungen eintreten müssen, die zu einander im Verhältnisse von Ursache und Wirkung zu stehen scheinen, dieser Umstand gibt ihnen den seit Ewigkeit her prästabilirten Zusammenhang.

Wie es aber komme, daß wir trotz dieser vollkommenen realen Unabhängigkeit jeder Monade für sich von aller äußeren ursachlichen Wirksamkeit und ihrer ausschließenden Schöpferkraft sämmtlicher inneren Veränderungen aus sich selbst, als den nothwendigen Folgen ihrer immanenten Veränderungsgesetze, doch zu der Vorstellung eines ursachlichen Zusammenhangs der Dinge untereinander gelangen, davon gibt *Leibniz* die eigenthümliche Erklärung: »Diese innige Verknüpfung (*liaison*), oder die Übereinstimmung aller geschaffen Dinge (die, wie wir oben sahen, durch den Zusammenhang der idealen Welt der immanenten Gesetze untereinander entsteht) mit jedem Einzelnen und jedes Einzelnen mit allen Übrigen macht, daß jede einfache Substanz Beziehungen an sich trägt, die ein Abdruck aller übrigen Substanzen sind, und folglich jede einzelne gleichsam als ein lebender immerwährender Spiegel des Universums erscheint[46].«

Die Gottheit als Weltbaumeister erscheint hier unter dem Bilde eines Mosaikkünstlers, der aus den einzelnen Monaden wie aus Steinchen das ganze Weltgebäude zusammensetzt, und dabei sehr wohl im Sinne haben muß, welche Stellung jedes so oder anders gefärbte Steinchen einnehmen müsse, um den gewünschten Effect hervorzubringen. Jedes Steinchen oder Stiftchen befindet sich gegen jedes andere in einem bestimmten Verhältniß der Lage und zwar gegen jedes in einem andern. Diese Verhältnisse überblickt aber nur der ordnende Künstler. Nur seinem Geiste ist das Ganze gegenwärtig nach Zweck und Absicht, das Steinchen steht in diesen Verhältnissen, ohne davon, abgesehen von der inneren Unfähigkeit, eine Kenntniß zu haben. Insofern es aber in seinen eigenen Verhältnissen steht, wird es durch dieselben Ursache gewisser Bestimmungen an der Lage aller übrigen Steinchen, die sämmtlich anders angeordnet sein könnten und sein würden, wenn dieses einzige Steinchen mangelte. Die Monaden nun haben untereinander und zum geordneten Kosmos ein ganz ähnliches Verhältniß wie die Steinchen unter sich und zum Mosaikbilde, das sie ausmachen.

46 *Monadol.* S. 709.

Jede Monade hat bestimmte Verhältnisse zu jeder andern, und wird dadurch Grund gewisser Bestimmungen an diesen. In diesem Sinne heißt sie (sehr uneigentlich) ein Spiegel derselben. Die Verhältnisse sind aber für dieselbe völlig äußerlich, völlig objectiv, sie weiß selbst von denselben nichts; nur die oberste Intelligenz des Weltbaumeisters kennt sie vollständig und vermag daher aus der Lage und dem Verhältniß einer einzigen Monade jene aller Übrigen zu erschließen.

Die Verhältnisse, in welchen eine Monade steht, und die Bestimmungen, welche sie dadurch an anderen Monaden erzeugt, deren Erkenntniß daher eine wenn auch nur geringe und undeutliche Vorstellung von den letzteren gibt, verhalten sich zu der Monade selbst, wie die Bilder der sie umgebenden Gegenstände zu dem Spiegel, welcher dieselben auffängt. Diese sind für den Spiegel selbst Nichts, sie sind nur für den Beschauer Etwas. Dieser gewahrt die Bilder und schließt daraus auf das Vorhandensein, auf Nähe und Ferne der erzeugenden Gegenstände. Eben so würde eine so vollkommene Intelligenz, wie jene des Weltbaumeisters, aus Lage und Beschaffenheiten einer einzelnen Monade, d. i. aus den an ihr befindlichen objectiven Verhältnissen und Beziehungen zu den übrigen Monaden die Construction und Anordnung des ganzen übrigen Weltalls zu beurtheilen im Stande sein, auf ähnliche Weise, wie im geringeren Grade ein Maler aus wenigen Strichen die Anlage eines Gemäldes, oder ein Geometer aus der gegebenen Lage einer Linie und zweier Winkel das ganze Dreieck zu erkennen vermag.

So innig zusammenhängend und nach so bestimmten unverrückbaren Gesetzen geordnet dachte sich *Leibniz* das Universum. Gott wählte diese Gesetze, weil sie die einzigen waren, welche die beste Welt schaffen konnten, die er kraft seiner Heiligkeit schaffen wollte und kraft seiner Macht zu schaffen vermochte; jede andere hätte dem Begriffe Gottes widersprochen. Dies war ihm so gewiß, daß er darauf sein unerschütterliches Vertrauen gründete, das Übel in der Welt sei ein nothwendiges Übel, wenn es eines sei, und zwar das kleinste aus allen möglichen Übeln; im Grunde sei es aber gar keines, sondern erscheine uns als ein solches nur von unserm untergeordneten Standpunkt aus, während es auf das Ganze irgend einen wohlthätigen Einfluß hat.

Noch aber würde dieses Universum einen traurigen Anblick darbieten. Die Monaden sind wirklich noch nichts, als todte Spiegel, die von ihren eigenen Bildern (Verhältnissen) nichts wissen. Das einzige die Letztern vorstellende Wesen ist die Gottheit und diese ist zugleich das sie am vollkommensten vorstellende Wesen. Die vermittelnden Stufen zwischen dem gänzlichen Mangel alles Vorstellens und dem vollkommensten Vorstellen findet *Leibniz* in dem mehr oder minder deutlichen Vorstellen, wodurch die oben genannten Kasten: Entelechieen, Seelen, niedere und höhere Geister sich unterscheiden.

Man unterscheidet an der Monade ein Inneres und Äußeres, innere unabhängige, spontane Veränderungen und äußere, objective Beziehungen und Verhältnisse zu andern: Spiegelbilder. Um uns hier eines Gleichnisses zu bedienen, stellen wir uns einen Mann vor, der über und über in eine spiegelnde Rüstung gehüllt ist und mit geschlossenen Augen dasteht. Dieser Mann hat Vorstellungen von denen er weiß, aber von den Bildern, welche unterdeß die umgebenden Gegenstände auf seine Rüstung werfen, weiß er nichts. Seine Vorstellungen sind von diesen äußeren Bildern ganz unabhängig, sie sind, mit *Leibniz* zu reden, seine *perceptiones*, die Bilder seine *repraesentationes*. Jene sind ein Inneres, diese ein Äußeres für ihn, und beide brauchen so wenig zu harmoniren, wie die wirklich vorhandene Welt mit der idealistischen isolirten Weltanschauung, die sich in jeder Monade bildet, zu harmoniren braucht. Der Mann mag glauben, sich in einem Garten zu befinden, während in seiner Rüstung sich der Saal abspiegelt, darin er sich in der That aufhält.

Idealismus und Realismus werden hier scharf aus einander gehalten. Jede Monade hat ihren aparten Idealismus, ihre singuläre Weltansicht, ihre eigene mögliche Welt, während es doch nur eine einzige *wirkliche* Welt gibt und geben kann. Soll nun nicht ein beständiger Conflict der geträumten ideellen mit der wirklichen Welt entstehen, so muß das Äußere in das Innere verwandelt, die objectiv (gleichsam) an der Außenseite der Monade als Spiegelbild vorhandene Vorstellung der wirklichen Welt muß zur innern subjectiven gemacht, die Monade muß sich ihres Spiegelbildes der wirklichen Welt bewußt werden. In dem Beispiel, das wir oben zu Hilfe nahmen, würde dies z. B. dadurch geschehen, daß der Träger der Rüstung die an derselben befindlichen Spiegelbilder gewahr und dadurch seines Irrthums inne würde, sich im Freien zu befinden. Bei der Monade geschieht es durch eine Art psychologischen Prozesses, der auch den Grund zur Trennung dunkler und deutlicher Vorstellungen herleiht, indem die blos äußerlichen

Spiegelbilder dunkel, diejenigen aber, deren sich die Monade bewußt geworden, ihre deutlichen Vorstellungen heißen.

Das Resultat dieses Processes wird die Überzeugung sein, daß die Monas, weil ihre innerliche Weltanschauung nur das zum Bewußtsein gekommene Spiegelbild der wirklichen Welt sein kann, die letztere so wie sie wahrhaft ist, vorstellt, ihr Idealismus also mit dem wahren Realismus identisch ist. Möglich wird dies Resultat nur durch die prästabilirte Harmonie, vermöge welcher die sich auf schöpferischem Wege in der Monas entwickelnden Vorstellungen keine andern sein können, als welche virtuell in ihrem immanenten speciellen Veränderungsgesetze präformirt sind. Dieses Veränderungsgesetz hat Gott in die Monas hineingelegt, der auch die wirkliche Welt, deren Spiegelbild an der Außenseite der Monade haftet, geschaffen hat. Es hieße an seinem Wollen des allgemeinen Besten zweifeln, wollte man nicht annehmen, daß er das Mutationsgesetz in jeder einzelnen Monas so eingerichtet habe, daß in ihr nur Vorstellungen sich erzeugen, wie sie der wirklichen Welt und der Bestimmung der Monas in dieser zu wirken und zu handeln, angemessen sind.

Der Idealismus der einzelnen Monas ist daher kein schlechthin freier, sondern ein durch ihr immanentes Mutationsgesetz bedingter, und besteht nur in der Unabhängigkeit von realer äußerer Einwirkung, nicht aber von innerer. Das Veränderungsgesetz selbst hat seinen Grund in Gott und zwar in dem praktischen, dem Willenselement desselben, kraft dessen er das Beste der Welt will. Eine ähnliche Beschränkung des absoluten Idealismus trifft man bei *Fichte* in seiner Berufung auf die moralische Weltordnung und die Bestimmung des Menschen, wobei er nur die bei *Leibniz* noch mächtige und unvermeidliche Persönlichkeit des Weltordners hinweggedacht hat.

Ohne daher eine Einwirkung von irgend einer der übrigen Monaden direct zu erfahren, steht jede Monas in gewissen Verhältnissen zu jeder derselben und erkennt diese Verhältnisse kraft ihres immanenten Mutationsgesetzes in größerer oder geringerer Anzahl, und mehr oder weniger deutlich. Ihre Vorstellungen sind idealistisch, aber Gott hat dafür gesorgt, daß sie der wirklichen realen Welt jederzeit entsprechen. Die Abwesenheit des directen causalen Zusammenhanges kann unter diesen Umständen unserer praktischen Verpflichtung und wirklichen Thätigkeit keinen Schaden thun. Die Dinge wirken nicht auf die Seelenmonas, diese aber empfindet sie und stellt sie vor, gerade so als ob sie auf sie wirkten. Ohne von ihnen genöthigt zu werden, stellt die Seelenmonas die Dinge vor, wie sie wirklich sind, und dies in Folge ihres immanenten Veränderungsgesetzes, da Gott uns unmöglich kann täuschen wollen, welches letzten Argumentes sich auch schon *Descartes* bedient hat.

Es ist nun klar, wie wir zu der Annahme eines causalen Zusammenhanges gelangen. Dieser findet in Wahrheit nicht statt, aber er *scheint* stattzufinden. Wegen des gleichmäßig geordneten Ablaufs von Veränderungen in sämmtlichen Monaden treten gewisse Veränderungen in mehreren gleichzeitig ein, wiederholen sich dieselben gleichzeitigen mehrmals, bis sich bei dem Beschauer allmälig die Idee ausbildet, daß diese gleichzeitig wiederkehrenden Veränderungen zusammengehören, die eine nicht ohne die andere sein kann, zwischen beiden also dasselbe Verhältniß statthabe, das wir sonst Ursache und Wirkung zu nennen gewohnt sind. Da wir dies blos als eine Verknüpfung der gleichzeitigen Veränderungen beim Beschauer, keineswegs aber die eine als hervorgebracht durch eine besondere Kraftäußerung der andern ansehen, so macht sich die Causalität hier schon als eine bloße Regel der Zeitfolge geltend, wofür sie *Hume* und die Skeptiker später ausdrücklich erklärten. Nach *Leibniz* bedeutet das Causalverhältniß zwischen a und b nichts Anderes als: die Veränderungsgesetze zweier Monaden sind so beschaffen, daß sobald in Folge des einen in seiner Monas der Zustand a eintritt, in Folge des andern in der zweiten Monas der Zustand b eintreten muß. Dann heißt der Zustand a und jeder ihm ähnliche die Ursache des Zustandes b und jedes ihm ähnlichen und dieser die Wirkung von jenem. Er heißt aber nur so, er ist es nicht, denn beide sind völlig unabhängig von einander nach den immanenten Mutationsgesetzen verschiedener Monaden erfolgt.

Leibniz selbst nannte seine Monaden »geistige Automaten.« Wie diese der Künstler, nachdem er sie gehörig aufgezogen hat, sich selbst überläßt, in der sicheren Voraussetzung, es werde jede Schraube und jedes Rädchen in denselben seinerzeit gehörig eingreifen, um die Bewegungen hervorbringen zu helfen, die die Maschine zu machen bestimmt ist: gerade so überläßt auch Gott die Monaden, nachdem er ihnen die passenden Gesetze eingeprägt hat, ihrer Selbstthätigkeit, die ohne eigenes Zuthun stets mit jener aller übrigen zusammenstimmen muß.

Die prästabilirte Harmonie, die wir so eben als statthabend zwischen den freischöpferischen Vorstellungen der Monaden und den objectiven äußerlich an denselben in Folge des Zusammenhanges der Welt sich bildenden Spiegelbildern dargestellt haben, findet sich auch zwischen den ersteren und den körperlichen Bewegungen. Vollkommnere Monaden machen den Mittelpunkt minder vollkommener aus, wie die Seele den des Körpers. Die Vollkommenheit aber richtet sich nach der größeren oder geringeren Menge deutlicher Vorstellungen, und scheidet darnach Entelechieen, Seelen und Geister, welche letzteren sich schon bis zu abstracten Begriffen und Vernunfterkenntnissen zu erheben vermögen. Jede Monade trägt Beziehungen zu allen übrigen Monaden an sich, sie spiegelt das ganze übrige Universum vor. Sollte dies bis in's kleinste Detail mit vollkommenster Deutlichkeit geschehen, so müßte jede einzelne Monas Gott sein, denn dies würde eine unendliche Erkenntnißkraft voraussetzen, weil unendlich viele Beziehungen vorhanden sind. Sie erkennt daher von diesen, so lange sie blos Entelechie ist, alle, sobald sie Seele ist, den größten Theil ihrer Beziehungen und Verhältnisse zu andern nur verworren (*confuse*). Deutlich erkennt eine Seele nur einen kleinen Theil derselben, etwa die nächsten oder, im Vergleiche mit ihr selbst, größten und mächtigsten. Die Beschränkung der Monaden erstreckt sich daher nicht auf die Gegenstände, welche sie vorstellt, die bei allen dieselben sind, nämlich das gesammte Universum, sondern auf die Art und Weise, *wie* sie dieselben vorstellen. Natürlich folgt daraus, daß jede Seele einen andern Theil der sie umgebenden Dinge deutlich vorstellt, z. B. ihren eigenen Körper[47]. Da aber der Raum stetig erfüllt ist, so pflanzt sich dieses deutliche Vorstellen einer Monade mittelbar durch das ganze All fort, indem die von der Monade *a* deutlich vorgestellten Monaden selbst wieder andere deutlich vorstellen, und so fort, was *Leibniz* so ausdrückt: »Da die Materie zusammenhängend ist, und jede Bewegung im erfüllten Raume auf distante Körper eine Einwirkung im Verhältniß zu ihrer Distanz ausübt, so zwar, daß jeder Körper nicht blos von dem ihm zunächst befindlichen afficirt wird und gewisser Weise mitempfindet, was diesem widerfährt, sondern durch dessen Vermittlung auch mit jenen mitfühlt, welche an den ihn unmittelbar berührenden anstoßen: so folgt, daß diese Einwirkung sich auf was immer für eine Distanz hinaus erstrecke, und jeder Körper alles mitempfinde, was im ganzen Universum ge-

---

47 Vergl. *Monad.* S. 709.

schieht[48].« Deutlich also stellt die Seele nur ihren Körper vor, und insofern dieser durch den Zusammenhang aller Materie im erfüllten Raume untereinander das Universum ausdrückt, »stellt die Seele, indem sie ihren Körper vorstellt, das Universum selbst vor[49].« Wie es nun komme, daß die Veränderungen in den Körpern, ohne daß die Seele real auf denselben einzuwirken vermag, doch regelmäßig erfolgen, läßt sich aus den regelmäßigen inneren Veränderungen der einfachen Monaden erklären, welche die Körper constituiren. Die Körper, als Zusammengesetztes, *sind* nicht wahrhaft; an ihnen kann daher auch keine Veränderung vorgehen, sondern was wir eine Veränderung an einem Körper zu nennen pflegen, ist nichts als das Resultat aller gleichzeitig in den einfachen Monaden, welche den Körper ausmachen und denen allein wahrhafte Existenz zukommt, vorgehenden oder vorgegangenen Veränderungen. Herrscht aber, wie vorausgesetzt, zwischen den Veränderungen in den einfachen Wesen und Theilen des Körpers die prästabilirte Harmonie, so muß diese auch zwischen den Summen der gleichzeitigen Veränderungen in mehreren Körpern, also zwischen den (scheinbaren) Veränderungen dieser Körper selbst stattfinden. Das Resultat der gleichzeitigen Veränderungen in den einfachen Theilen eines Körpers, welches dann eine Veränderung des Körpers selbst heißt, läßt sich am richtigsten mit der Summe vergleichen, weil die einzelnen Summanden, die Veränderungsreihen in den einfachen Theilen, von einander ganz unabhängig sind, und einander wechselseitig aus ofterwähnten Gründen durchaus nicht modificiren. Auf diese Weise setzte *Leibniz* höchst geistreich und scharfsinnig die Beschaffenheit des organischen Wesens, dessen organische Gliederung bis in's Einzelne und Kleinste mit einer Klarheit und Wahrscheinlichkeit auseinander, die seinem atomistisch-monadischen System so viel Eingang verschaffte, und von den Resultaten der Naturwissenschaften immer augenscheinlicher bestätigt wurde. »Jeder organischer Körper«, sagt er, »ist eine Art göttlicher Maschine, ein natürlicher Automat, der alle künstlichen unendliche Mal übertrifft. Denn eine Maschine von Menschenhand ist es nicht mehr in ihren kleinsten und letzten Theilen, und es gibt z. B. an einem Stegrade Theile und Bruchstücke genug, die nichts Kunstreiches mehr an sich und zum Totalzwecke der Ma-

---

48 *Monadol.* S. 710.
49 *Monadol.* S. 710.

schine beinahe keinen Bezug haben. Aber die Maschinen in der Natur, ich meine die lebenden Körper, sind noch in ihren kleinsten Theilen bis in's Unendliche hinab Maschinen. Und dies ist der Unterschied zwischen göttlicher und menschlicher Kunst[50].« Und mit welcher Begeisterung spricht er allenthalben von der Belebung des Weltalls bis in seine kleinsten Theile, obgleich ihn erst *Swammerdam*'s und *Leuvenhök*'s kaum begonnene Forschungen auf diesem jetzt durch *Ehrenberg* u. A. so reich angebauten Felde unterstützten! Während er aber dieses that, übersah er oder wollte er nicht sehen, daß zu einer wahren Belebung auch wechselseitige Thätigkeit und Wirksamkeit gehöre, und jene ohne diese eigentlich keinen Sinn habe. Oder werden wir wohl von Belebung bei einem Körper sprechen können, dessen einzelne Theile zwar sich selbstthätig bewegen, deren keiner aber den andern bewegt, indem keiner eine Art freiwilliger Herrschaft über die andern ausübt, die sich alle theilnahmslos, und nur mit sich selbst beschäftigt, neben einander hintreiben, oder vielmehr von immanenten Gesetzen unwillkürlich und mechanisch getrieben werden. Dennoch hielt *Leibniz* an seiner prästabilirten Harmonie mit einer Zuversicht fest, die ihn von ihr sagen ließ: »sie sei die vernünftigste und zugleich diejenige Annahme, welche die höchste Idee von der Harmonie des Universums und der Vollkommenheit der Wesen Gottes gibt[51].« Da ihm der Occasionalismus hauptsächlich um deswillen verwerflich dünkte, weil er die Gottheit zum Werkzeuge blinder Naturgewalt, noch mehr, weil er sie zum Diener der Willkür geschaffener Wesen herabzuwürdigen schien, der bei der Hand sein müßte, sobald Leib oder Seele seiner bedürften, der physische Einfluß aber mit der Einfachheit der Substanzen ihm in jedem Sinne unvereinbar vorkam: so bot ihm die prästabilirte Harmonie dagegen unermeßliche, und wie er meinte gerade solche Vorzüge, wie sie seinem edlen, für Menschenwohl und echte Religiosität glühenden Herzen am willkommensten waren. *Leibniz* war ein Kosmopolit; sein Augenmerk traf immer das Ganze; die Mathematik hatte dasselbe für die Wahrnehmung des regelrechten Ganges in Natur und Menschenloos geschärft, es bedünkte ihn eine bare Unmöglichkeit, daß dies alles das Werk eines blinden Zufalls sein sollte. »Genöthigt«, sagte er, »zuzugeben, daß es unmöglich sei, daß die Seele oder irgend eine andere

50 *Monadol.* S. 710.
51 *Nouveau système*, S. 128.

wahrhaft einfache Substanz von außen her Etwas empfange, wenn dies nicht durch die Allmacht Gottes geschieht, ward ich unvermerkt zu einer Ansicht hingetrieben, die mich überraschte, die mir unvermeidlich schien und die wirklich große Vortheile und beachtenswerthe Schönheiten gewährt[52].« Und an einem anderen Orte heißt es: »In ihr findet sich der große Gewinn, daß wir, statt wie mehrere geistvolle Männer (*Descartes*) geglaubt haben, blos scheinbar und auf eine Weise frei zu sein, die für die Praxis gerade hinreicht, vielmehr sagen müssen, wir seien nur dem Scheine nach bestimmt, und im strengen metaphysischen Sinne vollkommen unabhängig von was immer für Einflüssen aller übrigen Geschöpfe (aber nicht von innern). Diese Ansicht stellt ferner die Unsterblichkeit unserer Seele in's hellste Licht, so wie die immer gleichförmige Erhaltung unserer Individualität, die trotz aller äußeren Zufälle und so sehr auch das Gegentheil wahr scheinen mag, vollkommen von ihrer eigenen innern Natur geregelt wird. Niemals hat ein System unsere Erhabenheit mit mehr Evidenz gezeigt. Jeder Geist ist eine Welt für sich, sich selbst genug, unabhängig von jeder anderen Creatur, umfaßt er das Unendliche, stellt das Universum dar, ist so dauernd, so beständig und so in sich vollendet, wie das Universum der Geschöpfe selbst .... Mit dieser Annahme gelangt man zu einem Beweise für die Existenz Gottes von überraschender Klarheit. Denn diese vollkommene Zusammenstimmung so vieler Substanzen, die doch unter sich wechselseitig keinen Verkehr haben, kann nur von einer gemeinschaftlichen Ursache kommen[53].« Der letzte Grund war für *Leibniz* von entscheidender Wichtigkeit, denn auf diese Existenz war zuletzt sein ganzes philosophisches Gebäude gegründet. Ohne das Dasein Gottes fehlte der prästabilirten Harmonie aller Boden; denn mit ihm fiel die Möglichkeit des Princips der Wahl des Besten hinweg, von dessen Realität zuletzt Alles abhing. Allein wer sieht nicht, daß der Schluß von dem Dasein einer prästabilirten Harmonie, die selbst nur unter der Voraussetzung des Seins der Gottheit haltbar wird, auf das letztere zurück durchaus keine Kraft hat, vielmehr ein völliges Hysteron Proteron ist? Auch bedachte *Leibniz* nicht, daß wir ohne Einwirkung von außen von dem Vorhandensein anderer Substanzen außer unserer eigenen, also auch von der Harmonie oder Nichtharmo-

---

52 *Nouv. syst.* S. 127.
53 *Nouv. syst.* S. 128.

nie der in denselben vorgehenden Veränderungen mit unseren eigenen nichts wissen können; daß diese Harmonie für uns so lang eine bloße Hypothese bleibt, so lang wir nicht auf anderem Wege den Beweis für die Existenz eines Wesens hergestellt haben, welches bei der ausgemachten (?) Unmöglichkeit, daß eine Substanz auf die andere wirke, will, daß alles Geschehen in möglichster Übereinstimmung zum Wohle des Ganzen und zur Erreichung des größtmöglichen Besten mit beitrage. Allein *Leibniz'* galt die prästabilirte Harmonie für mehr als eine bloße Hypothese, »weil sich auf keine andere Weise die Dinge gleich gut erklären lassen, dagegen die größten Schwierigkeiten, die den Denkern bisher aufgestoßen, vor ihr wie Spreu vor dem Winde verfliegen[54]«. So führt er den Beweis für dieselbe immer nur aus ihren Folgen für das praktische Erkennen und Handeln, für die Erkenntniß Gottes, die Unsterblichkeit der Seele, die menschliche Freiheit, als die Angelpunkte, um welche sich alles und jedes metaphysische Denken bewege. Zum Beweise ihrer Wirklichkeit genügte es ihm, ihre Möglichkeit erwiesen zu haben. »Denn«, sagte er, »warum könnte Gott der Substanz nicht eine solche Natur oder innere Kraft gegeben haben, vermöge welcher sie der Ordnung nach (etwa wie ein spiritueller oder formeller Automat) alles das aus sich producirte, was ihr zustoßen wird und kann, d. i. alle jene Scheine und Äußerlichkeiten, die sie jemals haben und an sich tragen wird, und dies ohne Beihilfe irgend einer andern Creatur? Um so mehr, da die Natur der Substanz einen Fortschritt oder Wechsel mit Nothwendigkeit begehrt, und wesentlich einschließt, ohne welche sie keine Kraft zu handeln und thätig zu sein besäße? Und da diese Natur der Seele eine repräsentative, nämlich das ganze Universum auf höchst bestimmte, obgleich mehr oder minder deutliche Weise vorstellende ist, so wird natürlicherweise die Folge der von der Seele erzeugten Repräsentationen der Folge der im Universum selbst stattfindenden Veränderungen entsprechen. Wenn man aber, so wie es geschieht, selbst sobald man die Seele als nach außen zu wirken fähig ansieht, zugibt, daß der Körper der Seele angepaßt worden sei, so ist es doch noch viel vernunftgemäßer, zu sagen, daß die Körper nur für und wegen der Seelen gemacht worden seien, welche letzteren allein

---

54 *Nouv. syst.* S. 128.

fähig sind, in die Gemeinschaft Gottes einzugehen und seinen Ruhm zu verkünden[55].«

Der Mechanismus, dem dieses System das Wort zu reden schien, erregte schon seiner Zeit lebhaften Widerspruch, am heftigsten den *Pierre Bayle*'s, jenes scharfsinnigen Skeptikers, dessen selbst für unsere Tage und Verhältnisse noch unzweifelhafte und in manchen Stücken überraschende Bedeutung erst neuerlich *Feuerbach*[56] in seiner Weise ins Licht gesetzt hat. Da dieser Streit einer der wenigen ist, deren Acten von beiden Seiten uns vollständig und von der Hand der Urheber selbst vorliegen, so wollen wir sowohl die wesentlichsten Einwendungen *Bayle*'s, die meist jetzt noch Geltung haben, als die Widerlegung *Leibniz*' in Kürze anführen. Sie finden sich von Seite *Bayle*'s in den beiden Auflagen seines Wörterbuchs[57], von Seite *Leibniz*' bei *Erdmann* S. 150–154. *Bayle*'s Einwendungen waren im Auszug folgende:

1. Aus dieser Hypothese (der prästabilirten Harmonie) würde folgen, daß z. B. eine Seele die Empfindung des Hungers haben müßte, auch wenn außer ihr und Gott gar Nichts, also auch kein Mittel vorhanden wäre, diesen Hunger zu stillen, weil ja die Veränderungen in ihr ohne Rücksicht und unabhängig von jenen des Körpers blos nach einem immanenten Gesetz erfolgen; eine fortwährende schmerzliche Empfindung aber ohne Mittel, derselben zu steuern, sei mit Gottes Güte und Weisheit unverträglich.

2. Das Dasein schmerzlicher Empfindungen und unangenehmer Gefühle in der Seele verträgt sich auf keine Weise mit der Spontaneität der letzteren, weil man nicht annehmen kann, sie werde sich selbst Schmerzen zufügen wollen.

3. Der Grund, weshalb *Leibniz* des *Cartesius* Vermittlung zwischen Geist und Körper durch Gottes Beistand verwirft, beruht auf falschen Voraussetzungen; denn indem die Gottheit in diesem Falle vermittelnd eingreift, handelt sie nach allgemeinen, somit (?) nothwendigen Gesetzen, daher keineswegs als bloßer *Deus ex machina*.

4. *Bayle* fragt, ob denn jene die innern Veränderungen erzeugende und schaffende Kraft der Seele die Reihe der Vorstellungen kenne, die

---

55 *Nouv. syst.* S. 127.

56 *Pierre Bayle* nach seinen für die Gesch. der Philos. und Menschheit interessantesten Momenten. Ansbach, 1838.

57 *Dictionn. histor. crit. ed. I. Rotterodami, 1697. II. tom. II. part. p. 965.*

sie erzeugen wird. Die Erfahrung scheine dies Letztere nicht zu bestätigen, weil wir ja nicht einmal je mit Sicherheit anzugeben im Stande sind, welche Vorstellungen wir etwa nach einer Stunde haben werden. Die Reihe der Vorstellungen bestimme und regiere daher wohl irgend ein anderes äußeres Princip, nicht die Seele selbst. Ob dies selbst aber wohl etwas Anderes sei, als auch wieder ein *deus ex machina*?

5. Mit welchem Rechte, fragt er weiter, könne *Leibniz* wohl, nachdem er kaum mit gewichtigen Gründen erwiesen habe, die Seele sei einfach und untheilbar, dieselbe plötzlich mit einer Pendeluhr vergleichen? d. i. sie zu einem Wesen machen, welches vermöge seiner innern Einrichtung verschiedene Thätigkeiten haben kann, wenn es sich der vielfachen ihm vom Schöpfer verliehenen Vermögen bedient? Wohl sei zu begreifen, daß ein einfaches Wesen, so lange keine äußere Macht es abändert (was ja bei Monaden ohnedies unmöglich ist), nur ewig gleichförmig (*uniformément*) handeln könne. Wäre es dagegen zusammengesetzt, wie es eine Maschine, wie eine Pendeluhr, ist, so würde es auch auf verschiedene Weise handeln können, weil die besondere Thätigkeit jedes Theils von Moment zu Moment die Thätigkeit der übrigen zu modificiren vermöchte. Allein woher in der einfachen auf sich selbst beschränkten Substanz der Grund des Thätigkeitswechsels; woher überhaupt und wie ist die Vielheit in der Einheit möglich?

Wie ganz nahe streift dieser letzte Punkt an Dasjenige, was von der neuesten monadistischen Schule gegen das Vorhandensein mehrfacher Vermögen und mehrfachen Qualitätenwechsels in der einfachen Substanz vorgebracht worden ist! Auch hier wird die Untheilbarkeit der einfachen Wesen in andere wieder *selbständige Wesen* mit der seinsollenden Unmöglichkeit verwechselt, an derselben Substanz mehrere zugleich haftende oder einander ablösende *Beschaffenheiten* zu unterscheiden. In dem angeführten Beispiel aber wird übersehen, daß ja auch wenn wir ein Zusammengesetztes vor uns hätten, darin ein Theil den andern modificiren soll, dies nur möglich ist, wenn die einfachen Wesen überhaupt die Fähigkeit haben, auf Andere zu wirken. Statt also Anstand zu nehmen, wie eine Vielheit in einer einfachen Einheit Raum finden könne, hätte vielmehr herausgehoben werden sollen, wie widersprechend ein Thätigkeitswechsel sei, der nicht durch äußere Einwirkungen hervorgebracht werden, sondern einzig in einer *causa sui* seinen Grund haben soll.

Leibniz selbst erwiederte auf diese Einwendungen in einem Briefe ungefähr Nachstehendes[58]. Die Erste derselben, meint er, beruhe auf einer metaphysischen Fiction, die im natürlichen Laufe der Dinge gar nicht eintreten könne. Allerdings habe Gott jede Monas unabhängig gesetzt von jeder andern, allein es widerspreche seinen göttlichen Eigenschaften, nicht mehr als eine einzige Substanz geschaffen zu haben. In diesem Falle müßte er ferner die einzelnen Substanzen gänzlich ohne Verbindung und außer Zusammenhang unter einander hingestellt haben; jede hätte ihre aparte Welt für sich, etwa so wie man sich im Traum eine ausmalt, die nicht wirklich vorhanden ist. Aber selbst angenommen, die Seele sei ganz allein vorhanden, sei es dennoch nicht unmöglich, daß sie Veränderungen erleide. Das Letztere folge sogar aus dem Naturgesetze, daß ein jedes Ding seinen einmal erlangten Zustand ohne Hinzutritt einer äußeren Störung fortwährend beibehalten müsse. Was in Ruhe sei, bleibe in Ruhe, was in Bewegung, Veränderung begriffen sei, verändere sich fortwährend[59]. Die Natur eines geschaffe-

58 »*Lettre à l'auteur de l'histoire des ouvrages des savans, contenant des eclaircissements de difficultés, que Mr. Bayle a trouvé dans le système nouveau de l'union de l'âme et du corps.*« Histoire des ouvrages des savans. Juillet, 1698. p. 329. Bei *Erdmann* S. 150–154.

59 So allgemein ausgedrückt, beweiset dieser Satz mehr, als *Leibniz* will, und gegen ihn. Denn obgleich die gestoßene Kugel, auch nachdem der Stoß aufgehört hat, fortfährt, den Ort zu verändern, also in der Veränderung beharrt, so ist es auf der andern Seite eben so wahr, daß, so lange keine äußere Störung eintritt, die Geschwindigkeit, mit welcher sie ihren Weg fortsetzt, unverändert bleibe. Die Monaden sind einer Störung von außen nicht fähig, ihr einmal angenommener Zustand muß also derselbe für alle Zeiten bleiben. War dieser ein Zustand der Ruhe, so muß die Monade für alle Zeit denselben Zustand, also dieselbe Vorstellung behalten, ein Ausspruch, dem die unmittelbarste innere Erfahrung jeden Augenblick auf das Bestimmteste widerspricht. War jener aber ein Zustand der Veränderung, so währt diese continuirlich fort, so daß in jedem Zeitpunkt ein anderer Zustand in der Monas stattfindet, und nicht zwei auch noch so nahe an einander gelegene Zeittheile angebbar sind, innerhalb welcher eine und dieselbe Vorstellung in der Seele beharrt, was gleichfalls wohl Jeder an sich selbst schon widerlegt gefunden hat. Es bleibt also nichts übrig, als äußere modificirende Wirkungen, Einwirkungen zuzugeben, wenn man der gewissesten inneren Erfahrung nicht auf's schneidendste widersprechen will.

nen Wesens sei es, sich continuirlich zu verändern, und dies zwar nach einem bestimmten Mutationsgesetze, von solcher Beschaffenheit, daß eine höhere Intelligenz mit Hilfe seiner Kenntniß aus den gegenwärtigen alle künftigen Veränderungen vorherzusehen und zu erschließen vermöge. Da nun dieses Mutationsgesetz für jede Monas ein anderes sei, weil jede andere Veränderungen hat, so mache es die Individualität jeder einzelnen Monas in Bezug auf das ganze übrige Universum aus, und dieser Bezug auf das Universum sei es, welcher die Möglichkeit ausschließe, daß irgend eine einzelne Substanz allein mit Gott ohne Andere in der Welt vorhanden sei. Dabei kommt Alles darauf an, was man sich unter jenem Mutationsgesetze denkt. Betrachtet man es als eine Kraft, welche ohne selbst beschränkt zu sein, die übrigen Kräfte und Vermögen der Seele so leite, daß sie gerade bestimmte Veränderungen hervorbringen, so ist sie selbst die eigentliche Substanz (da sie doch als Kraft eben Etwas, welches dieselbe besitzt, voraussetzt, also eigentlich nur Adhärenz ist), das eigentlich Freithätige. Bedeutet es aber blos die Nothwendigkeit, daß um der übrigen Monaden willen eine gewisse Monade nur gewisse Veränderungen haben dürfe, so erscheint ja diese letzte beschränkt durch das Dasein außer ihr befindlicher Substanzen, erleidet daher eine (wirkliche, ihre physische Natur angehende, nur nicht materiell transitorische) *Einwirkung* von denselben, die ja eben durch die Annahme des Mutationsgesetzes vermieden werden sollte.

Gegen 2. entgegnet *Leibniz*, daß spontane, d. h. ohne fremde Veranlassung aus eigenem Vermögen erzeugte Veränderungen um deswillen nicht immer freiwillige sein müssen, und in den Monaden als Folgen der immanenten Mutationsgesetze derselben auch in der That nicht sind, es also keineswegs in der Macht der Seele stehe, sich mißfälliger oder unangenehmer Vorstellungen nach Belieben zu entäußern. Was 3. angeht, so behalte sein System immer noch genug Vorzüge vor dem cartesianischen, selbst wenn es sich bestätigte, daß dieses nicht so häufig zum Wunder seine Zuflucht nehme, als der Occasionalismus seiner Natur nach nöthig zu machen scheint. Denn während dieser sich mit der fortwährenden Überwachung zweier Uhren (*Leibniz'* Lieblingsgleichniß) vergleichen lasse, die eigensinnig oder übel eingerichtet nie gleichförmig gehen wollen, gleiche die Harmonie seiner Substanzen vielmehr der Concordanz zweier trefflich eingerichteten, immer gleich gehenden Uhren, was eines großen Künstlers gewiß würdiger sei! Um den vierten Punkt zu entkräften, bedürfe es nur einer Unterscheidung zwischen deutlichen und verworrenen Vorstellungen. Jede Vorstellung, die wir gehabt, läßt Spuren in der Seele zurück, welche zur Modification aller künftig eintretenden mit beitragen helfen, ihrer Menge aber wegen von uns nicht mehr deutlich erkannt und unterschieden werden. Ohne daß der jedesmalige Zustand der Seele aufhöre, ganz natürliche Folge aller vorhergegangenen zu sein, kann doch nur eine höhere Intelligenz (also nicht die Seele selbst) die Gründe erkennen, die in den früheren Zuständen liegen, und um deren willen die späteren gerade so und nicht anders beschaffen sein können, als sie es sind, und nur eine solche kann daher mit Sicherheit vorausbestimmen, welche Zustände künftig noch in der Seele eintreten werden.

Auf den fünften, bedeutendsten dieser Einwürfe antwortet *Leibniz*, man könne immerhin sagen, die Seele sei ein immaterieller Automat; was aber ihr einförmiges Thätigsein betreffe, so müsse man unterscheiden: dies könne 1. so viel heißen, als nach demselben Gesetze fortwährend thätig sein, und in diesem Sinn finde es bei jedem (einfachen oder zusammengesetzten) Wesen wirklich statt, oder es bedeute 2. einförmige, d. h. einander beständig gleiche Veränderungen, und in diesem Sinne sei es falsch. So schreite die Bewegung in parabolischer Linie beständig nach demselben Gesetze fort, sei also wohl einförmig im ersten, keineswegs aber im zweiten Sinne des Worts, denn die Stücke der parabolischen Bahn sind sich nichts weniger als ähnlich. Auch habe die Seele in jedem Augenblick mehrere Vorstellungen zugleich, welche für sie dasselbe bedeuten, wie die Mehrheit der Theile für eine Maschine. Denn jede vorhergehende Vorstellung habe Einfluß auf alle nachfolgenden. Überdies schließe jede wahrnehmbare Vorstellung noch eine Menge kleinere und weniger bedeutende Vorstellungsacte in sich, die sich nur nach und nach entwickeln und sichtbar werden, wie schon aus der repräsentativen Natur der Seele folge, welche mittels der Verknüpfung und des Zusammenhangs aller Theile des Universums unter einander Alles ausdrückt, was im ganzen Universum geschieht und geschehen wird. Diese Lösung der Frage, wie eine Vielheit in der Einheit möglich sei, steht und fällt mit der prästabilirten Harmonie. Denn da gleich in vorhinein angenommen wird, jede Monas stehe zu jeder andern in einem andern Verhältniß, also in unendlich vielen Verhältnissen, die sich sämmtlich an der Außenseite (?) der

69

Monade »spiegeln« und ihre objectiven dunkeln Vorstellungen ausmachen, so haben wir gleich von Anbeginn her eine unendliche Menge zugleich vorhandener, wenigstens dunkler Vorstellungen in der Monas und *ab esse valet conclusio ad posse*. Es frägt sich nur, ob es mit dem Spiegeln seine Richtigkeit habe. Aus der (scheinbaren) Unmöglichkeit einer Vielheit in der Einheit ist *Herbart*'s ganze abweichende Theorie der Seelenlehre geflossen, welche die Mehrheit der Kräfte und Vermögen mit der Einfachheit der Seele für unvereinbar erklärt, und auf die wir zurückkommen werden, wenn von den im Begriffe des Dinges mit mehreren Merkmalen und der Veränderung angetroffenen Widersprüchen die Rede sein wird.

Den obigen verwandt sind die späteren Einwendungen *Bayle*'s in der zweiten Auflage seines Wörterbuchs und *Leibniz*' Erwiederungen[60]. *Bayle* vergleicht dort die Monas mit einem Schiffe, das ohne von Jemanden regiert zu werden, sich kraft immanenter Gesetze von selbst an den Ort seiner Bestimmung begibt und *Leibniz* meint darauf, eine Maschine dieser Art zu verfertigen, werde auch einem endlichen Geiste wohl einmal möglich werden, warum sollte es eine eben so construirte Monas dem unendlichen Wesen nicht sein? Wie aber Jener die Seele Cäsars als Beispiel anführt und fragt, wie es denn komme, daß deren Körper ohne ihr eigenes Zuthun sich ihr so vollkommen anbequemt habe, da sagt *Leibniz* geradezu: »Mit Einem Wort, Alles macht sich im Körper so als wäre in Bezug der einzelnen Erscheinungen die verwerfliche Lehre *Epikur*'s und *Hobbes*', die Seele sei ein materielles Wesen, vollkommen wahr, als wäre der Mensch in der That ein bloßer Körper, ein reiner Automat.« Klingt das nicht völlig so, als hätte sich *Leibniz* wirklich zu einem fatalistischen Mechanismus bekannt, dem er vergebens dadurch ausweichen will, daß er ihn von der Gottheit abhängig macht, welche Alles auf's Beste erkenne, wolle und vermöge, und auf diese Weise die blinde Nothwendigkeit als eine weise, vorbedachte und unverrückbare Ordnung der Dinge erscheinen zu lassen versucht? Mit Recht scheint diese Ansicht der Vorwurf zu treffen, das absolute Werden und damit auch die Unfähigkeit vernünftiger Leitung und Lenkung nicht von sich weisen zu können. Will sie das letztere, und beruft sich ausdrücklich, wie sie es thut, auf die continuirliche

---

60 *Repliques aux reflexions contenues dans la seconde édition du dictionn. hist. crit. de Mr. Bayle.* Erdmann, S. 183 u. ff.

Einwirkung der unendlichen Monas auf alle endlichen, so trägt die Hypothese einen zweiten Widerspruch an sich, der noch handgreiflicher aufliegt, als der erstgenannte.

Gibt es nämlich einerseits keine andere Möglichkeit physischen Einflusses einer Monade auf eine andere, als in so materiell-transitorischer Weise, wie sie *Leibniz* ausdrücklich annimmt, und darauf eben seine Verwerfung desselben basirt, ist es eben deshalb absolut unmöglich, daß eine Monade auf die andere wie immer Einwirkungen ausübe oder von ihr erfahre, wie gleichfalls mit klaren Worten behauptet wird: wie ist es, möchten wir fragen, denkbar, daß die Gottheit selbst, die ja, wenn gleich die vollkommenste, doch auch nur eine Monas sein kann, auf die übrigen Monaden einwirke, was gleichwohl angenommen und worauf so viel Gewicht gelegt wird? Kann es also helfen, sich hinter die Allmacht der Gottheit zu flüchten, für welche es gar keine Beschränkung des Wie und also auch des möglichen äußeren Einflusses auf andere gebe? Kann selbst die Allmacht das *an sich Unmögliche*, was die äußere Wirksamkeit zwischen Monaden deren Natur zufolge sein soll, möglich und wirklich machen? Wäre dies nicht eben so ungereimt, als der Gottheit die Fähigkeit zuzumuthen, machen zu können, daß zweimal zwei nicht mehr vier, sondern fünf betrage? Um seinen eigenen Principien treu zu bleiben, hätte *Leibniz* entweder auch die Wirksamkeit der Gottheit auf die übrigen Substanzen negiren, oder er hätte zugeben müssen, jene materiell-transitorische sei keineswegs die einzige mögliche Weise eines physischen Einflusses zwischen den Substanzen. Das Erstere konnte er nicht thun, so wenig als er würde zugestanden haben, die wirkliche Einwirkung der Gottheit auf die übrigen Substanzen sei von der Art des Übergangs materieller Theilchen etwa aus der Substanz der Gottheit in die geschaffene Monade, da ja beider Natur einfach, und jene Gottes überdies noch unveränderlich ist. Es wäre ihm also nichts übrig geblieben, als zuzugestehen, die Art der Einwirkung der Gottheit auf die Substanzen sei anderer Natur, als jene materiell-transitorische, die er verworfen hatte, und bestehe wirklich.

Wo liegt aber, möchten wir jetzt weiter fragen, der Grund, daß die Kraft nach außen zu wirken, die wir so eben der unendlichen Substanz in unendlichem Maße, nämlich auf alle übrigen unendlich zahlreichen einfachen Substanzen, zugesprochen haben, nicht auch in minder hohem Grade den blos endlichen geschaffenen Substanzen zukomme?

Sind nicht diese so gut einfache Substanzen, wie jene? Sind sie von jener generisch und so verschieden, daß nicht Kräfte, welche sie besitzen, auch jener, nur in einem unendlich hohen Grade, inwohnen können?[61] Gibt doch Leibniz selbst zu, daß dieselben Kräfte, die in

61 So argumentirte schon *Canz (Conz?)* in den *Institutions Leibniziennes ou précis de la monadologie (par l'abbé Sigorgne), Lyon 1768*. Er sagt: Leibniz gibt zu, daß Gott auf die Substanzen wirke und zwar: *non par la transfusion d'une des ses réalités dans nous, cela est impossible; mais par la limitation, la production même des nos sensations découlant de l'énergie de sa force et de l'efficace de sa puissance*. Da diese Wirksamkeit an ihm wirklich besteht, so ist sie an sich möglich. Was nun an ihm als Attribut in unendlichem Grade vorhanden ist, kann sich dasselbe nicht wenigstens in beschränkterem Maße auch bei den übrigen Monaden finden? Es gibt keinen Grund, daran zu zweifeln. Daraus, daß der Mensch nicht Alles vermag, schließen zu wollen, er vermöge gar Nichts, wäre eben so fehlerhaft, als umgekehrt daraus, daß er Einiges vermag, schließen zu wollen, er vermöge Alles. Auch tritt bei der bloßen Wirksamkeit im Innern ganz dieselbe Schwierigkeit ein, wie bei jener nach außen, und es ist gar kein Grund vorhanden, die erstere dem beschränkten Wesen beizulegen, während man die letztere nur dem unendlichen vorbehält. Die Beschränkung darf daher nicht die Wirkung nach außen überhaupt, sondern blos den Grad des Effects treffen, den dieselbe hervorbringt. Jene reelle Einwirkung kann ohne weiteres angenommen werden, obgleich in Wirksamkeit (*énergie*) und Erfolg (*effet*) beschränkt, als eine Kraft, so und so viel zu bewirken und nicht mehr. Gottes Weltordnung besteht darin, jedem Wesen so viel Kraft zuzuweisen, als ihm nach dem Stande des Ganzen zukommen darf. Auf diese Weise kann ein Wesen das andere modificiren, begränzen, sie können sich wechselseitig beschränken, ohne daß Etwas aus Einem in's Andere übergeht. Der stärkere Körper unterdrückt die Kraft des schwächeren, der nicht mehr das Gleichgewicht halten kann, dadurch ein Übergewicht nach der andern Seite hin erhält, und eine neue Wirkung hervorbringt, während der erstere, dessen Kraft nur theilweise gebunden ist, keine so große Wirkung mehr wie früher ausübt. Dadurch entsteht das Phänomen einer scheinbaren Mittheilung der Kräfte. Während Gott Substanzen schafft, schaffen (?) diese selbst nur Modalitäten und Modus, wie unsere Seele z. B. ihren eigenen. *Le corps resiste plutôt, qu'il n'agit non par sa masse, mais par sa force*, d. h. die Seele thut eigentlich selbst nichts, sie verhindert blos, daß das, was geschieht und ist, nicht anders sei und geschehe, als es in der That ist und geschieht. Die Folge wird zeigen, sowohl wie richtig die erste Einwendung des alten Tübinger Professors, als auch wie nahe verwandt

der menschlichen Seele als Erkenntniß- und Willensvermögen auftreten, sich auch an dem höchsten Wesen, nur im vollkommensten Grade, vorfinden. Warum sollte nun eine Kraft, welche ausdrücklich dem vollkommensten Wesen inwohnt, ohne welche dieses nicht sein würde, was es ist, der menschlichen Seele und jeder andern Monade gänzlich fehlen, da ja der Grund hinwegfällt, daß einfache Substanzen des Übergangs materieller Theilchen aus einer in die andere unfähig seien?

Auf diese Frage findet sich bei *Leibniz* keine Antwort, dagegen ist es offenbar, wie sehr er der Annahme einer Einwirkung von Seite der Urmonas auf die geschaffenen Monaden bedurfte, um nur überhaupt zu der Hypothese der prästabilirten Harmonie zwischen den letzteren zu gelangen, die ihm als Metaphysiker ganz gleichgiltig hätte bleiben können. War es einmal, und davon war *Leibniz*, wie wir oben nachgewiesen, überzeugt, absolut unmöglich, daß eine Monas von der andern was immer für eine Veränderung oder Einwirkung erleide, so ist gewiß auch für jede derselben gleichgiltig, ob ihre Veränderungen unter einander harmoniren oder nicht. Sie können einander weder stören noch fördern, ihre Harmonie kann zu ihrer Selbstentwickelung so wenig Etwas beitragen, als ihre Disharmonie derselben schaden. Die prästabilirte Harmonie ist daher nichts weiter als ein Postulat, das sich auf die Voraussetzung des Daseins des unendlichen Wesens und dessen Fähigkeit, auf die Monaden verändernd einzuwirken, gründet. Beweisen wollte *Leibniz* das Dasein derselben aus der Existenz der ewigen Wahrheiten. Diese letzteren selbst aber faßte er nur als Ausflüsse des göttlichen Verstandes und Willens. »Ohne Gott«, sagt er ausdrücklich, »gibt es weder ein Reelles in der Möglichkeit, noch etwas Existentes, ja überhaupt nicht einmal etwas Mögliches[62].« Und an andern Orten: »Zwar hängen die Wahrheiten nicht von seiner Willkür ab, außer jenen, deren Grund im Princip der Wahl des Besten liegt, also außer den zufälligen oder Erfahrungswahrheiten«, aber auch »die nothwendigen

---

seine eigene Erklärungsweise mit der berühmten Theorie der Selbsterhaltungen *Herbart's* sei. Dieser Widerstand der Substanzen, der kein Thun sein soll, und doch verhindere, daß etwas anders sei, als es ist, was ist das anders, als eine (sogenannte) Selbsterhaltung? Man vergleiche nur, was *Canz* hier über die Mittheilung der Wirkung sagt, mit demjenigen, was in *Hartenstein's* Metaphysik über die Erklärung der *actio in distans* (S. 380.) vorgebracht wird.

62   *Monadol.* S. 708.

Wahrheiten hängen einzig von seinem Verstande ab, dessen innere Objecte sie ausmachen[63].« – »Weder die Essenzen noch die sogenannten ewigen Wahrheiten haben ein blos fingirtes Dasein, sondern sie existiren, so zu sagen, in einem Ideenreiche in Gott, dem Urquell alles Seins und Wesens. Daß dies kein leeres Wort sei, beweist, wenn nichts Anderes, die actuelle Existenz der Dinge. In der Reihe der Dinge selbst findet man ihren letzten Grund nicht, sondern in den ewigen Wahrheiten. Existentes aber, wie es die Dinge sind, kann nur wieder in Existentem gegründet sein. Daher müssen auch die ewigen Wahrheiten eine wahrhafte Existenz in einem absolut nothwendigen metaphysischen Subject besitzen, welches Letztere Gott ist, durch den alles, was sonst bloße Einbildung wäre, realisirt wird[64].« *Leibniz* sah zu wohl ein, daß man nicht behaupten dürfe, die Wahrheit hänge von Gottes Belieben ab, sei etwa nur Wahrheit, weil Gott wolle, daß sie es sei, was er eben *Descartes* vorgeworfen hatte; da er aber nichtsdestoweniger behauptet, sie habe ihre Existenz nur im göttlichen Verstande, so sah er sie dennoch in gewisser Beziehung als von diesem abhängig an. Insofern nun das unendliche Wesen alle Wahrheiten erkennt, diese Erkenntnisse Attribute desselben sind, es selbst ein Existentes ist, so haben dieselben als wirkliche Gedanken eines Wirklichen allerdings gleichfalls Wirklichkeit, aber nur insofern sie wirkliche Gedanken sind, nicht als Sätze, als Stoff der Gedanken an und für sich betrachtet. Gott *erkennt* in seinem Denken die Wahrheiten, d. i. diese selbst sind noch etwas von seinem Denken derselben Verschiedenes. Sie sind der Stoff der Erkenntnisse und von ihrem Erkanntwerden gänzlich unabhängig, wie denn Niemand zweifeln wird, ob der Satz: die Erde bewegt sich um die Sonne, schon früher wahr gewesen, ehe *Copernicus* ihn dachte und aussprach. Schon damit er ihn denken konnte, mußte dieser Satz vorhanden gewesen sein, mußte ihm wenigstens die ganz allgemeine Seinsbestimmung eines »Etwas« zubehört haben. Niemand zweifelt, wenn er zwei verschiedene Personen das Wort »Haus« aussprechen hört, daß beide hier die gleiche subjective oder dieselbe objective Vorstellung (wenn auch vielleicht bei Jedem von einem anderen Gemeinbilde begleitet) in ihr Bewußtsein aufnehmen. Das Wort »dieselbe« deutet darauf hin, es finde hier nur eine doppelte psychologische

---

63   *Monad.* S. 708.
64   *De rerum origine*, S. 148.

Auffassung der nämlichen logischen Vorstellung statt. Diese Vorstellung muß sich sonach von ihrer Auffassung im Denken sowohl, wodurch sie Gedanke eines wirklichen Wesens wird, als von dem Gegenstande, den sie vorstellt (hier: dem Hause) unterscheiden lassen. Ihr kommt weder die accidentielle Existenz des wirklichen Gedankens, noch die actuelle des wirklichen Gegenstandes zu: sie besitzt lediglich ein *Sein*, das mit der sogenannten Wirklichkeit nichts gemein hat, das einem jeden »Etwas« ohne Ausnahme zugesprochen werden kann, und das man kurz mit dem Ausdrucke: *An sich sein*[65] bezeichnen könnte. Vorstellungen der Art als Stoff der gedachten Vorstellungen mögen *Vorstellungen an sich* heißen. Sätze nun, die durchaus aus Vorstellungen an sich als Theilen bestehen, sollen *Sätze an sich*, und wenn sie wahre Sätze sind, *Wahrheiten an sich* heißen. Da die Wahrheit derselben nicht von unserer Erkenntniß derselben abhängt, so kann es ihrer nicht nur viel mehrere geben, als wir bereits erkennen, sondern die Vermehrung unsrer Erkenntniß wird nur dadurch möglich, daß der *Wahrheiten an sich* eine weit größere Menge vorhanden ist, als der bereits erkannten Wahrheiten. Auch ihre logische Verbindung und Zusammenhang ist dann nicht erst das Werk unsrer Erkenntniß, sondern besteht unter ihnen selbst objectiv und unabhängig von der vielleicht ganz zufälligen und abweichenden Weise, auf welche wir dieselben verknüpfen, in ähnlicher Art, wie wir jetzt schon die synthetische Abfolge und den Erfindungsweg bei gewissen Wahrheiten zu unterscheiden pflegen.

Hätte *Leibniz* dieses Verhältniß der Begriffe, Sätze und *Wahrheiten an sich* überhaupt zu jedem dieselben auffassenden Denk- und Erkenntnißvermögen beachtet, so hätte er nicht nöthig gehabt, zu besorgen, daß durch Annahme eines unabhängigen Reichs ewiger Wahrheiten Gottes Allmacht und Allvollkommenheit eine Beschränkung erfahren werde. Denn wenn gleich bei dem endlichen Geiste von einem zeitlichen Prius der *Wahrheit an sich* vor der Erkenntniß derselben die Rede seyn kann (z. B. beim copernicanischen Satze), so ist dies ja nicht bei dem unendlichen der Fall, der über die Zeitbestimmung hinaus ist. Hier bedeutet die Unterscheidung zwischen Wahrheit an sich und der Erkenntniß derselben von Seite Gottes nichts weiter als die Unterscheidung zwischen dem Stoffe des Gedankens und dem wirklichen (bei der Gottheit von Ewigkeit her bestehenden) Denkacte desselben.

---

65   Nicht im *Hegel*'schen Sinne.

Anders könnte die Sache scheinen, wenn von Beschränkung des göttlichen Willens durch gewisse Wahrheiten, z. B. das oberste Sittengesetz, die Rede ist, und behauptet wird: Gott wolle und müsse wollen, was das Sittengesetz gebietet, nicht aber umgekehrt, was er gebiete sei das Sittengesetz. Allerdings ist das Sittengesetz auch der Inhalt des göttlichen Willens, nicht aber als hätte das Sittengesetz seinen Inhalt eben nur, weil Gott es wolle, der allenfalls auch ein anderes Sittengesetz hätte aufstellen können. Abgesehen davon, daß ja das allervollkommenste Wesen ohne gewisse Beschränkungen, welche in der Natur der Eigenschaften liegen, die dasselbe neben einander in dem vollkommensten Grade besitzen soll, in welchem sie neben einander möglich sind, nicht bestehen kann, ist es hier ja abermals eine blos formelle Unterscheidung zwischen Gedanken und Stoff des Gedankens, welcher den Willen bestimmt, der ja an und für sich, weil er der vollkommenste ist, mit dem Inhalte jener Wahrheit, welche das oberste Sittengesetz ausmacht, immer übereinstimmen muß. Wenn also auch der Kriticismus dadurch, daß er das Sittengesetz an und für sich, ohne es als Willensäußerung einer Persönlichkeit zu betrachten, der philosophischen Beurtheilung unterwarf, und als selbständige unabhängige Wahrheit an die Spitze anderer Wahrheiten stellte, einen folgenreichen Schritt auf das philosophische Gebiet nach vorwärts that, aber auch der antitheologischen Neigung Thür und Angel öffnete, das bloße Gesetz an die Stelle der danach handelnden Persönlichkeit zu setzen, und die letztere gänzlich über Bord zu werfen, so läßt sich doch *Leibniz* andrerseits bei der wichtigen Frage, ob die Wahrheit von fremdem Willen oder nur von ihrer eigenen unverrückbaren Natur abhänge, von dem Tadel nicht frei sprechen, eine wenigstens zweideutige Entscheidung geliefert zu haben.

Indeß dies würde zu weit führen. Genug *Leibniz* bestand auf der prästabilirten Harmonie und setzte damit, wie Jemand seiner Zeit sagte, einem marmornen Rumpf einen Kopfe von Sandstein auf. Während die Monadenlehre kräftig fortbestand, in *Herbart* einen neuen Entdecker fand und für künftige Zeiten vielleicht eine neue Epoche der Metaphysik zu beginnen verspricht, besteht die prästabilirte Harmonie, wie die von *Leibniz* so emsig gesuchte, so hochgepriesene und niemals vollendete Universalwissenschaft[66] , nur mehr als literarische Curiosität und beide gingen mit ihrem großen Erfinder zu Grabe. Die prästabilirte Harmonie hat, sagt *Feuerbach*, nicht die Bedeutung der Begründung einer Realität, sondern nur die der Erklärung eines Phänomens. Ja sie drückt eigentlich nur aus und bezweckt nur eine Harmonie zwischen der *Leibniz*'schen Metaphysik und den gewöhnlichen populären Vorstellungen vom Körper und seiner Verbindung mit der Seele. Auch fielen selbst seine frühesten Schüler zum Theil schon in diesem Punkte von ihm ab und wandten sich theils zum Occasionalismus, theils, wie der früher genannte *Canz*, zu einer Art physischen Einflusses. Das Letztere beweist wenigstens, daß schon frühzeitig jene materiell-transitorische Vorstellungsweise desselben nicht für die einzig denkbare angesehen zu werden begann. Wie aber

---

66 Daß der kühne Gedanke einer Universalwissenschaft in seinem Sinne unausführbar sei, fühlte *Leibniz* gegen das Ende seiner vielgeschäftigen Laufbahn wohl selbst, nachdem er so oft die nie gelungene Erfindung verkündigt hatte. Scharfsinnig ahnte er, wo es zusammengesetzte Begriffe gebe, müsse es einfache geben, und es müsse möglich sein, habe man diese einmal sämmtlich gefunden, durch sehr einfache Combinationen zu allen zusammengesetzten zu gelangen. Die Universalzeichensprache, die nach Art der Chinesen zusammengesetzte Zeichen für zusammengesetzte Begriffe, aus den einfachen Zeichen der einfachen Begriffe construirt, war dann ein natürliches Corollar. Allein abgesehen von der Schwierigkeit, vielleicht Unmöglichkeit, jemals zu *allen* einfachen Begriffen durch Analyse zu gelangen, sind ja doch auch nicht alle, sondern nur ein verhältnißmäßig sehr geringer Theil unsrer zusammengesetzten Vorstellungen hiezu geeignet, nämlich nur jene, deren Bestandtheile selbst durchgehends wieder Begriffe sind. Bei weitem die meisten aber, z. B. alle sogenannten sinnlichen, haben Anschauungen unter ihren Bestandtheilen. Der Anschauungen aber gibt es unendlich viele, deren jede von der andern verschieden ist, deren jede auch durch ein eigenes Zeichen bezeichnet werden müßte, mit deren Zusammentragung man daher niemals fertig würde. Der Umfang der Zeichensprache müßte sich daher auf bloße reine Begriffe beschränken, von denen wir niemals mit Sicherheit wissen würden, ob wir auch alle einfachen, auf welche sie sich zurückführen lassen, wirklich besitzen, und ein höchst bedeutender, ja gerade derjenige Theil unsrer Vorstellungen, der für uns die größte Anschaulichkeit, Lebhaftigkeit und das nächste Interesse hat, würde aus dieser Zeichensprache ganz ausgeschlossen werden. Vgl. auch über diesen Gegenstand *Exner*: *Leibniz*, Universalwissenschaft. Prag, 1844.

auf *Leibniz'* Grundlagen fußend und seinen eigenen Principien getreu die prästabilirte Harmonie vermieden, und eine allen bisher erhobenen Schwierigkeiten ausweichende Ansicht vom physischen Einflusse erreicht werden könne, wollen wir am Schlusse dieser historischen Übersicht in Kürze anzudeuten versuchen.

2. Die Causalität als Kategorie: *Kant*

Das in *Leibniz* unläugbar vorhandene idealistische Element, das durch die prästabilirte Harmonie und die von derselben postulirte Voraussetzung eines allweisen, höchst gütigen, heiligen und allmächtigen Schöpfers mit dem Realismus der gemeinen Erfahrung in Einklang gebracht worden, tauchte in seinem großen Nachfolger, dem Weisen von Königsberg, unabhängiger wieder auf. *Kant's* ganze, über das Gebiet der innern Erfahrung hinausreichende Metaphysik beschränkte sich auf den Satz vom zureichenden Grunde. Nachdem *Leibniz* die Vorstellungen zu nothwendigen Schöpfungen der Monade ohne alle äußere Veranlassung gemacht, *Locke* und *Hume* aber behauptet hatten, alle Vorstellungen, die wir besitzen, kämen von außen, aus der Erfahrung, diese selbst aber lehre nichts von Causalität oder nothwendiger Gesetzmäßigkeit der Natur, und das Causalitätsverhältniß sei eine blos psychologische Angewöhnung, schloß *Kant*: gerade der Umstand, daß wir den Begriff der Causalität in die Erscheinung der Dinge hineinlegen, sei Bürgschaft dafür, daß dieser Begriff Giltigkeit und Nothwendigkeit habe. Was aus der Erfahrung stammt, ist zufällig wie diese selbst; was aus dem Denken, der gemeinsamen Natur, der Vernunft stammt, ist allgemein und nothwendig. »Bisher«, sagt er[67], »nahm man an, alle unsere Erkenntniß müsse sich nach den Gegenständen richten; aber alle Versuche, über sie etwas *a priori* durch Begriffe auszumachen, wodurch unsre Erkenntniß erweitert würde, gingen durch diese Voraussetzung zunichte. Man versuche es daher einmal, ob wir nicht in den Aufgaben der Metaphysik besser damit fortkommen, daß wir annehmen, die Gegenstände müssen sich nach unsrer Erkenntniß richten, welches ja schon besser mit der verlangten Möglichkeit einer Erkennt-

---

67 Kritik der r. V., her. v. *Rosenkranz* S. 670. Vgl. *Chalybäus* Entwicklung d. spec. Phil. von *Kant* bis *Hegel*. 3. Aufl. 1843. S. 22 u. ff.

niß *a priori* zusammenstimmt, die über Gegenstände, ehe sie uns gegeben werden, etwas festsetzen soll. Es ist hiemit ebenso, wie mit dem ersten Gedanken des *Copernik* bewandt, der, nachdem es mit der Erklärung der Himmelsbewegungen nicht gut fortwollte, wenn er annahm, das ganze Sternenheer drehe sich um den Zuschauer, versuchte, ob es nicht besser gelingen möchte, wenn er den Zuschauer sich drehen und die Sterne in Ruhe ließ.«

Diese Wendung, wenn sie auch noch empirische Bestandtheile enthielt, war übrigens idealistisch. Das denkende Subject empfängt weder die Erscheinungswelt rein von außen, noch producirt es dieselbe gänzlich aus sich selbst, sondern es empfängt den Stoff, die Elemente des Denkens, die Empfindungen von den Dingen, fügt aber die Verbindungen und Verhältnisse derselben, die Form, aus seinem eigenen Verstande hinzu. Der Verstand und seine Gesetze bestimmen genau, wie das Wirkliche, falls es vorhanden wäre, beschaffen sein müßte, aber sie können dies Wirkliche nicht selbst schaffen, sie können wohl die *essentia*, aber nimmer die *existentia a priori* nachweisen, oder, um mit *Kant* zu reden, »aus der bloßen Vorstellung eines Dinges läßt sich auf keine Weise die Wirklichkeit desselben heraus klauben.«

Diese Wirklichkeit gibt sich daher das denkende Subject nicht selbst, sondern es findet sie vor, aber auch nur durch Wahrnehmung, also auch nur durch ein zufälliges Dasein eines bestimmten endlichen Objects. Auch nach der längsten Erfahrung bleibt der Fall denkbar, daß einmal das gerade Gegentheil sich ereigne und das Allgemeine, für immer Giltige ist nur die Folge unsrer eigenen Verstandeseinrichtung. Wie dieser, so lange sie dieselbe bleibt, die Dinge erscheinen müssen, das wissen wir; wie sie sind, was sich alles ereignen könne und werde, wissen wir nicht. Der Stoff, die Empfindungen, die wir in uns antreffen, und kraft unserer Verstandeskräfte verknüpfen und trennen, sind nur Zustände der Seele; wir können nie über unsere Vorstellungen hinaus, nie die Dinge selbst in unser Bewußtsein ziehen, denn Alles, was wir von diesen kennen, sind eben wieder nichts als Vorstellungen. Uns bleibt daher nur der Schluß übrig: dieser materielle Stoff, die Empfindungen in uns müssen einen Grund haben, der wegen ihrer Zufälligkeit und Wandelbarkeit nicht in uns selbst, in unseren Verstandesgesetzen als dem Allgemeinen und Nothwendigen liegen kann, sondern außer uns liegen muß, von welchem wir aber nichts weiter wissen, als daß er da ist. Dieser äußere Grund sind die ihrer Natur nach völlig unbekannten Dinge an sich. Jede weitere Erkenntniß derselben würde eine Vorstellung, daher wieder nur ein Zustand unserer eigenen Seele sein.

Den Schluß von dem Dasein der nicht wegzuläugnenden Empfindungen im Subjecte auf das Vorhandensein der Dinge an sich außer uns machen wir nach dem Verstandesgesetze der Causalität. Wir Menschen als Menschen sehen die Dinge unwillkürlich darauf an, daß sie sich wie Ursachen und Wirkungen verhalten, so wie Jemand, der eine blaue Brille trägt, die Gegenstände im blauen Licht erblickt, die einem Andern im weißen erscheinen. Für Geister von anderer Einrichtung als die unsre würde das Causalitätsverhältniß vielleicht gar nicht, oder auf ganz andere Weise vorhanden sein. Dieses so besonders geartete Sehen ist aber nicht blos, wie die Skeptiker behaupten, aus der Erfahrung abstrahirte Gewohnheit, sondern Folge einer natürlichen Einrichtung unsres geistigen Auges, die vor aller wirklichen Erfahrung da war. Später, wenn wir uns bei gebildeter Reflexion der Thätigkeitsformen des Verstandes und ihrer Gesetze bewußt werden, bezeichnen wir diese mit Substantiven und bringen sie unter abstracte Begriffe, die sich der Verstand selbst von seinen Thätigkeiten macht, nachdem diese schon seit lang vorhanden sind. Wird aber gefragt, ob mit dem Bewußtsein, daß wir die Causalität selbst in die Erscheinung hineinlegen, uns auch irgend ein Recht gegeben oder genommen sei, das Vorhandensein der Causalität unter den Dingen an sich anzunehmen, so schneidet *Kant* die Frage kurz durch den Machtspruch ab, daß wir keine synthetischen Urtheile *a priori*, d. h. keine solchen zu fällen vermögen, darin die Verknüpfung zwischen Subject und Prädicat nicht durch eine Anschauung (reine oder empirische) vermittelt wird. Von Dingen an sich können wir aber gar keine Anschauung haben; alles was wir von ihnen wissen, sind bloße Erscheinungen, und in diese legen wir zwar die Causalität hinein, aber eben nur vermöge unserer eigenen Verstandeseinrichtung. Eine Erkenntniß der Dinge an sich, die keine Erscheinung derselben, sondern ihr eigentliches Wesen betreffe, wäre eine übersinnliche Erkenntniß, und eine solche ist unmöglich. Auf jene Verstandeseinrichtung aber als apriorische Synthesis der Erscheinungen dürfen wir daraus schließen, weil ohne sie gar kein zusammenhängendes Bewußtsein, keine Erfahrung möglich, sondern ein atomistisches Chaos einzelner Wahrnehmungen allein vorhanden wäre; thatsächlich aber gibt es eine geordnete Erfahrung.

Die Gesetze unsrer Verstandesoperationen, substantivisch ausgedrückt, sind die Kategorieen, und da sich die Gesetze des Verstandes als Ordner der Erfahrung zunächst bei den Urtheilen, also der Verbindung getrennter Vorstellungen äußern, so ergeben sich die verschiedenen Haupt- und Grundbegriffe nach den verschiedenen Arten der Urtheile. Unter diesen entspricht das Hypothetische der Kategorie der Causalität. Sie sind weder angeborne Begriffe, noch Ideen in *Plato*'s Sinne, sondern durch Reflexion selbst erzeugte abstracte Bezeichnungen für gewisse nothwendige Thätigkeiten des Verstandes, für Auffassungsformen, denen derselbe allen empfangenen Stoff, also alle sinnlichen Empfindungen (Anschauungen) unterwirft. Der Verstand selbst ist ein unproductives, aber in diesen Auffassungsweisen des empirischen Stoffes fortwährend thätiges Vermögen, eine innerliche leere Kraft, welcher durch das Anschauungsvermögen der nöthige Erfahrungsvorrath von außen zur Bearbeitung zugeführt wird.

Vergleicht man *Kant*'s Ansicht mit jener *Leibniz*', so scheint es fast, als habe er den Standpunkt einer einzelnen *Leibniz*'schen Monade gewählt. Während aber in dieser sämmtliche Vorstellungen von innen infolge ihres Mutationsgesetzes erzeugt werden, fügt das *Kant*'sche Subject blos die Form aus eigenem Fonde hinzu und empfängt die Materie von außen. Wie? darüber hat sich das kritische System nie aussprechen wollen und können. Der Idealismus der Monade nimmt dadurch, daß ihre freie Thätigkeit blos auf die Verknüpfungs- und Zusammenfassungsweise des unwillkürlich Gegebenen beschränkt wird, ein realistisches Moment an; die Unfähigkeit derselben von einer andern Einwirkung zu erfahren oder auf sie auszuüben, wird aufgehoben, aber die dem Subjecte äußern, nur durch das ideale Band der prästabilirten Harmonie verbundenen einfachen Monaden haben sich jetzt ihrer Qualität und Wesenheit nach in völlig unbekannte und unerkennbare Dinge verwandelt, von denen wir – das Denkende – eben nichts weiter wissen, als daß sie auf was immer für eine Weise Ursache des in uns angesammelten Erfahrungsstoffes sind.

Daher erscheint bei *Kant* das Causalitätsgesetz als eine durch unsre Verstandeseinrichtung unwidersprechlich gebotene Voraussetzung, über deren Art und Weise des Stattfindens zwischen den realen Wesen selbst wir übrigens nichts aussagen können, und die uns aller weitern Fragen nach dem Wie? als unnützer, unlösbarer Spitzfindigkeiten überhebt. Ob sie durch prästabilirte Harmonie, durch Occasionalismus oder durch physischen Einfluß erfolge, kann uns gleichgiltig sein, liegt jenseits der Grenzen menschlicher Erkenntniß; genug, wir als Menschen müssen die Causalität *denken* und in die Dinge hineinlegen. Aber auch in dieser Fassung ist es ein neues Zeugniß für die Unabweislichkeit des Causalitätsbegriffes, daß ein System, das sich für unvermögend erklärte, das Vorhandensein einer solchen äußeren Wirksamkeit zwischen den Dingen an sich nachzuweisen, die Annahme desselben lieber der menschlichen Verstandeseinrichtung (wie *Leibniz* selbst der Gottheit) in's Gewissen schob, als sie aufheben wollte. Wie zwingend muß eine Erfahrung sein, die zu so gewagten Annahmen verleiten kann! Abläugnungen der Art beweisen beinahe mehr als directe Beweise für das stattfinden eines wirklichen causalen Zusammenhangs unter den realen Dingen, mögen sie nun Substanzen, Monaden oder Dinge an sich heißen.

An *Kant* knüpfen sich zwei Richtungen an, eine realistische und eine idealistische. Die erstere hielt sich an den im Subject gegebenen materiellen Stoff der Empfindung und die Dinge an sich, die andre bildete den Begriff der Kategorieen aus und erweiterte ihre idealistische Natur zunächst auch über den durch Erfahrung gegebenen Stoff der Vorstellungskraft. Bei unsrer ausschließlichen Rücksichtsnahme auf monadistische Systeme diente uns die Betrachtung der Kategorieen nur als Übergangspunkt zu dem an dieselben sich schließenden realistischen Systeme.

3. Die Theorie der Selbsterhaltungen: *Herbart*

Wie der Rauch auf das Feuer, so deutet der Schein auf das Sein, sagt *Herbart*[68]. *Kant* hatte die ganze Erfahrung für bloße Erscheinung erklärt und nachdem es ihm ungewiß geworden war, ob das Denkende in uns Substanz sei und eben so ungewiß, was für Dinge hinter den körperlichen Erscheinungen stecken möchten, ließ er es bei der unbestimmten Vermuthung bewenden, hinter dem Scheine möge wohl ein Seiendes verborgen sein. Die entschiedene Aufforderung, jetzt die Untersuchung zu beginnen und das Seiende als ein solches zu bestimmen, wie es sein muß, damit die Erscheinungen ihrerseits als solche

---

68 Allg. Metaph. I. S. 380 u. ff.

und keine andern daraus hervorgehen, diese Triebfeder des metaphysischen Denkens wirkte nicht auf ihn. Sie hätte aber auf ihn wirken sollen. Wo etwas scheint, muß Etwas sein, denn wo nichts wäre, könnte auch nichts scheinen. Auch die scheinbar nicht gegebenen Bestimmungen der Causalität, wie *Hume*, des Raumes, der Zeit und der Substantialität, wie *Kant* meinte, sind gegeben. Sobald wir willkürlich versuchen, Größe, Gestalt, Dauer anders zu denken, wie bisher, so tritt die Nothwendigkeit wieder ein, sie so zu denken, wie sie sich geben. Wir sind an Gestalt und Dauer ebenso gebunden, wie an Beschaffenheiten der Dinge, z. B. Gold fest, Wasser flüssig zu denken. Diese Vorschriften liegen in der Erfahrung, welche nicht allein in der rohen zusammenhangslosen Materie vereinzelter Empfindungen besteht; sondern zugleich in den Formen, die *Kant* nicht mehr zur Erfahrung rechnete. Diese Formen sind gegeben. Um aber den Beschauer zu bestimmten Formen zu nöthigen, muß ein Reales vorhanden sein.

Aus denselben Formen aber, auf welche der Schein als das Gegebene hinweist, erwachsen der Metaphysik neue Aufgaben. Sie sind zwar gegeben, aber sie können nicht so bleiben, wie sie gegeben sind, denn sie sind widersprechend. Statt jedoch hieraus zu schließen, die ganze Erfahrungswelt sei eine Ungereimtheit, welcher Gedanke alle praktische Wirksamkeit aufheben würde, zwingt uns diese Erscheinung vielmehr, den Dingen oder im Grund nur unserer gewiß falschen Auffassungsweise derselben eine andere Gestalt zu geben, damit sowohl das Wissen als das Glauben seine rechten Plätze wieder erlangen möge[69].

Dadurch erhält die Metaphysik eine doppelte Bestimmung; einmal von der gegebenen Erscheinung fortschreitend bis zu dem wahrhaft Seienden zu gelangen, das andremal zu zeigen, auf welche Weise sich aus den Eigenschaften und Verhältnissen des wahrhaft Seienden allmälig eine gerade so beschaffene Erscheinungswelt herausbilden müsse, wie wir sie eben besitzen. Das Erstere ist eine analytische, das Letztere eine synthetische Untersuchung. Um zu der ersteren zu gelangen, stellen wir vor allem den Begriff des wahrhaft Seienden fest.

Dieser besteht aus zwei gleich wichtigen Begriffen, den des »Sein« und des »Was«, welchem das Sein zugesprochen wird. Einem Dinge das Sein beilegen, heißt nichts anderes, als es bei der einfachen

---

69 Allg. Metaph. S. 384.

schlechthinigen Setzung desselben bewenden zu lassen[70]. Diese Setzung ist rein positiv, sie darf also weder eine Negation, noch eine Relation (etwa auf ein Setzendes) enthalten. Eine solche würde aber darin stecken, sobald die Setzung complicirt wäre, sich in mehrere Setzungen auflösen ließe, deren Eine nicht ohne die Andere sein kann. Das Sein besteht in Bezug zu einem Was. Wäre dies nicht der Fall, so könnte man das Sein selbst zum Subject machen und aussprechen: Das Sein Ist. Allein dies hieße dem Sein als Subject das Sein als Prädicat beilegen, was ein Widerspruch wäre. Der Satz hebt sich also auf und: das Sein Ist nicht, nämlich nicht ohne ein Was, welchem es beigelegt wird. Diesem Was müssen, um ihm das Sein zusprechen zu können, verschiedene Bestimmungen zukommen[71]. Ein Was, welchem das Sein beigelegt worden, ist ein Seiendes und die Eigenschaften dieses Was sind Eigenschaften des Seienden und das Was dessen Qualität. Diese muß schlechthin einfach, ohne Mehrheit von Bestimmungen, Theilen, Kräften und Eigenschaften sein; denn bekämen wir auf die Frage, was das Seiende sei, eine Mehrheit von Bestimmungen zur Antwort, deren Eine nicht ohne die Andere sein könnte, so hätten wir nicht mehr Eines, sondern mehrere Seiende, während doch nur Eines da sein soll. Wollen wir diese mehreren Bestimmungen zur Einheit verschmelzen, während sie sich doch ihrer Natur nach nicht auf eine Einzige zurückführen lassen, so ist diese Einheit nichts als eine Form und sie setzen heißt eigentlich ihre Glieder und zwar selbst wieder als getrennte Seiende setzen. Eine höhere Einheit aber im Sinne *Schelling's* aus disparaten oder gar entgegengesetzten Bestimmungen zusammenschweißen, heißt »einen Thurm von Einheiten über einander bauen, bis Jederman deutlich sieht, daß die höheren Einheiten sich allemal beziehen auf die niederen, und daß folglich je höher das Kunstwerk in die Luft steigt, wir desto weiter von der Sache abkommen[72].« Die gänzliche Einfachheit der Qualität verbietet demnach streng, Größenbestimmungen, die Theile voraussetzen, Unendlichkeit, deren Setzung nie vollendet werden könnte, derselben beizulegen. Das Seiende, insofern es dies ist, ist

---

70 Hauptpunkte der Met., her. v. *Hartenstein*, I. S. 217. Allg. Met. II. S. 82. ff.

71 Hauptp. der Met. S. 217 u. ff. Allg. Met. II. S. 94 u. ff. Lehrb. z. Einl. in die Phil. 4. Aufl. S. 193.

72 Allg. Met. II. S. 99.

streng Eins und nicht Vieles; wäre es das Letztere, so wäre es der einfachen Setzung unzugänglich.

Die Nothwendigkeit des einfachen Was kommt diesem daher nur insofern zu, als es ein Seiendes werden soll. Betrachten wir daher das Was ohne Sein näher, so fällt diese Beschränkung hinweg. So lang das Was nicht als seiend gesetzt wird, ist es uns unverwehrt, dasselbe durch eine Mehrheit von Begriffen zu denken. Soll es aber als seiend gedacht werden, so muß die Qualität einfach sein und daher müssen alle jene mehreren Bestimmungen die Fähigkeit haben, sich auf eine einzige zurückführen zu lassen, die dann das Was des Gesetzten ausmacht. Dem Was, insofern es als seiend gedacht wird, ist folglich jene Mehrheit von Begriffen, mittels welcher es außerhalb des Seins gedacht werden kann, ganz zufällig, sie ist eine blos zufällige Ansicht von demselben[73]. Jedes Was, sobald es nicht als dasjenige eines Seienden angesehen wird, läßt sich auf mehr-, vielleicht unendlich vielfache Art mittels einer Mehrheit von Begriffen ausdrücken: von jedem Was kann es daher auch mehrere, ja unendlich viele zufällige Ansichten geben, sobald wir die Beschränkung einhalten, daß sich jeder der complicirten Ausdrücke des Was auf eine strenge Einheit müsse zurückführen lassen. Die zufälligen Ansichten bedeuten nichts für das Seiende, und sind nur Mittel der »philosophischen Kunst, die wir gebrauchen, wie der Mathematiker die Transformationen seiner Zahlenausdrücke[74]«.

Wie viel es der Seienden gebe, ist unbestimmt; daß es ihrer mehrere gebe aber gewiß. Der Schein ist ein mehrfacher, verschiedener, er setzt also auch ein mehrfaches zu Grunde liegendes Seiende voraus. Denn gäbe es nur ein einziges Seiende, folglich auch nur eine einzige Qualität, so könnte aus dieser nichts Verschiedenartiges noch irgend eine Veränderung hervorgehen, keine Zu- oder Abnahme des Scheins ließe sich erklären. Die mehreren Seienden selbst sind einander gleichgiltig, völlig indifferent, nichts als absolutgesetzte einfache Qualitäten; das System, nach des Erfinders eigenem Ausdruck, eine *qualitative Atomistik*.

Jedoch neben der Forderung, ein Reales hinter dem Scheine vorauszusetzen, macht die Erfahrung eine zweite, nicht minder dringende an uns, die auf demselben Schlusse beruht, wie oben die Setzung der

---

73 Hauptp. S. 218. Allg. Met. S. 64. u. S. 109.
74 *Strümpell*: Erläut. zu *Herbart*'s Philos. S. 102.

Realen selbst. Wir nehmen Veränderungen, Wechsel der Erscheinungen wahr; es scheint etwas zu geschehen, es muß daher auch in der That etwas geschehen, weil es sonst nicht scheinen könnte. Denn wenn man gleich, um die Mehrheit der erscheinenden Beschaffenheiten, den verschiedenartigen Schein hinreichend zu erklären, zur Annahme einer Mehrheit seiender Wesen seine Zuflucht nimmt, so kann aus diesen doch Nichts hervorgehen, so lang sie nicht mit und zu einander in gewisse Beziehungen treten. Auf diesem Wege gelangen wir zu den Problemen der Inhärenz, der Veränderung und des wirklichen Geschehens. *Herbart* bedient sich zu diesem Zweck der von ihm sogenannten Methode der Beziehungen, welche darin besteht, daß Eigenschaften, welche an einem einzigen Wesen befindlich sich widersprechen und einander ausschließen würden, einer Mehrheit dieser Wesen, die sich wechselseitig modificiren, ohne Widerspruch beigelegt werden können, so wie eine Summe Eigenschaften besitzt, die ihren Theilen fehlen. Diesem Verhältniß zwischen Seienden entspricht in der Logik der Zusammenhang zwischen Prämissen und Schlußsatz. Der letztere folgt nämlich aus keiner der Prämissen für sich, sondern nur aus sämmtlichen zusammengenommen.

Wenden wir diese Methode zunächst auf die Inhärenz an. An A wird a gesetzt: d. i. die Setzung des A soll jene von a enthalten. Allein A ist ein Einfaches, kann kein Mannigfaltiges enthalten; folglich muß $A = a$ sein, während die Forderung, daß das A als einfaches Wesen ein *esse*, das a als Inhärenz ein bloßes *inesse* besitzen soll, dieser Identität widerspricht. Die Einheit von A und a ist daher unmöglich und wird dennoch verlangt; hierin liegt der Widerspruch. An ihm haben wir zugleich ein Beispiel jener »treibenden« Widersprüche in den gegebenen Erfahrungsformen, deren eine die Inhärenz ist, welche *Herbart* als die Principien des metaphysischen Denkens betrachtet. Sobald uns ein offenbarer und gleichwohl unabweislicher (?) Widerspruch der Art gegeben wird, ist es Aufgabe des Denkens, diesen Widerspruch zu heben, und den mangelhaften Begriff zu ergänzen. Der Widerspruch liegt in A, das mit a identisch sein soll und nicht identisch sein kann. Es kann also in beiden Fällen unmöglich dasselbe A sein; es können aber nicht blos mehrere, eine Summe sein, weil sich sonst derselbe Widerspruch bei jedem einzelnen Summanden nur wiederholen würde: sondern die mehreren A müssen auf was immer für eine Weise *zusammengefaßt werden*, um a zu ergeben. Dies heißt so viel, daß sobald der Schein einer Inhärenz vorhanden sei, dieser auf das Dasein einer Mehrheit von Realen hinweise, welche auf eine Weise *zusammen* sind; ein Begriff, dessen Natur erst späterhin klar werden kann. Hervor tritt aber der Schein der Inhärenz, sobald wir die in der Erfahrung gegebenen Dinge betrachten. Von diesen nehmen wir nur Merkmale wahr, die auf ein Ding weisen, welches letztere weder vor den Merkmalen irgendwie gegeben, noch die bloße Summe derselben ist, denn existirt keines der Merkmale für sich allein, so ist auch ihre Summe als eine Summe von Nichtigem, selbst Nichts. Wir sehen daher das Ding als dasjenige an, dessen Setzung die Setzung der Merkmale vertritt, als – *Substanz*, dessen Setzung aber die Zahl der Setzungen der Merkmale keineswegs um eine vermehrt, sondern ihnen zusammengenommen gleich gilt. Hierin eben liegt der Widerspruch. Die vielen Setzungen sollen Eine sein. Die Lösung lautete oben: Wo ein Schein der Inhärenz entsteht, da existirt eine Mehrheit von Realen. In unserem Falle jedoch entsteht ein mehrfacher Schein von Inhärenz: es muß daher mehrere Mengen von Realen geben, deren jede den Schein eines andern Merkmals, einer andern Inhärenz erzeugt[75]. Damit wäre aber nichts für die Einheit des Dinges, dessen mehrere Inhärenzen wir in's Auge fassen, gethan, welche eine Grundbestimmung des Problems ist. Man muß daher annehmen, daß die verschiedenen Mengen Realer in Reihenform, welche den Schein der mannigfachen Inhärenzen hervorbringen helfen, ein gemeinschaftliches Anfangsglied haben, welches eben dasjenige ist, das wir Substanz nennen. Auf dieses wird der Schein bezogen, obgleich er ihm nicht anders als im Verbundenem mit den andern Gliedern der Reihen zukommt. Die Ursache des Scheines von Inhärenz an *A* liegt daher in dessen Zusammensein mit mehreren anderen Realen, und daraus folgt der wichtige Satz: »Keine Substantialität ohne Causalität[76]«, der nur so viel bedeutet: Jedes Reale kann Substanz werden, sobald es mehreren Reihen von Realen zum gemeinschaftlichen Anfangsgliede dient, und mit diesen zusammen Ursache gewisser verschiedener Arten des Scheines wird.

Fragen wir nun: was thun die Ursachen und was leidet die Substanz und wie hängt mit dieser das inhärirende Accidenz zusammen, das sie

---

75 Allg. Met. II. S. 218. S. 130.
76 Allg. Met. II. S. 134.

mit Hilfe der übrigen Realen als Ursachen soll erhalten haben?[77] Bisher war vom Thun und Leiden noch keine Rede; die Substanz so gut ein Reales, wie jede der hinzukommenden Ursachen, und die Reihen unterscheiden sich dadurch, daß, während das Anfangsglied in allen dasselbe bleibt, die übrigen Glieder in jeder andere sind, weil jede Reihe eine andere Gattung Scheines erzeugt und andere Folgen andere Gründe haben müssen. Eben so wenig folgt daraus über das Wie des Zusammenhangs des Accidenz mit der Substanz etwas; denn das Accidenz ist nichts als Schein, und dieser blos einfache Empfindung im denkenden Subject und gar nicht in der Substanz, welcher wir denselben zuschreiben. Charakteristisch jedoch für die auftretende Causalität ist es, daß sie keiner Zeitbestimmung unterliegt, die Ursache ist weder früher noch später als die Wirkung, sondern eben jetzt, indem wir die Inhärenz widersprechend finden, erklären wir die Substanz für unzureichend, ihre Accidenzen zu begründen und nehmen an, daß wenigstens so viel Ursachen vorhanden sein müssen, als Accidenzen da sind. Statt einer zeitlichen Succession der Accidenzen als Wirkungen nach den Ursachen sind Accidenzen und Wirkungen Einunddasselbe, wenn sie auch einmal als der Substanz allein, das anderemal derselben mit den Ursachen zusammen angehörend betrachtet werden. Die Succession ist nur in unserem Denken vorhanden, das ein zeitliches ist und bei der Substanz früher als bei den erzeugenden Ursachen anlangt. Von einem zeitlichen Prius der Substanz vor den Inhärenzen ist daher keine Rede. Ursache und Wirkung sind stets gleichzeitig; eine Ursache ist nur Ursache, sobald die Wirkung beginnt, und hört es zu sein in dem Augenblick auf, da die Wirkung verschwindet. Dies gilt ganz allgemein und daß im gemeinen Leben gewöhnlich die Gegenansicht herrscht, hat seinen Grund in der gemeiniglichen Verwechslung der Theilursachen mit der vollständigen Ursache. Während von jenen einige, oft sogar die meisten der Zeit nach früher vorhanden sind, ist die vollständige Ursache erst in dem Momente vorhanden, in welchem auch schon die Wirkung beginnt, und diese daher mit jener gleichzeitig.

Anders tritt das Causalitätsverhältniß bei dem Probleme der Veränderung auf. Die Inhärenz führte auf das »Zusammen« mehrerer realer Wesen, von welchem wir weiter keinen Begriff aufstellten, als daß wir das Causalitätsverhältniß damit zusammenhängend fanden. Während

---

77 Allg. Met. II. S. 137.

aber hier Mancher an dem Satze, keine Substantialität ohne Causalität, Anstoß nehmen konnte, leuchtet der Satz: keine Veränderung ohne Ursache, Jedem von selbst ein. Im ersten Falle erscheinen die realen als Ursachen zur Substanz hinzutretenden Wesen als ruhende; keine thut, keine leidet etwas, allein bei der Veränderung? Verändern ist doch ein Thun; die Ursache einer Veränderung muß thätig sein, sonst ist sie ja nicht die Ursache der Veränderung; sie muß wirken, sonst entsteht keine Wirkung; eine Ursache, die nicht wirkte, wäre keine, denn sie ist es nur, insofern sie eine Wirkung hat, und die letztere nur Wirkung, insofern sie eine Ursache hat.

Allein von welcher Beschaffenheit soll denn diese ursächliche Wirkung sein? Soll sie weder prästabilirte Harmonie, noch *Causa immanens*, weder blos psychologische Gewohnheit, noch allein Regel der Zeitfolge sein, was bleibt uns übrig, wenn wir zugleich in keinen der Widersprüche verfallen wollen, die *Herbart* im Thun und Leiden einfacher Wesen auffindet?[78]

Gehen wir die Letzteren in Kürze durch[79]. Es liegt im Begriffe der Veränderung, daß aus einer Complexion mehrerer Merkmale einige verschwinden, andere zurückbleiben, wohl auch neue an die Stelle der verschwundenen treten, so daß es offenbar wird, die Eine dieser Complexionen sei verschieden von der anderen. Zugleich soll aber auch die eine Complexion identisch mit der andern sein, sonst wären es völlig zwei verschiedene Dinge, nicht aber dasselbe Ding in nur verändertem Zustande. Das Ding ist daher als ein solches, welches dem Complex von Merkmalen $a\ b\ c\ d$ vorausgesetzt wurde; zugleich aber wird dasselbe Ding auch einem andern Complex $\alpha\ \beta\ \gamma\ \delta$ als Grundlage vorausgesetzt.

Hier liegen mehrere Einwendungen nahe. Die wichtigste beginnt beim Begriffe des Seins und schiebt, wie oben beim Problem der Inhärenz den Begriff der Substanz als des gemeinschaftlichen Trägers der mehreren von ihr selbst verschiedenen Merkmale, so hier die Substanz als Dasjenige unter, welches im Wechsel der Beschaffenheiten beharrt, wie *Wolff* und selbst *Kant* gethan. Auf diese Weise pflegt man das veränderliche Ding als ein solches zu erklären, dessen wesentliche Ei-

---

78 Allg. Met. II. S. 148.
79 Im Sinne *Herbart*'s besonders klar bei *Hartenstein*: Metaphys. S. 81. u. ff.

genschaften beharren, unwesentliche sich ändern. *Herbart* jedoch findet das *Wesen* der Dinge für uns gänzlich unerkennbar und schlechthin unmöglich, daß die einfache Qualität des Seienden eine Mehrheit (auch wesentlicher) Eigenschaften enthalten könne. Er behauptet vielmehr, weil jeder verschiedene Schein auf ein verschiedenes Sein hinweise, seien auch die Verschiedenheiten der Merkmale, die demselben Ding zugeschrieben werden, mit dessen Identität unverträglich, mögen sie zugleich oder nach einander an demselben gedacht werden.

Im letzten Falle drängt sich ein neuer Einwurf auf, der dem gesunden Menschenverstand sehr geläufig ist. Dieser begreift mit Recht nicht, wie es etwas Widersprechendes haben solle, demselben Ding *in verschiedenen Rücksichten* verschiedene, ja entgegengesetzte Beschaffenheiten beizulegen. Er findet es eben so wenig befremdend, daß dasselbe Ding *zu verschiedener Zeit* einander ausschließende Beschaffenheiten besitze. Was nicht *zugleich*, sondern das Eine in Abwesenheit des Andern an demselben Dinge auftritt, das widerspricht sich nicht. Dabei wird angenommen, es gebe einen Träger der Merkmale, der zu einer Zeit diese, zu einer andern Zeit jene sich ausschließenden Merkmale *an sich* trägt.

Allein *Herbart* will so wenig zugeben, daß das *Ansichtragen* mehrerer Merkmale mit der einfachen Qualität des Seienden verträglich sei, als er zugesteht, daß es nur Wirkliche von doppelter Art geben könne, nämlich solche, die sich *an Andern*, und solche, die sich nicht *mehr an Andern* befinden, und die man gewöhnlich mit den Worten Adhärenz und Substanz zu bezeichnen pflegt. Er sagt: Veränderung geschieht in der Zeit und zwar eine bestimmte Veränderung in bestimmter endlicher Zeitdauer. Das Geschehene muß sich daher durch diese ganze Zeitdauer ausdehnen, sonst gäbe es innerhalb derselben leere Zwischenräume, in welchen keine Veränderung stattfindet, und das Ganze würde nicht eine, sondern ein Complex mehrerer Veränderungen sein. Das Quantum des endlichen Geschehens wird daher gemessen an der endlichen Zeitdauer desselben. Nun weiß Jeder, daß die Zeit unendlich theilbar ist, und sich deren letzte eine unendliche Menge ausmachende Theile so wenig angeben lassen, als sich aus ihnen wieder durch Zusammensetzung (?) eine endliche Zeitdauer bilden läßt. Daher kann auch das endliche Quantum des Geschehens weder in unendlich viele Theile aufgelös't, noch aus diesen wieder zusammengesetzt werden. Denn jeder einfache Zeittheil, in welchem Etwas geschieht (kann in einem einfachen Zeittheil überhaupt Etwas geschehen?), müßte sich wieder in ein Vorher, Jetzt und Nachher zerlegen und damit aussprechen lassen, daß er eben kein einfacher Zeittheil sei. Dasjenige, was geschieht, würde dadurch gleichfalls in ein Geschehenes, Geschehendes und künftig Geschehendes zerfallen. Nach Art der Eleaten würde eine Veränderung aus durchaus einfachen Ruhepunkten, ein Geschehen aus Geschehenem zusammengesetzt werden müssen.

Da hiebei ausdrücklich zugestanden wird, jede endliche Zeitdauer sei unendlich theilbar, bestehe also aus unendlich vielen Theilen und nur uns sei es unmöglich, durch fortgesetzte Theilung zu denselben zu gelangen, so ist schwer einzusehen, wie daraus folgen solle, daß es dergleichen einfache Theile nicht wirklich gebe, ganz unabhängig davon, ob wir sie durch Theilung einer endlichen Zeitdauer erreichen oder nicht. Zusammengesetzt ist jede *endliche* Zeitdauer denn doch gewiß, und ein Zusammengesetztes kann ohne einfache Theile nicht bestehen. Existiren diese aber, gibt es einfache Zeittheile, so hört es auf, widersprechend zu sein, daß sich ein endliches Quantum des Geschehens durch eine endliche Zeitdauer ausdehne, weil der Einwand aufhört, daß die Veränderung in diesem Falle aus einzelnen Ruhepunkten zusammengesetzt sein würde. Denn diese unendlich vielen einfachen Zeittheile, welche die endliche Zeitdauer *a b* ausmachen, sind stetig, d. h. es lassen sich unter ihnen nicht zwei angeben, zwischen welchen nicht noch ein dritter wäre. Sollen wir nun sagen können, eine Veränderung und zwar dieselbe habe durch den ganzen Zeitraum *a b* gewährt, so muß der Zustand des sich Verändernden diese ganze Zeit hindurch in jedem Zeitmomente ein anderer gewesen sein, als in jedem andern. Es dürfen nicht zwei, auch noch so nahe an einander gelegene Punkte angebbar sein, innerhalb welcher derselbe Zustand geherrscht, also das sich Verändernde geruht hätte, die Veränderung unterbrochen worden wäre. Dies ist möglich, weil es innerhalb der ganzen Zeitdauer überhaupt nicht zwei Punkte gibt, zwischen welchen nicht noch ein dritter läge. Von den Zuständen aber, die die Veränderung constituiren und in jedem Zeitmomente andere sind, kann man unmöglich mit Recht sagen, daß sie die Veränderung aus Punkten der Ruhe zusammensetzen, weil dieses letztere Wort nur dort gebraucht werden darf, wo derselbe Zustand durch eine, auch noch so kleine Zeit ununterbrochen fortdauert, eine solche aber, bei der stetigen Veränderung, wo in je zwei noch so nahe liegenden Zeittheilen andere Zustände vorhanden sind, niemals angebbar ist.

Allein *Herbart*'s Synechologie ist nicht geneigt, die Stetigkeit des Raumes wie der Zeit anders als höchstens in Form einer Fiction zuzugestehen. Der Zeitbegriff muß nach ihr vielmehr von der Veränderung fern gehalten werden, da er Verwickelungen herbeiführt, die zwar nicht das veränderte Ding selbst, aber doch das Quantum der Veränderung betreffen. Das Was des (veränderlichen) Dinges wird nicht durch die Zeitreihe, während welcher es ihm zukommt, sondern durch die Eigenschaften gedacht, die dasselbe zugleich oder nach einander ausmachen. Würde die Zeit, in welcher es gedacht wird, im Was des Dinges einen Unterschied begründen, so hätten wir, da die Zeitmomente im steten Flusse sind, niemals dasselbe Ding, auch wenn alle Eigenschaften desselben beständig bleiben würden. Nur seine Eigenschaften geben auf die Frage nach dem Was eines Dinges Antwort, und ihr Früher- oder Spätersein macht hiebei keinen Unterschied. Der ganze Widerspruch liegt in nichts Anderem, als daß mehrere sich ausschließende Bestimmungen in die Identität desselben einfachen Was zusammengehen sollen.

Dagegen sehen wir nach *Herbart* die Ursachen als dasjenige an, was diesen Widerspruch auf sich nimmt. Diese thun etwas; das Veränderte leidet nur; diese sind Schuld daran, daß das veränderte Ding vorher ein anderes war, jetzt ein solches ist. Es frägt sich nur nach der Beschaffenheit dieser Ursachen. Sie können nur entweder inner- oder außerhalb des Leidenden befindlich sein, eine Einwirkung von innen oder außen auf dasselbe ausüben, nur *transeunte* oder *immanente* Ursachen sein. Ist die Ursache weder das Eine noch das Andere, und das Werden, die Veränderung gleichwohl vorhanden, so muß letztere ohne Ursache sein als *absolutes Werden*. Die Untersuchung dieses Trilemma ist von entscheidenden Folgen.

Thun wir den weitesten Schritt von dem Veränderten selbst zu einem außer demselben befindlichen Verändernden zuerst, so frägt es sich: was ist denn das Leidende? Es erleidet Veränderungen, geht aus einer Qualität in die andere über, bleibt aber deßungeachtet dieselbe Realität. Welche von den Beschaffenheiten, die in ewigem Wechsel begriffen sind, soll es denn sein, die uns als Antwort auf die Frage nach dem eigentlichen Was des Veränderten gibt? Gar keine; die wahre immer sich gleich bleibende Qualität ist unbekannt, nicht qualitätlos (ἄποιος ὕλη), sondern ein Unbestimmtes (ἄπειρον), weiterer Bestimmung fähig und ihrer gewärtig. Aus sich selbst ist dieser noch unbestimmte Stoff unfähig, seine eigenen Bestimmungen zu erzeugen, er bedarf zu dem Ende als Ursache derselben eine wirkende Kraft. Wirkt diese und bewirkt dadurch die eben vorhandenen Eigenschaften, so muß sie fortwährend gewirkt haben und ununterbrochen fortwirken, um dieselben festzuhalten, und so lang sie thätig ist, kann kein Wechsel der Qualitäten eintreten. Doch soll er das, der Erfahrung zufolge; der Begriff der Kraft muß daher eine Erweiterung erfahren. Nicht das, was eben wirkt, sondern auch dasjenige, was unter gewissen Umständen wirken *kann*, nennen wir im gemeinen Leben *Kraft*. Was bewirkt jedoch, daß dasjenige, was unter gewissen Umständen wirken kann, zu gewisser Zeit auch in der That in Wirksamkeit tritt, und auf diese Weise aus der Möglichkeit in die Wirklichkeit übergeht? Ohne Zweifel ist das Ding, welches jetzt wirkt, ein anderes geworden gegen dasjenige, welches vorher nur wirken *konnte*. Also wieder eine Veränderung an dem Dinge, wieder eine Ursache, die der Kraft vorausgesetzt werden muß, und die, genauer besehen, abermals eine Kraft ist, die wirken könnte und wirken würde, wenn eine andere auf sie belebend und bewegend einwirkte. Da sich dasselbe bei jeder wiederholten Voraussetzung einer neuen Kraft ergibt, so öffnet sich auf diese Weise ein Rückschritt ins Unendliche, weil es nirgends eine Kraft gibt, die keiner bewegenden mehr bedarf, das Princip des Veränderns in sich selbst trägt, deren Was der Wechsel, die Veränderung selbst ist, mit Einem Wort ein πρῶτον κινοῦν ἀκίνητον.

Kann man ein solches unbewegtes Bewegendes setzen? Trägt der Begriff eines schlechthin thätigen nicht einen Widerspruch in sich? In der unendlichen Reihe der successiven Bestimmung verhalten sich je zwei Glieder zu einander wie Thätiges und Leidendes und das Eine greift verändernd in den Zustand des Andern ein. Das Thätige soll thun, es ist also etwas von seinem Thun, seiner Thätigkeit Verschiedenes, allein es ist auch wieder ein nicht davon Verschiedenes, denn eben nur durch das Thun ist ein Thätiges. Was es thut, ist dem, was es selbst ist, fremd; das Thätige soll daher gedacht werden durch etwas, was es nicht ist, wodurch es also nicht gedacht werden darf, und soll zugleich durch dasjenige nicht gedacht werden, was es eigentlich und seinem Wesen nach ist, und wodurch es daher gedacht werden muß. Als absolutes Thun aber, ohne zugleich etwas zu sein, welches thut, verträgt es keine absolute Setzung. Denn ein Thun enthält unvermeidlich die Beziehung auf ein Thuendes, und eine Beziehung leidet keine absolute Position. Dieselbe Verwicklung wiederholt sich bei dem Leidenden. Auch dieses ist abgesehen von seinem Leiden ein Etwas für sich. Diese Kette von Widersprüchen, die sich bei jedem Gliede der unendlichen Reihe wiederholt, und da jedes thätig und leidend zugleich ist, sich sogar verdoppelt, macht die äußeren Ursachen völlig (?) untauglich, einen festen Punkt im Denken zu gewähren.

Liegt aber der Grund der Veränderung nicht außerhalb des veränderten Dinges, so müssen wir ihn, so lang noch überhaupt einer angenommen werden soll, innerhalb desselben, also in seiner Selbstbestimmung suchen. Das Ding erscheint hier zugleich als Bestimmendes und Bestimmtes; dieselben Widersprüche, die sich im Begriff der äußern Ursache finden sollen, kehren daher hier und verstärkt wieder. Auch hier entwickelt sich eine unendliche Reihe, indem jedes Bestimmende im Übergang aus der Unthätigkeit in Thätigkeit als sich verändernd gedacht werden soll, welcher Übergang neuerdings eine Selbstbestimmung des Bestimmenden voraussetzt, in welcher dieses selbst als Bestimmtes erscheint und ein Bestimmendes verlangt. Bei diesem geht es eben so, und die Ungereimtheit wird dadurch noch größer, daß die ganze endlose Reihe von Selbstbestimmungen in einem und demselben Dinge vor sich gehen soll, während sie im früheren Falle gliedweise auf ein außerhalb des Bestimmten befindliches Ding übertragen wurde. Um die Reihe abzuschließen, kann man nicht umhin, die erste Selbstbestimmung absolut zu setzen, wodurch aber die immanente Ursache ins absolute Werden sich verwandelt. Ins Unendliche vervielfacht sich der Widerspruch, daß das sich selbst bestimmende Ding zugleich thätig und leidend sein, daß es nicht als zwei gedacht, sondern in die Identität desselben Begriffs verschmolzen werden soll. Auch wenn die Prädicate nicht entgegengesetzt wären, würde doch schon die Spaltung der einfachen Qualität in mindestens zwei Theile, den Bestimmenden und Bestimmten, dazu hinreichen, die Selbstbestimmung von dem Seienden abzuweisen.

So bleibt also nur noch übrig die Veränderung ohne Ursache schlechtweg, als absolutes Werden zu setzen. Der Wechsel selbst werde als Qualität dessen gedacht, was sich verändert. Keine Ungleichförmigkeit, kein Maß, kein Aufhören, kein Anfangen findet statt; denn dies alles müßte einen wie immer beschaffenen Grund haben, und nach einem solchen darf hier nicht einmal gefragt werden. Das absolut Werdende ist durchaus sich selbst gleich, es »wird«, ohne die geringste nähere Bestimmung. Abgesehen davon, daß es eine Ungereimtheit ist, zu behaupten, der Wechsel sei die Qualität des Realen (denn der Wechsel ist eine bloße inhaltsleere Form, die ohne die Qualitäten, welche wechseln, gar keinen Sinn hat, nichts weiter ist als ein Begriff, der auf das Reale angewendet werden kann, sobald erst ein solches und Qualitäten desselben wirklich vorhanden sind); abgesehen von der Unmöglichkeit, dort von Wirkungen zu reden, wo man keine Ursachen derselben zulassen will: kann *Herbart* von seinem Standpunkt aus nicht anders, als eine Qualität des Seienden, die durch mehrere, ja des beständigen Wechsels halber unendlich viele Qualitäten gedacht werden müßte, verwerfen.

Damit scheint nun aber jede Möglichkeit der causalen Verbindung zwischen Realen abgeschnitten. *Leibniz* faßte das Problem transitiver Wirksamkeit in seiner Weise sehr bestimmt, indem er es in die Dreitheilung des physischen Einflusses, Occasionalismus und der prästabilirten Harmonie zerfällte, die ersten zwei als unmöglich nachwies und die dritte festhielt. Mit ähnlicher Entschiedenheit geht *Herbart* noch weiter und versucht die Unmöglichkeit äußerer Ursachen, der Immanenz und des absoluten Werdens nachzuweisen. Was kommt nun an die Stelle? Entweder letzteres Trilemma ist nicht vollständig, oder es gibt überhaupt keinen causalen Zusammenhang unter den Dingen, keinen Wechsel, keine Veränderung, kein Zunehmen und Abnehmen, alles ist starr, leblos, unbeweglich, wo die Natur und Anschauung das Gegentheil zeigt. Und *Herbart* selbst sagt ausdrücklich[80] : »Niemand zweifelt, daß Veränderungen in der Natur gegeben werden.« Nur fügt er einschränkend hinzu: »Man unterscheidet wesentliche und zufällige Eigenschaften der Dinge, weil in der Erscheinung einige Merkmale beständiger sind, als andere. Wenn nun das Gegebene (die Erfahrung) so angesehen wird, als gebe es uns die Qualitäten der Dinge zu erkennen, so liegt es am Tage, daß die Substanz als beharrlich im Wechsel deshalb sehr leicht betrachtet werden konnte, weil man meinte, sie lasse sich an ihren wesentlichen Eigenschaften festhalten, mochten auch die zufälligen wechseln, wie sie wollten. Wie es zugehen solle, daß sich zum Wesentlichen das Zufällige, zum Einheimischen das

---

80 Allg. Metaph. II. S. 150.

Fremde geselle, darüber dachte man so genau nicht nach. Wenn einmal ein Fremder im Wirthshause der Substanz einkehrte, so war es ja kein Wunder, daß er auch wieder Abschied nahm. Das Haus blieb stehen, unbekümmert um die, welche aus- und eingingen, es gehörte fortdauernd seinen bleibenden Einwohnern. Nun ist aber die Wirthschaft schon geschlossen, wenn die Qualität des Seienden für absolut einfach erklärt wird. Ja noch mehr, wir haben darauf Verzicht gethan, die wahre einfache Qualität jemals im Gegebenen zu erkennen. Gegeben sind Complexionen von Merkmalen, diese nennt man Dinge. Eine solche Complexion sei *a b c*, so setzen wir ihretwegen die Substanz *A*; allein dieses *A* in Hinsicht seiner Qualität ist unbekannt. Wenn nun im Gegebenen sich die Veränderung ereignet, daß aus *a b c* jetzt die Complexion *a b d* wird, wollen wir dann sagen, es sei in der Qualität eine Veränderung vorgefallen? Wir können diese Veränderung wenigstens nicht angeben: die Substanz, welche dieselbe soll erlitten haben, ist uns jetzt eben so unbekannt, als vormals, und wir sind zuletzt auf einen bloßen Wechsel der Erscheinung beschränkt.«

Also doch ein Wechsel, wenn auch nur in der Erscheinung; also eine Veränderung zum wenigsten in dem Subject, welchem der Schein erscheint! Woher rührt diese? Ist sie durch äußere, durch immanente oder durch gar keine Ursache erzeugt? Wie verträgt sie sich mit der Einfachheit der Qualität, die ja auch dem denkenden Subject zukommt, in welchem der Schein haftet und sich ändert? Das sind Fragen, die sich nach dem Zugeständniß, daß Veränderungen wirklich stattfinden, und der ausdrücklichen Abweisung aller drei möglichen Arten der Causalverknüpfung sehr natürlich aufdrängen.

Statt aller Antwort führt das System neuerdings die Methode der Beziehungen ein, wie oben bei dem Probleme der Inhärenz. Wie dort der Inhärenz verschiedener zugleich vorhandener Merkmale mehrere Reihen von Realen vorausgesetzt wurden, deren jede einem besondern Merkmale zur Basis diente, und deren gemeinschaftliches Anfangsglied die sogenannte Substanz war; so liegen hier den mehreren nacheinander seienden Merkmalen mehrere Reihen unter sich verschiedener Realer zu Grunde. Die Identität des veränderlichen Dinges vor und nach der Veränderung wird dadurch erhalten, daß das gemeinschaftliche Anfangsglied aller Reihen, die Substanz, dasselbe verbleibt. Die übrigen Glieder der Reihe, die z. B. dem Merkmale *a* zu Grunde lag, wechseln und anstatt ihrer tritt eine solche Reihe von Ursachen ein, die mit der

Substanz zusammen das Merkmal *non a* erzeugt u. s. w. »Denn«, heißt es[81], »schon ehe die Veränderung eintrat, war der Complexion *a b c* wegen, die wir als ungetheilt betrachteten, irgend ein Reales = x gesetzt worden. Dieses kann auf keinen Fall den Platz einer Folge einnehmen, sondern wenn Eins von beiden sein muß, so gebührt ihm, als dem schlechthin Gesetzten, der Platz des Grundes. Jetzt sollte wegen der zweiten Complexion ein anderes Reale = y gesetzt werden, aber diese Setzung ist nicht schlechthin zu vollziehen, sie soll sich vielmehr an die erstere anlehnen, weil das Ding noch als dasselbe gegeben ist. Zusammenfallen sollte sie mit der ersten, es sollte sein $y = x$, aber die Position ist eine andere, ihr Gesetztes auch, so gewiß c nicht = d, und *a b c* nicht = *a b d* ist. Hiemit ist die Entscheidung gehörig vorbereitet. Was weiter zu thun ist, wissen wir vermöge der Methode der Beziehungen. Das x widerspricht sich selbst, indem es dem y gleich und auch nicht gleich sein soll. Es ist also nicht identisch, sondern ein Vielfaches. Und nur indem mehrere x zusammengefaßt werden, kann y, welches in keinem Falle *ein* Reales, sondern nur die Folge der Zusammenfassung mehrerer Realen sein konnte, daraus hervorgehen.«

Allein, was bedeutet eben dieses Zusammen? Die mehreren Realen, welche zu der Substanz als Ursachen hinzukommen, um mit ihr *zusammengefaßt* die Folge hervorgehen zu machen, was ändern sie an der Substanz, was wird an ihnen selbst geändert durch dieses Zusammen? Da das Princip der äußeren Ursachen (im gewöhnlichen, Kräfte und Vermögen postulirenden Sinne dieses Worts) mit solchem Nachdruck ist abgewiesen worden, so folgt daraus, daß von einem Verändern an einem der Realen *durch* die übrigen, mit welchen es zusammengefaßt wird, keine Rede sein könne. *Ein Reales wirkt nicht auf das andere.* Es wirkt aber eben so wenig auf sich selbst, weil die immanente Ursache dem Wesen des Seienden widerspricht. Das Reale kann ferner auch nicht den Wechsel, das Werden selbst als eigenthümliche Qualität besitzen, weil ein continuirlicher Wechsel der Beschaffenheit eine Relation einschließen, somit der absoluten Position des Seienden widersprechen würde. Außer den einfachen Qualitäten der Seienden ist nichts vorhanden, mit ihnen selbst aber kann *nichts* vorgehen. Sollten sie ein vom Sein verschiedenes Geschehen hervorbringen, so müßten sie von sich »abweichen, sich äußern und dadurch außer sich gesetzt werden, sich

---

81 Allg. Met. II. S. 154.

in der Erscheinung offenbaren, und dadurch würde das Reale selbst eine fremde Gestalt annehmen. Im wirklichen Geschehen kann und darf das Seiende weder von sich abweichen, noch sich äußern, noch erscheinen. Dies alles wäre nichts als Entfremdung seiner selbst von innen heraus; also der Ursprung dieser Entfremdung wäre ein innerer Widerspruch; und dessen sollen wir es nicht beschuldigen, sondern es dagegen vertheidigen.« So bestimmt erklärte sich das System gegen jede entäußernde Thätigkeit der einfachen Qualitäten. Noch mehr, es sagt ausdrücklich: »Diese dürfen wir gar nicht antasten. Sie können mit dem wirklichen Geschehen nur mittelbar zusammenhängen. Sie können, indem Etwas geschieht, weder wachsen noch abnehmen.« Von jenem Satze: Bei allem Wechsel der Erscheinung beharrt die Substanz, sollte die Fortsetzung so lauten: »und weder ihre Qualität noch ihre Quantität wird von dem Wechsel ergriffen.« Und ebenso[82] : »Das Reale ist in sich reif. Es bedarf gar keiner Entwicklung. Kommt dennoch, gleichviel wie, das Werden, das Geschehen hinzu: so vermehrt sich das Reale darum nicht im mindesten. Die Wirklichkeit des Geschehens ist schlechterdings gar nicht und in keinerlei Sinn ein Zuwachs zum Realen, oder ein Gelangen zur Realität. Die Redensart, es komme hinzu, darf überall nicht so genommen werden, als ob hier eine Addition möglich wäre. Man addirt nicht Linien zu Flächen, nicht Flächen zu Körpern. Gerade so soll man das wirkliche Geschehen nicht addiren zum Realen, denn Beides ist völlig ungleichartig. Die Wirklichkeit des Geschehens gibt einen Begriff für sich, und die Arten dieser Wirklichkeit können unter einander verglichen werden. Aber für das Sein ist sie schlechthin Nichts.«

Daraus wissen wir nun, daß alle Begriffe des Geschehens, des Wirkens und der Veränderung, die wir aus der Sinnenwelt der Erscheinung mitbringen, etwa ein Übergehen eines Theils der Materie aus einem in den andern Körper, eine Selbstbewegung, ein κινοῦν ἀκίνητον auf dasjenige, was wirklich d. h. in dem einzigen wahrhaft Seienden oder dem der Qualität nach einfachen Realen geschehen kann, nicht übertragen werden dürfen, ohne dieses auch seines einfachen Was zu berauben. Es scheint fast, als sei damit so gut wie bei *Leibniz* das wirkliche Geschehen an sich unmöglich gemacht. Ein Geschehen ist immer ein Sich-ändern, ein Qualitätswechsel, das Hervortreten eines Zustandes,

---

82 Allg. Met. I. S. 194.

der früher nicht da war. Nehmen wir diesen in der Scheinwelt der Sinne wahr, so gibt uns eben diese Wahrnehmung das Recht zu schließen, daß auch in Demjenigen, was nicht mehr bloßer Schein ist, in dem Seienden, gleichviel dem unser eigenes Ich ausmachenden oder dem außer uns befindlichen Realen Gründe vorhanden seien oder in Thätigkeit treten müssen, welche die Veränderung des Scheins erzeugen. Die letztere ist nicht von unserer Willkür abhängig; wir nehmen nicht nach Belieben jetzt diesen, dann jenen Zustand desselben wahr, welchen wir wünschen, im Gegentheil, dieser ist uns, nicht selten im geraden Widerspruche mit unserm Begehren, gewisse vorhandene Beschaffenheiten des Scheins festzuhalten oder zu entfernen, unabweislich gegeben, was auf einen von unserer Willkür durchaus unabhängigen Grund desselben hindeutet. Geschehen, verändern muß sich also etwas in dem Zustande des wahrhaft Seienden, des Realen, wenn sich im Scheine etwas ändern soll, und dennoch kann Nichts an ihnen *geschehen*, d. i. kein Qualitätswechsel stattfinden, ohne daß das Reale aufhörte, mit sich identisch zu sein. Denn wo eine einzige Qualität das Wesen des Seienden ausfüllt, da hört dieses auf zu sein, sobald die Qualität verschwindet, und es ist ein neues Reale da, sobald eine neue Qualität als seiend gesetzt wird. Die Lehre von der Einfachheit der Qualität des Realen spielt bei *Herbart* dieselbe entscheidende Rolle, wie bei *Leibniz* der Satz von der Fensterlosigkeit der Monaden.

Auf denselben Punkt, wie bei Leibniz die wechselseitige Unzugänglichkeit der Monaden, versetzt uns bei Herbart die der Veränderung unfähige Einfachheit der Qualität der Realen. Wie wir uns dort, bevor wir zur prästabilirten Harmonie übergingen, durch die Impenetrabilität der Monaden zu diesem künstlichen Wege der Vermittlung genöthigt sahen, so werden wir hier zu einem ähnlichen äußeren Hilfsmittel getrieben, weil der natürliche Weg – der sich dem Ergebnisse der gemeinen Erfahrung anschließt – durch die Resultate des metaphysischen Gedankenganges verboten zu werden scheint. Wir dürfen uns aber nicht wundern, wenn der Enderfolg bei beiden Denkern ein ganz verschiedener ist, denn beide gehen von eben so verschiedener, und nur in der Hauptsache, der Annahme einer Vielheit realer Wesen, übereinstimmender Grundlage aus. Leibniz, der auf theologischem Boden stand und mittels des ontologischen Beweises vorher die Existenz des vollkommensten, d. i. desjenigen Wesens bewiesen hatte, »*dans lequel l'essence renferme l'existence ou dans lequel il suffit d'être possible, pour* être actuel⁸³ «, war es leicht, kraft der Allmacht und Allvollkommenheit desselben eine so regelmäßige Anordnung des Weltalls zu postuliren, daß die Veränderungen im Innern der einzelnen Wesen, ohne durch einander in der That hervorgebracht zu sein, sich wechselseitig correspondirten. Dabei blieb unerklärt, was für eine Art von Causalverknüpfung im Innern der einfachen Wesen, auf welche gleichwohl so viel Gewicht gelegt wurde[84], überhaupt stattfinden könne, und Alles lief, wie es bei einem Systeme, das die Gottheit selbst als *causa sui* betrachtet, nicht befremden kann, auf die Annahme der *causa immanens* in den einfachen Wesen hinaus. Herbart aber betrachtet die einfachen Realen als schlechthin gesetzt, als einfache Qualitäten, mit welchen die Spaltung der *causa immanens* unverträglich sei und kann daher bei jener Annahme nicht stehen bleiben. Er schlägt einen Weg ein, der so leicht mißzuverstehen ist, daß dies zu vermeiden nichts übrig bleibt, als ihn, so viel thunlich, mit des Erfinders eigenen Worten darzustellen.

Der Begriff, auf welchen uns die Methode der Beziehungen behufs der Erklärung des wirklichen Geschehens verwies, war: das Zusammen. Durch das Zusammenfassen mehrerer Realen, hieß es, lasse sich sowohl der Widerspruch der Inhärenz als jener der Veränderung in Übereinstimmung bringen; was widersprechend sei an *einem* Realen, sei es nicht an einer Mehrheit. Dieses Zusammenfassen mehrerer Realen bezieht sich zunächst nur auf die Begriffe derselben; diese sind einfach, denn so sind die Qualitäten der Seienden. Fassen wir nun aber eine Mehrheit solcher einfachen Qualitäten, z. B. *A* und *B* zusammen, so erhalten wir eben nichts anders, als eine Summe, »aus welcher eben so wenig etwas Weiteres wird, als aus jenen einfachen Richtungen der Schwere und des Gegendrucks einer schiefen Fläche[85].« Allein es gibt ein anderes Mittel, wechselseitige Beziehungen zwischen den einfachen Realen herzustellen.

Erinnern wir uns, daß die einfache Qualität jedes Seienden sich auch unter einen aus mehreren Theilen zusammengesetzten Begriff bringen und durch denselben vorstellen lasse. Hiebei ist wohl zu unterscheiden: der Begriff, der uns die Qualität des Seienden ausdrückt, ist zusammengesetzt, sein Gegenstand, die Qualität selbst, völlig einfach. Der zusam-

83 *Monad.* S. 708.
84 *Monad.* S. 706; *Théod.* §. 608, §. 360.
85 Metaph. II. S. 164.

mengesetzte Begriff muß von der Art sein, daß er dem einfachen Begriffe der einfachen Qualität seines Seienden gleichgilt, ein Wechselbegriff desselben sei, und sich auf ihn »zurückführen« lasse. Begriffe dieser Art, die dem Was des Seienden ganz »zufällig« sind, nennt *Herbart* zufällige Ansichten. Sehr gern vergleicht er dieselben mit den Componenten, in welche sich eine jede Kraft, sobald sie als deren resultirende betrachtet wird, zerlegen, und aus welchen sie sich neuerdings zusammensetzen läßt. Wie es hier völlig eins und dasselbe ist, ob wir die Kraft als eine einzige oder als resultirende mehrerer Kräfte betrachten, was an ihrer Natur an und für sich gar nichts ändert: so gleichgiltig ist es auch für das Was des Seienden, ob wir statt seines einfachen Begriffs den oder jenen mehrtheiligen Wechselbegriff desselben nehmen, sobald der letztere nur auf den ersteren zurückgeführt werden kann. Es ist nun durchaus keine Unmöglichkeit vorhanden, daß die zufälligen Ansichten mehrerer Realen gemeinschaftliche, daß sie entgegengesetzte, gleiche oder auch disparate Bestandtheile besitzen und dadurch andeuten, daß auch in den einfachen Qualitäten, deren Ausdrücke sie sind, sich Etwas »wie ja und nein« verhalte. Vielmehr kann[86] »ein solches Verhältniß der Begriffe hier eben so gut angenommen werden, als es factisch stattfindet in den einfachen Empfindungen Roth und Blau oder *cis* und *gis*« (über deren Einfachheit sich freilich noch streiten ließe). Jede dieser Empfindungen ist so gut unabhängig und indifferent gegen die andere, wie jede Qualität gegen die andere; keine derselben hat Theile, so wenig wie irgend eine Qualität, und doch steht jede in einem andern Verhältniß gegen jede andere. Roth z. B. ist dem Blau mehr entgegengesetzt als dem Violett, dem Gelb mehr als dem Orange, und doch hat die Empfindung: Orange keine Theile, deren etwa mehrere dem Roth gleichartiger sein könnten, als dem Gelb. »Wasserstoff ist dem Sauerstoff, aber auch dem Chlor und dem Stickstoff entgegen; diese Gegensätze können sowohl nach Beschaffenheit als Größe verschieden sein.«

Nehmen wir also an, die einfache Qualität des realen A lasse sich ausdrücken durch die zufällige Ansicht $\alpha + \beta + \gamma$ und die einfache Qualität des realen B durch die zufällige Ansicht $m + n - \gamma$, wobei die entgegengesetzten Zeichen des Merkmals γ den Gegensatz andeuten, der in den einfachen Qualitäten A und B liegt, ohne von diesen ge-

---

86 Allg. Met. S. 164.

trennt werden zu können, denn sie haben weder ungleichartige noch gleichartige Theile, weil überhaupt keine Theile. Es sind aber α + β + γ und $m + n - γ$ zufällige Ansichten, als *bloße Begriffe*, die sich zusammenfassen lassen, wobei die entgegengesetzten Merkmale sich aufheben. Wir erhalten daher α + β + $m + n$. Theile der zufälligen Ansicht sind weggefallen, andere geblieben. Ist dadurch an den Qualitäten *A* und *B* selbst Etwas geändert worden? Sind von diesen Theile weggefallen, andere geblieben? Unmöglich! Die Qualitäten haben gar keine Theile, sie müssen entweder gänzlich vernichtet werden, oder *ganz* verbleiben, eine theilweise Zerstörung ist undenkbar. »Sollten denn wohl ein paar Wesen sich so verhalten, daß sie sich gegenseitig ganz aufhöben? Da wäre entweder Eins positiv und das Andere das Negative dieser Position, folglich das letztere kein Wesen: oder beide wären sogar nur gegenseitige Verneinungen, also keines ursprünglich positiv, was von realen Wesen zu behaupten noch ungereimter sein würde[87].« Es ist daher ganz und schlechterdings unmöglich, daß eine einfache Qualität durch was immer für Beziehungen zu einer andern, die zufälligen Ansichten beider mit eingeschlossen, irgendwie afficirt werde; jene Zusammenfassung der zufälligen Ansichten ist nichts mehr und nichts weniger als *eine leere Gedankenoperation*, die auf die realen Qualitäten gar keinen Einfluß übt, für sie nichts bedeutet. Gleichwohl gebietet uns die Erscheinung, indem sie uns Inhärenzen und Veränderungen aufdringt (nach der Methode der Beziehungen) die einfachen Wesen zusammenzufassen. Aber was soll eigentlich zusammengefaßt werden? Nur die zufälligen Ansichten und daß diese zusammen sind, soll als Etwas den Wesen selbst ganz Zufälliges betrachtet werden. Geschieht dies, nun »so sollte sich ihr Entgegengesetztes aufheben. Aber es hebt sich nicht auf, denn es ist auf keine Weise für sich; nur in unauflöslicher Verbindung mit Demjenigen, was nicht im Gegensatze befangen ist, gehört es zu einem wahren Ausdruck der Qualität dieser Wesen. Sie bestehen in der Lage, worin sie sich befinden, wider einander, ihr Zustand ist *Widerstand*.« Fragen wir, worin dieser bestehe, so heißt es, »er lasse sich mit dem Widerstand im Druck vergleichen, wo Keines nachgibt, obgleich Jedes sich bewegen sollte[88].« Fragen wir, ob hiebei wirklich eine Störung des Zustandes der Wesen erfolge, so ist die

---

87 Allg. Met. II. S. 169.

88 Man vergl. die Note über *Canz*.

Antwort: »Nein! sie sollte erfolgen, aber Selbsterhaltung hebt sie dergestalt auf, daß sie gar nicht eintritt.« Fragen wir endlich, ob hier eine Kraft, ein Vermögen im gewöhnlichen Sinne des Worts thätig werde, so heißt es abermals: »Nein! denn hier ist kein Angriff von einer Seite, kein Leidendes gegenüber einem Thätigen; nichts was darauf ausginge, Veränderungen hervorzubringen. Der innere Gegensatz in den Qualitäten je zweier Wesen ist es, welchem beide zugleich widerstehen – *dieser ist zwischen beiden, nicht aber in einem von beiden.*«

Wenn hier für das wirkende Princip das Wort Selbsterhaltung gebraucht wird, so muß man sich sehr hüten, dieselbe etwa als eine freiwillige Thätigkeit anzusehen. Wäre sie eine Kraft, mittels deren Anwendung sich ein Wesen gegen das andere auf geschehene Veranlassung selbst erhält, die daher aus der Ruhe in Bewegung, aus dem Zustande der Unthätigkeit in jenen der Thätigkeit überzugehen fähig wäre, so würde dies eine immanente Veränderung in dem Wesen selbst und auf diese Weise den unzulässigen Dualismus eines Thätigen und Leidenden im einfachen Realen voraussetzen. Alle gemeinen, aus der Erfahrung geschöpften Begriffe von Selbsterhaltung, in welchen sie Kraftaufwand voraussetzt, müssen vermieden werden. Selbst die Dynamik, die dem Körper nur so lang aufzusteigen erlaubt, als die momentane Wurfkraft noch nachwirkt, macht hier keine Ausnahme. Denn »alle Triebe und Tendenzen, alle realen und idealen Thätigkeiten, alle Einbildungen und Rückbildungen, durch welche das Reale Formen annehmen soll, die es nicht hat, verrathen nur den am Sinnlichen festklebenden Geist, der sich noch nicht im Metaphysischen orientirt hat[89].« Dies um so mehr, da »Sein und Geschehen völlig incommensurabel sind[90]« und nicht die mindeste Ähnlichkeit haben. Wie sollte ein Geschehen, ein wie immer beschaffener Wechsel das Seiende treffen können, da »für das Seiende in Hinsicht dessen, was es ist, nicht das geringste verändert werden darf? Es wäre die vollkommenste Probe einer Irrlehre, wenn dasjenige, was wir Geschehen nennen, sich irgend eine Bedeutung im Gebiete des Seienden anmaßte[91].« Nicht anders dürfen wir das wirkliche Geschehen denken, denn »als ein Bestehen wider eine Negation. Da nun die Negation in dem Verhältniß der

---

89 Allg. Met. II. S. 173.
90 Ebendas. S. 172.
91 Ebendas. S. 175.

Qualitäten je zweier Wesen liegt, so geschieht stets zweierlei zugleich: A erhält sich als A, und B erhält sich als B. Jede von diesen Selbsterhaltungen denken wir durch doppelte Negation, welche unstreitig der Affirmation desjenigen, was jedes Wesen an sich ist, völlig gleich gilt. Allein diese doppelte Negation ist dennoch unendlich vieler Unterschiede fähig. Gesetzt mit $A = \alpha + \beta + \gamma$ sei zusammen $C = p + q - \beta$, so wird auch jetzt A sich selbst erhalten, aber nunmehr wird nicht γ, sondern β die Art und Weise bestimmen, wie es sich verhält. Der Gegensatz zwischen A und C ist ein anderer, als der zwischen A und B. Die zufälligen Ansichten sind nur die Ausdrücke, welche die Wesen annehmen müssen, um vergleichbar zu werden; aber indem wir durch ihre Hilfe zwei Wesen vergleichen, finden wir sogleich, daß in der Vergleichung sich mancherlei Punkte darbieten, worin Störung und Selbsterhaltung ihren Sitz haben können. Jedes Wesen ist an sich von einfacher Qualität. Aber die vielfachen Qualitäten lassen sich vielfach vergleichen, jede mit allen übrigen. Dabei braucht nun nicht jede zufällige Ansicht aus den Gliedern α, β, γ zu bestehen, sondern der Glieder können gar viele sein. Ferner braucht nicht jede Vergleichung auf einerlei zufälliger Ansicht zu beruhen, sondern das Wesen erträgt unendlich viele zufällige Ansichten, so wie seine Qualität unendlich vieler Vergleichungen fähig ist[92].«

Was folgt aus diesem allen? Dürfen wir nun, nachdem *Herbart* selbst gesteht, daß »jede Selbsterhaltung oder jedes wirkliche Geschehen, welches in einem Wesen vorgeht, wenn es sich gegen ein anderes erhält, einen eigenthümlichen Charakter habe, welcher aber nur im Gebiete des Geschehens gilt, daß aber diese Eigenthümlichkeit, mithin jede Mannigfaltigkeit, die durch die Selbsterhaltung des A gegen B, C, D u. s. w. entsteht, sammt dem Geschehen verschwinde, sobald man auf das Seiende, wie es an sich ist, zurückgeht, weil es in allen diesen Fällen A ist, welches sich erhält und welches erhalten wird« – dürfen wir nun annehmen, daß das Geschehen etwas dem Sinne völlig Fremdes, ein bloßes Product einer logischen Vergleichung zwischen den begrifflichen Ausdrücken verschiedener Seienden sei, welche an denselben bald gleichartige, bald entgegengesetzte Bestandtheile aufweist? Setzt die Vergleichung der zufälligen Ansichten nach ihren Bestandtheilen, deren Resultat die geforderte, aber unmögliche Störung, d. i. die Selbsterhal-

---

92 Allg. Metaph. II. S. 175.

tung sein soll, setzt diese ein Subject voraus, von welchem sie vollzogen wird, oder existirt sie früher, ehe ein solches vorhanden ist und im Denken den Act der Vergleichung durchführt? Oder ist der Gegensatz zwischen den Bestandtheilen $+\gamma$ und $-\gamma$, eben so, wie der unter den Qualitäten, deren Ausdrücke sie sind, ein völlig objectives Verhältniß, das weder erkannt noch von irgend einem denkfähigen Subject gedacht zu werden bedarf, um zu existiren und die Selbsterhaltung als Folge nach sich zu ziehen? Etwa wie die Spiegelung der Monaden in einander, die auch nichts anders ausdrücken zu wollen scheint, als daß sich die Monaden zu einander in Beziehungen befinden können, von denen sie selbst nichts oder nur sehr dunkel und unvollständig wissen, und die nur von der, außerhalb der Monadenwelt vorhandenen vollkommensten Intelligenz vollständig überschaut werden?

Ein so objectives Verhältniß könnte allerdings zwischen den zufälligen Ansichten stattfinden, insofern man unter diesen zusammengesetzte, mit theilweise gleichen, theilweise entgegengesetzten Merkmalen bestehende begriffliche Ausdrücke der einfachen Qualitäten versteht. Ein solches wäre aber dann eben nur ein Verhältniß zwischen Begriffen, was die realen Wesen und somit auch ihr Geschehen gar nichts anginge.

Das Unterscheidende zwischen solchen Verhältnissen, welche Begriffe als solche überhaupt, und jenen, welche sie als zufällige Ansichten seiender Wesen zu einander haben, findet das System darin, daß als Begriffe betrachtet und zusammengefaßt ihre entgegengesetzten Bestandtheile sich ohne Schaden tilgen dürfen; als zufällige Ansichten seiender Wesen aber beharren müssen, weil die Wesen selbst, deren Ausdrücke sie sind, als einfache Qualitäten beharren und sich weder tilgen noch schwächen können.

Inwiefern aber dieses Beharren der einfachen Qualität als Act der Selbsterhaltung und als wirkliches Geschehen betrachtet werden könne, gestehen wir aufrichtig nicht einzusehen. Es wäre zu begreifen, wenn das Wort »Selbsterhaltung« in dem gewöhnlichen Sinne genommen werden dürfte, welchen ihm der Sprachgebrauch beilegt, und in welchem es die selbstthätige Anwendung einer eigenen Kraft voraussetzt. Haben aber die Realen Kräfte oder sind sie selbst Kräfte? Das erstere bestimmt nicht, denn sie sind nichts als *einfache* Qualitäten, denen jedes Ansichtragen anderer Qualitäten widerspricht. Sind sie aber selbst Kräfte? Der Umstand, daß sie sich im Gegensatz zu einander befinden sollen, welcher Gegensatz seinen expliciten Ausdruck in den evolvirten

Bestandtheilen ihrer zufälligen Ansichten findet, scheint dies zu verrathen. Worin dieser Gegensatz der Qualitäten bestehe, läßt sich nicht sagen, weil die Qualitäten selbst unerkennbar sind. Er findet aber – das System selbst gesteht dies – sein Analogon in dem Gegensatz-Verhältnisse, in welchem sich einfache Ton- oder Farbenvorstellungen zu einander befinden. Betrachtet man aber die letztern als Vorstellungen ihrem Inhalte nach an und für sich, so findet sich kein Grund, warum sie einander entgegengesetzt heißen sollen. Um entgegengesetzt zu sein ihrem Inhalte nach, müßten sie erst ähnlich sein, d. i. sie müßten einen oder etliche gemeinschaftliche Bestandtheile haben. Sie haben aber gar keine Bestandtheile, denn sie sollen ja einfach sein. Sie sind also vielmehr, z. B. roth und blau, völlig disparat. Dennoch behauptet *Herbart*: Das Roth sei dem Blau mehr entgegengesetzt, als z. B. dem Violett. Da dies nicht so viel heißen kann, als: der Begriff Violett sei aus den Begriffen Roth und Blau zusammengesetzt, und deshalb dem Begriffe Roth verwandter als dem Begriffe Blau, welches letztere vielmehr nur von den *Gegenständen* dieser Begriffe, den *Farben* Roth, Blau und Violett gilt, so hat dies nur insofern einen Sinn, daß, psychologisch betrachtet, eine dieser Farbenvorstellungen die andere leichter, eine andere schwerer zu verwischen im Stande ist. In dieser Bedeutung gesteht er aber selbst ein, die Farben-Tonvorstellungen u. s. w. als ein System sich aufhebender entgegengesetzter Kräfte zu betrachten. Soll diese Analogie für die Qualitäten der Seienden Anwendung erhalten, so scheint nichts natürlicher, als diese ebenfalls als Kräfte, und zwar als absolut gesetzte selbständige für sich bestehende Kräfte anzusehen, was dann von der Vorstellung, die man sich von der einfachen Substanz macht, nicht so weit verschieden wäre, als das System anzunehmen geneigt ist. Als Kräfte betrachtet, würden diese Qualitäten wechselseitig gegen einander agiren, reagiren oder sich mindestens auf gute Weise »selbsterhalten« können. Ihre Selbsterhaltungen wären Wirkungen ihrer selbst, und da, je nachdem ihre Existenz durch ein Anderes mehr oder weniger in Gefahr käme, auch ein größerer oder geringerer Kraftaufwand von ihrer Seite erfordert würde, so wäre es keineswegs unmöglich, daß sich Selbsterhaltungen verschiedenen Grades, also verschiedene Zustände im Innern der Realen vorfänden. Der Weg daher sowohl zu einem *wirklichen*, wie es diese Kraftäußerungen, als auch *mannigfaltigen* Geschehen, wie es die Verschiedenheit dieser Kraftäußerungen begründeten, wäre damit gebahnt.

Es ist uns aber an keinem Orte in *Herbart*'s sämmtlichen Schriften eine Stelle vorgekommen, worin er sich offen und ausdrücklich für die Ansicht erklärte, die Qualitäten der einfachen Seienden seien Kräfte und diese folglich selbstgesetzte seiende Kräfte und die Selbsterhaltungen deren Actionen; wohl aber solche, die für das Gegentheil sprechen. Die oben angezogene Stelle beweist deutlich genug, daß man hiebei an Kräfte, Tendenzen, Triebe gar nicht denken dürfe. Es ist nur eine vielleicht mit Absicht beibehaltene Amphibolie des Ausdrucks, die uns bei dem Worte Selbsterhaltung verleitet, den geläufigen Sinn des Wortes unterzuschieben, wo im Grunde etwas ganz Anderes gemeint wird. Der gemeine Sprachgebrauch, der einen Unterschied zwischen Selbsterhaltung und Widerstand macht, jene dem Beseelten, diesen der unbeseelten Materie, welcher keine Kraft innewohnen soll, (wenn dies überhaupt möglich wäre und man nicht dann auch auf alle Verschiedenartigkeit der Materie z. B. des Silbers vom Golde, Verzicht leisten müßte) – zuschreibt, würde den Zustand, der hier Selbsterhaltung heißt, und mehr ein passiver als activer ist, lieber Widerstand geheißen haben. Für *Herbart* jedoch bedeuten beide Worte gleichviel: »Der Zustand der Selbsterhaltung ist Widerstand[93]«, oder wie es *Strümpell* ausdrückt: »wo Wesen zusammentreffen, *kann* jene erwartete Störung nicht eintreten, sondern jedes verharrt im Drucke als das, was es ist; selbsterhält sich im Widerstande, und diese seine Selbsterhaltung als ein vorher nicht dagewesener, jetzt aber durch den gegenseitigen Gegensatz veranlaßter Zustand ist das wirkliche Geschehen[94].« Es ist damit, wie mit dem Zusammenstoße zweier Kugeln, jede bleibt eine Kugel, vorausgesetzt, daß keine zerspringt, jede hat sich also selbsterhalten. Man pflegt aber gemeiniglich zu sagen, sie sei erhalten worden.

Die zuletzt angezogenen Stellen klären uns noch über einige wichtige Punkte auf. Fürs Erste ist es außer Zweifel, daß die Selbsterhaltungen, obgleich aus bloßen Begriffsverhältnissen entspringend, nicht nur metaphysische Geltung haben, sondern sogar das Einzige sein sollen, was dem wechselvollen Geschehen der Erscheinungswelt auf dem Gebiete des reinen Seins Analoges geboten wird. Ausdrücklich beruft sich das System auf dieselben als Wirkliches im Seienden bei der Construction der Naturphilosophie und der starren Materie und noch nachdrückli-

---

93 Allg. Met. II. S. 170.
94 Erläut. zu *Herb.* Phil. S. 104.

cher in der Psychologie. Hier wird geradezu angenommen, die Selbsterhaltungen, zugleich seiend als Wirkliches in demselben (einfachen) Realen, verhalten sich gegeneinander als Kräfte, hemmen und fördern einander, sind einander auf dieselbe Weise entgegengesetzt, wie vorher die Qualitäten der einzelnen Seienden selbst. Wie reimt sich nun diese gleichzeitige oder auch die successive Vielheit des wirklichen Geschehens im Realen mit der Einfachheit der Qualität desselben? Sind diese vielfachen Selbsterhaltungen jede Äußerung einer besondern Kraft, sind sie alle Äußerungen einer Kraft, oder sind sie – nach dem oben Angeführten das wahrscheinlichste – Äußerungen gar keiner Kraft? Ist jede eine Kraft für sich, wie sie denn allerdings in dem Systeme des Wirkens und Gegenwirkens der Selbsterhaltungen unter einander als solche angesehen werden soll, wie kommt dies einfache, jeder Mehrheit von Qualitäten unfähige Seiende dazu, Träger einer Vielheit von Kräften zu werden? Sind sie überhaupt Kräfte oder Äußerungen einer solchen, so muß es Zeitmomente gegeben haben, wo diese Kräfte nicht in dieser Äußerung vorhanden waren, wie jetzt; es fand daher in dem Zustande des Realen eine innere Veränderung statt, ungeachtet eine solche mit seiner Einfachheit für incompatibel erklärt wurde. Als Äußerungen derselben Kraft ließen sie sich ferner wohl unter einander addiren, nicht aber durch Gegensatz hemmen oder gar vernichten. Sind aber endlich die Selbsterhaltungen Äußerungen gar keiner Kraft, sollen sie wohl gar nichts als die unerfüllbaren Forderungen der unter den zufälligen Ansichten der Wesen stattfindenden rein logischen Verhältnisse sein: treten sie da überhaupt aus dem Bereich bloßer Begriffe heraus? sind sie wirklich ein solches Etwas, das den Zweck zu erfüllen vermag, die natürliche Voraussetzung für das wahrgenommene erscheinende Geschehen abzugeben?

Strümpell's Zugeständniß in der citirten Stelle macht diese und ähnliche Fragen nicht unwichtig. Sind die Selbsterhaltungen »vorher nicht dagewesene, jetzt veranlaßte Zustände« im Realen, die also offenbar Zeitbestimmungen unterliegen und unter einander verschieden sind, so haben wir im einfachen Realen zugleich eine Mehrheit verschiedener *Zustände* und eine zeitliche Veränderung, also zwei verbotene Dinge auf einmal. Treffen diese die einfache Qualität oder nicht? Wenn ja, wie vertragen sie sich mit ihr? wenn nicht, was sind sie denn eigentlich selbst?

Diese Frage drängt sich noch lebhafter auf, wenn wir das nach *Herbart's* eigener Aussage[95] einzige uns zugängliche, aber »völlig genügende« Beispiel wirklicher Selbsterhaltungen, die Vorstellungen desjenigen Realen, das unsre eigene Seele ausmacht, näher in's Auge fassen. Zwar kennen wir die einfache Qualität unsrer Seele so wenig als die jedes andern Realen, aber wir nehmen doch ihre Äußerungen am unmittelbarsten wahr[96]. Die Seele ist die erste Substanz, die wir antreffen als reales Subject, auf dessen Zusammensein mit Andern der auch bei ihm stattfindende Schein der Inhärenz hinweist. Ihr eben so wenig wie jedem andern Realen ist es wesentlich, Substanz zu sein; sie wird es nur im Zusammensein mit mehreren andern Realen, wobei die Einheit der Complexion erhalten werden soll. Daraus folgt schon, daß sie so gut wie jedes einfache Reale schlechthin einfache Qualität besitzt, durchaus ohne Vielheit von Kräften, Anlagen, Vermögen, Trieben und Tendenzen, ohne irgend welche Receptivität und Spontaneität, ohne ursprüngliche angeborne Vorstellungen und Gefühle, entblößt von Thätigkeiten und Willensacten, ohne irgend ein Wissen von sich noch von Etwas außer sich, absolut leer und einfach ist. Zu ihrer Substantialität jedoch gehört als nothwendiges Correlat die Causalität und wo sie in ein vielfältiges und wechselndes Zusammen mit realen Wesen tritt, da »kann verschiedenartiges und wechselndes Geschehen« nicht ausbleiben. Alles wirkliche Geschehen ist Selbsterhaltung, also auch dasjenige, was *in* der Seele geschehen kann. Die Seele stellt vor, bedeutet daher im Grunde nichts weiter, als: sie erhält sich in ihrer eigenen Qualität gegen ein anderes Reale; Vorstellungen selbst sind, metaphysisch betrachtet, nichts als Selbsterhaltungen; je reicher der Vorstellungskreis eines Subjectes, desto reicher und mannigfaltiger seine Selbsterhaltungen. Die letztern empfängt sie weder als Leidendes von einem äußern Thätigen, wie die *tabula rasa Locke*'s, noch erzeugt sie dieselben ohne äußere Veranlassung durch und aus sich selbst, wie die Monade, sondern ihre innern Zustände als reiner Ausdruck der Art, in welcher ein Reales einer Störung widersteht, *welche erfolgen würde, wenn sie könnte*, treten als einfache Acte bei der Voraussetzung des Zusammen mit andern Realen in solcher Weise ein, wie es durch

---

95 Allg. Met. II. S. 176.
96 Vgl. *Herbart*: Lehrb. z. Psych. 2. Aufl. S. 200 ff. Encykl. S. 228. Hartenst. Met. S. 454 ff. *Drobisch*: Empir. Psych. S. 340 ff.

die Qualitäten der Realen selbst und deren Verhältnisse unter einander mit Nothwendigkeit geboten wird. Diese innern Zustände müssen als Selbsterhaltungen nach der verschiedenen Art der Objecte, gegen welche sich dieselbe richtet, selbst verschieden sein.»Eben weil die Seele von sich selbst nicht abweicht, aus ihrem eigenen Was nicht vertrieben wird, muß ein solches und anderes Geschehen in ihr eintreten, wenn sie veranlaßt wird, sich gegen solche und andere Reale aufrecht zu erhalten.« Allein nun kommen wir auf das Wesentliche. Was wird die Folge sein, wenn mehrere, wie wir voraussetzen, wohl gar, wie es die Natur der Realen erlaubt, entgegengesetzte Selbsterhaltungen in demselben Realen zusammenkommen[97]? Kann zwischen solchen Störung stattfinden oder nicht? Störung ist nur unmöglich zwischen einfachen Realen, die Selbsterhaltungen aber sind Zustände des Realen, nicht Reale selbst, und diese Zustände in demselben Realen beisammen bringen Störung hervor. Denn das Entgegengesetzte ist ineinander, der Gegensatz gegenseitig, und da kann gegenseitige Störung nicht ausbleiben. Was zwischen seienden einfachen Wesen trotz der unabweislichen Forderung des Gegensatzes um seiner absoluten Unmöglichkeit willen nicht geschehen konnte, das muß unter den Selbsterhaltungen der Forderung gemäß eintreten, weil die Möglichkeit vorhanden ist, daß es erfolge. Das letztere kann es entweder dem Quantum oder dem Quale der Selbsterhaltung nach; die verschiedenen Selbsterhaltungen können sich unter einander durch ihr Was oder durch ihre Größe stören. Im erstern Falle würde ein Mittleres entstehen, nachdem sich die entgegengesetzten Bestandtheile aufgehoben haben. Allein das Seiende hat keine Theile, sie können sich daher eben so wenig als oben die entgegengesetzten Bestandtheile der zufälligen Ansichten von diesen trennen. Die Störung kann daher nicht das Was, sondern einzig die Wirklichkeit des Geschehens treffen. Desungeachtet kann sie keine Vernichtung des letztern sein, denn wo ein Positives durch ein im Verhältniß zu ihm Negatives vernichtet werden soll, so daß nichts herauskommt als eben nur Vernichtung, da muß das Negative weiter nichts sein als eben nur die Negation des erstern, das aber kann bei Zuständen der Realen, die »als Selbsterhaltungen jede für sich positiv sind, nie stattfinden.« Die Wirklichkeit des Geschehens wird durch die gegenseitige »Störung« nur vermindert, ein Theil des Geschehens, das

---

97 *Hartenst.* Met. S. 263 ff.

gefordert wird, »gehemmt«, es geschieht weniger als geschehen sollte. Weil es aber eben so unmöglich wäre, daß von den einfachen theillosen Acten der Seele, den Selbsterhaltungen, Theile unterdrückt, andere unverletzt erhalten würden, als es unmöglich war, von den einfachen Qualitäten der Seienden Theile als aufgehoben, andere als übrigbleibend zu denken, so muß »das wirkliche Geschehen in einem andern Sinne unversehrt bleiben, und der Begriff des Strebens, welcher das Auf- und das Widerstreben in sich schließt, ist die nothwendige Ergänzung des Begriffes der Hemmung[98].« Dieses »Streben« ist gleichsam die Selbsterhaltung der Selbsterhaltungen. Diese sind *wirkliche* innere Zustände; es läßt sich ein Geschehen sowohl als ein Geschehenes in ihnen unterscheiden, das dem Was der Realen entspricht; und die Ursache, daß die bei den realen Wesen unmögliche Störung bei den entgegengesetzten Zuständen derselben wirklich vollzogen wird, liegt einzig darin, weil diesen die absolute Position mangelt. Für die gestörten und doch nicht vernichteten Selbsterhaltungen wird der Ausdruck des Aufgehobenseins in ähnlichem Doppelsinn gebraucht, wie bei *Hegel*'s dialektisch sich fortbewegendem Begriff, indem es außer dem Zerstört- auch noch ein Aufbewahrtwerden bedeutet.

Kann uns das Angeführte überzeugen, daß das System die in uns befindlichen Vorstellungen in der That für »wirkliche Zustände in einem einfachen Realen« erklärt, so erheben sich neue Fragen. Wie können sich denn »einfache« theillose Acte wie die Selbsterhaltungen, zum Theil aufheben, zum Theil fortbestehen, ein Mehr oder Minder der Wirklichkeit zulassen, wenn sie nicht Kräfte, mechanische Kräfte sind? Sind sie dies aber, woran befinden sich diese Kräfte? An einer Einheit, die noch dazu eine Einfachheit ist? Und *wie* befinden sie sich an ihr? Als zeitweilig unthätige, zeitweilig thätige Vermögen, die einen Grund voraussetzen, um aus dem einen in den andern Zustand überzugehen? Wo liegt dieser Grund? Ist er ein äußerer, innerer, oder gar keiner? Ist der Übergang aus dem Zustand der Ruhe in jenen der Thätigkeit, ist eine Veränderung in der einfachen Einheit möglich? Fragen, die das System längst verboten hat, die sich aber nicht abweisen lassen, sobald es einmal die in uns selbst befindlichen, durch die innere Erfahrung gegebenen Vorstellungen und Seelenzustände als praktische Beispiele seiner theoretischen Lehre will angesehen wissen. Die innere

---

98   *Hartenst.* Met. S. 264.

Erfahrung bietet uns aber nicht nur eine Mehrheit, sondern auch eine Mannigfaltigkeit innerer Zustände dar, eine Mannigfaltigkeit, die so groß ist, daß auch nicht zwei Vorstellungen, Gefühle, Begehren u. s. w. sich vollkommen gleichen, nicht mindestens im Grade oder in der Lebhaftigkeit verschieden sind. Dennoch heißt es[99], alle Selbsterhaltungen seien unter einander identisch, weil »es in allen Fällen *A* ist, welches sich erhält, und *A*, welches erhalten wird«, und der Widerspruch unsrer täglichen inneren Erfahrung wird mit der Berufung auf unsre menschliche Beschränktheit abgewiesen: denn »gesetzt ein Beobachter stände auf einem solchen Standpunkt, daß er die einfachen Qualitäten nicht erkennt, wohl aber in die verschiedenen Relationen des *A* gegen *B, C, D* selbst mit verwickelt wird, so bleibt ihm nur das Eigenthümliche der einzelnen Selbsterhaltungen, nicht die beständige *Gleichheit ihres Ursprungs und ihres Resultats bemerkbar.*« Aber ist damit, daß sämmtliche Vorstellungen in uns »gleichen Ursprung« haben, d. h. in demselben Realen vorgehen, auch schon bewiesen, daß sie unter einander sämmtlich gleich sind? Und wenn nicht, haben wir dann nicht von neuem eine widersprechende Vielheit wirklicher, unterschiedener, entstehender und vergehender Zustände in dem einfachen, mit sich identischen, veränderungslosen Seienden? Wir getrauen uns diese Frage so wenig zu beantworten, als eine andere, was denn das für eine Wirklichkeit sei, die den Selbsterhaltungen im »wirklichen« Geschehen zugeschrieben wird? Wirklichkeit schließt ein Sein in sich, das einzige Sein jedoch, welches vom Systeme zugestanden wird, kommt ausschließlich dem Realen zu und ist »mit dem Geschehen völlig incommensurabel.« Das »wirkliche« Geschehen »ist wirklich« aber nicht in demselben Sinne mit den einfachen Realen. In welchem also? Im accidentiellen? Aber von einer accidentiellen Wirksamkeit darf ja bei *Herbart* gar nicht die Rede sein, weil jedes »Sein« die Relation ausschließt[100]. Eine Erklärung dieser Wirklichkeit des Geschehens haben wir nicht angetroffen.

Indeß dies alles könnten wir bei Seite setzen, wenn nur überhaupt die Nothwendigkeit der Selbsterhaltung aus irgend einem realen und nicht blos logischen Bedürfnisse klar würde, damit nicht, wenn sie in der That aus nichts anderem als Begriffsverhältnissen entspringen, und

---

99 Allg. Met. II. S. 176.
100 Allg. Met. II. S. 108 ff. u. a. O.

nur für solche Bedeutung haben, das Wirkliche (die innern Seelenzustände) im Nicht-Wirklichen (den Selbsterhaltungen) begründet scheine. Die Vorstellungen sind nicht durch Spontaneität der einfachen Qualität der Seele erzeugt, denn jede neue Vorstellung würde dann eine Änderung derselben voraussetzen; sie sind nichts als Acte der Selbsterhaltung der Seele gegen andere Reale, mit welchen dieselbe zusammen ist, und die Störungen, die sie durch die letztern kraft der in ihren Qualitäten liegenden Gegensätze erleiden sollte. Allein *Störungen der Realen durch Reale können* ja – so fordert es die einfache Qualität der Realen an und für sich – *ein für allemal gar nicht eintreten, sie sind absolut unmöglich*! Wozu hat es daher die Seele oder jedes Reale überhaupt nöthig, sich gegen Etwas selbst zu erhalten, was *an und für sich gar nicht eintreten kann*? Gegen Etwas, was nicht etwa nur deshalb nicht vor sich gehen kann, weil die Seele kraft ihrer Selbsterhaltung es verwehrt und Widerstand entgegengesetzt, sondern was absolut und schlechterdings nicht statthaben kann, die Seele mag sich dagegen selbsterhalten oder nicht, weil es dem Begriff eines einfachen Wesens widerspricht? Wäre es nicht eben so, als setzte sich ein Blinder in Vertheidigungsstand gegen einen Feind, der gar nicht vorhanden ist? oder als zöge ein Sehender gegen eine leblose Statue zu Felde, die er für ein lebendes Wesen ansieht? So wenig er von der Statue, eben so wenig hat ja auch ein Reales von andern zu fürchten, wenn es ganz und gar unmöglich ist, daß eines durch das andere eine Störung oder Veränderung erfahre. Wo keine Möglichkeit des Angriffs, da ist auch keine Veranlassung des Widerstandes. Nicht einmal ein mechanischer Druck ist dort begreiflich, wo beiden Wesen die Fähigkeit mangelt, sowohl von andern einen Druck zu empfangen, als auf dasselbe einen solchen auszuüben. Woher soll nun der »wirkliche« Zustand der Selbsterhaltung kommen?

In der That ist das der vornehmste Zweifel, den uns der Begriff der Selbsterhaltung, wie er von *Herbart* dargestellt wird, einzuflößen vermag. Wo in der Natur der Wesen kein realer Grund zu demselben vorhanden ist, wie läßt sich da ein wirkliches Geschehen erklären? Während einerseits die Gründe überzeugend sind, die dafür sprechen, daß wo ein scheinbares Geschehen wahrgenommen worden, diesem auch im Gebiete des wahrhaft Wirklichen ein solches entsprechen müsse, so ist es anderseits sehr zweifelhaft, ob die »Selbsterhaltungen« von der Art sind, als Surrogat dieses »wirklichen Geschehens« zu dienen. Da sie auf keine Weise, wie wir gesehen, in den realen Wesen selbst ihre veranlassende Ursache finden können, so scheint es offenbar, daß sie als der realen Erfüllung unfähige, logische Forderungen, die in dem Gegensatze der zufälligen Ansichten und folglich ausschließlich in den Begriffen der einzelnen Seienden selbst liegen, aus dem Reiche der Begriffe gar nicht heraustreten, und so wenig reale Gegenständlichkeit haben, als etwa die $\sqrt{-1}$ oder andere imaginäre Ausdrücke. Wenn es daher in den Hauptpunkten der Metaphysik heißt[101] : »Durch das, was von der Negation nicht getroffen wird in jedem der Wesen, bleibt das Wesen selbst; also auch dasjenige, was die zufällige Ansicht von ihr getroffen darstellen würde. Dies mag man den Act der Selbsterhaltung jedes Wesens nennen. Eine reinere That als diese kann es überall nicht geben. Ihre Voraussetzung ist die Störung, welche in Rücksicht des Was der Wesen die Möglichkeit zufälliger Ansichten von der beschriebenen Art; in Rücksicht des Seins aber noch das Zusammen selbst erfordert«, so liegt in dem Worte: Störung, eine nicht zu übersehende Zweideutigkeit. Dies pflegt gewöhnlich eine physische Veränderung zu bezeichnen, soll aber nichts anderes bedeuten, als daß sich in den zufälligen Ansichten gewisser Wesen, also in bloßen Begriffen gewisse Bestandtheile wie Ja und Nein zu einander verhalten, die sich in der Zusammenfassung aufheben und ein Mittleres zurücklassen würden, welches wieder ein Begriff ist. Dieser aber würde ein ungiltiger sein, während die vorangehenden, aus deren Verschmelzung er entstanden ist, giltige waren, denen wirkliche Seiende entsprachen, während diesem keines entspricht. Um daher giltige Begriffe zu erhalten, darf in den beiden ursprünglichen zufälligen Ansichten nichts weggelassen, noch aufgehoben werden, sie müssen dieselben Bestandtheile behalten, wenn sie noch denselben Gegenstand bezeichnen sollen und dies ist der Act der Selbsterhaltung der Realen, deren zufällige Ansichten sie sind!? Giltigkeit und Ungiltigkeit oder was eben so viel heißt, Gegenständlichkeit und Nichtgegenständlichkeit eines Begriffs sind Beschaffenheiten desselben von logischer Natur, Beschaffenheiten des Begriffs, keineswegs aber der Realen. Wie soll nun dies blos logische Verhältniß der Begriffe das einzige unter den Realen statthabende »wirkliche Geschehen« vertreten?

---

101 Kleine Schriften, her. v. *Hartenst.* I. S. 225.

Wir sollten meinen, daß diese Schwierigkeiten, die wir uns zu heben nicht getrauen, offen genug darlägen. Daß sie *Herbart* nicht dahin zu bringen vermochten, seiner metaphysischen Überzeugung um ihretwillen, wie sie auch immer beschaffen sein mochten, untreu zu werden, mag als Beweis der ungemeinen Festigkeit dienen, mit welcher er an der Behauptung streng einfacher Qualität des Seienden, der Abwesenheit aller Kräfte, Triebe und Vermögen und aller wie immer gearteten selbstthätigen Wirksamkeit der Realen nach innen und außen festhielt. Er begnügte sich der Erfahrung gegenüber mit Hartnäckigkeit darauf zu bestehen, daß man von allen sinnlichen Vorstellungen und Einbildungen abstrahiren und sich an den inhalt- und bildlosen Begriff des »wirklichen, mit dem Sein incommensurabeln Geschehens« zu halten habe. Dieses ward dadurch freilich ein solches, das von einem Geschehen wenig mehr als den Namen hat. Es ist weder ein Qualitätswechsel, ein Verändern, noch verdient es mit Recht den Namen eines Wirklichen, denn es hat weder substantielles noch accidentielles Sein, es ist, offen gestanden, nichts weiter als eine Art Nothbrücke, um die starren, einander unzugänglichen, im Innern wechsellosen Seienden mit den nicht wegzuläugnenden psychologischen Thatsachen innerer Wechsel und innerer Vielheit möglichst, wenigstens im Gedanken, in Harmonie zu bringen. Denn die Realen sind an sich, aber nicht für einander, und es ist absolut undenkbar, daß eines auf das andere im gewöhnlichen Sinne: mittels übergreifender Kräfte wirke. Zugleich müssen sie aber auch für einander sein, denn das Eine soll das Andere vorstellen; Eines soll durch sein »Zusammen« mit Andern Ursache werden, daß in ihm selbst Vorstellungen von diesem Andern aufkommen und die Möglichkeit einer innerlichen Entwicklung und Fortbildung der Realen angebahnt werde. In dieses Füreinander treten sie aber nicht durch eigene reale Thätigkeit, denn eine solche haben sie nicht; sondern blos durch ein ihnen äußerliches zusammenfassendes Denken, nicht des einer bestimmten Geisterclasse, sondern einer externen Intelligenz überhaupt.

Als dergleichen Formen erklärt das System zwar unmittelbar nur die räumlichen und zeitlichen, die, da sie gegeben und nicht von unserer Willkür abhängig, den Realen als solchen aber desungeachtet nur angedichtet sind, den Namen des objectiven Scheins führen; als nichts weiter stellen sich aber unserer Meinung nach auch die Selbsterhaltungen, somit auch das ganze »wirkliche Geschehen« dar. Das räumliche

Zusammen[102] d. i. das Ineinandersein, in demselben Raumpunkte Befindlichsein mehrerer einfachen Realen ist die Bedingung des Causalverhältnisses, und ohne dasselbe kann gar kein wirkliches Geschehen in den Realen statthaben. Man könnte fragen, wie dies möglich sei, daß sich zwei oder mehrere einfache Wesen in demselben einfachen Raumpunkte befinden, da ja doch letzterer eben nichts ist, als der Ort eines, und zwar eines einzigen einfachen Wesens. Allein eben weil die räumliche Bestimmung des Realen eine nur durch das zusammenfassende Denken hinzukommende ist, so will *Herbart*, daß die Realen an sich gegen dieselbe ganz indifferent sein sollen. Sie sind nicht im Raume, sondern sie werden im Raume gedacht; müssen im Raume gedacht werden, sobald sie überhaupt als mehrere gedacht werden, und das nicht allein, wie *Kant* gemeint, von der menschlichen, sondern von jeder Intelligenz überhaupt. Ihnen als Wesen thut es daher nicht den geringsten Eintrag, ob wir mehrere von ihnen in demselben oder in verschiedenen Raumpunkten *denken*, denn wir denken sie ja eben blos so. Daß dieser Grund aufhört, sobald Raum und Zeit nicht als Denkformen, sondern als Bestimmungen an den Dingen selbst gedacht werden, ist klar. Unter jener Voraussetzung jedoch gilt es noch in voller Strenge, daß ohne vollkommenes Ineinandersein, das eine gänzliche Durchdringung voraussetzt, gar kein Causalverhältniß stattfinden könne. »Denn wenn zwei reale Wesen in einer Distanz ohne Vermittlung sich befinden, so mag dieselbe rational oder irrational sein; es fehlt die Bedingung der Causalität, des Zusammen, und es geschieht nichts. Sind sie aber vollkommen zusammen, so wissen wir schon, daß sie demgemäß sich in vollkommener Störung und Selbsterhaltung befinden[103].«

Mit dem Begriff Zusammen, dessen Erörterung selbst schon in einen andern Theil der Metaphysik, in die Synechologie, gehört, stehen wir an der Grenze der *Herbart*'schen Ontologie. Die Voraussetzung eines wirklichen Geschehens als Grundlage des Scheinbaren führt bis zu dieser Annahme, kraft welcher es den Wesen an und für sich völlig gleichgiltig ist, ob sie im Zusammen oder Nichtzusammen gedacht werden, folglich da von demselben auch ihre Selbsterhaltung abhängt, ob sie sich im Zustand der Selbsterhaltung befinden, oder nicht. Das

---

102 Allg. Met. II. S. 269 u. a. a. O.
103 Allg. Metaph. II. S. 271.

scheinbare Geschehen nöthigt zur Voraussetzung des wirklichen, dieses bei der atomistischen Theilnahmlosigkeit der Realen zur Voraussetzung des Zusammen oder Nichtzusammen, der Wechsel des Geschehens zur Annahme des Wechsels des Zusammen und Nichtzusammen. Auf diesem Zusammen und Nichtzusammen als Form des zusammenfassenden Denkens beruht daher das sämmtliche wirkliche Geschehen, das zweite dem Sein nicht sub- sondern coordinirte Element der ontologischen Welt. Was sind nun diese Formen? Vermögen sie ein »wirkliches Geschehen« zu begründen, welche Art der Existenz kommt ihnen selbst zu? Besitzen sie, um ein »wirkliches« Geschehen zu erzeugen, selbst eine Art von Wirklichkeit? sind sie Etwas an dem denkenden Subjecte? sind sie Etwas an dem zusammengefaßten Objecte? oder existiren sie außerhalb dieser aller, aber nicht als Wirkliche, sondern als Formen an sich, als Bedingungen, die überhaupt erfüllt werden müssen, wenn etwas geschehen, sich verändern und doch dasselbe Ding bleiben oder Wirkungen erzeugen und erfahren soll, deren Grund nicht in ihm selbst liegt?

Selbst *Drobisch*, der sonst so getreue Anhänger *Herbart*'s, erhebt gegen das wirkliche Geschehen den Einwand, daß Wirkliches aus bloßem Schein abgeleitet werde. Bei *Herbart*, sagt er[104], entstehen Beziehungen aus Beziehungen; die wirklichen d. i. die Selbsterhaltungen unter Voraussetzung des Gegensatzes der Qualitäten aus den formalen des Überganges der Wesen aus dem Nichtzusammen in das Zusammen vermöge der ursprünglichen Bewegung. Aber diese Formen des zusammenfassenden Denkens sind nicht wirklich, sondern haben nur die Geltung des objectiven Scheins. Das wirkliche Geschehen wird daher, insofern es nicht schon von einem ursprünglichen Zusammen herrührt, was wenigstens nicht bei allem der Fall ist (denn nach *Herbart*[105] befinden sich nur wenige Wesen im ursprünglichen Zusammen, andere nicht), *mitbedingt* von diesen Zusammenfassungsformen, also vom objectiven Scheine. Das Wirkliche ist daher mindestens theilweise abhängig vom Schein, das Reelle vom Nicht-Reellen, während umgekehrt dieses von jenem abhängig sein sollte. Wirkliches, meint er, kann nur von Wirklichem ausgehen, und nimmt daher Gelegenheit, die Formen

---

104 »Über Monadologie und speculative Theologie« in *Fichte*'s Zeitschrift für Phil. u. spec. Theologie, Bd. XIV. Heft I. S. 93.

105 Allg. Metaph. II. S. 338.

des zusammenfassenden Denkens als Gründe des wirklichen Geschehens, selbst für wirklich zu erklären, – eine Wendung, die wir im nächsten Abschnitt näher untersuchen wollen. Sie ist zum wenigsten nicht *herbartisch*, wie *Drobisch* selbst gesteht, da dieser vielmehr alle Wirklichkeit ausschließlich in das wirkliche Geschehen verlegt und nur »aus Concession für den gemeinen Sprachgebrauch von wirklicher Zeit, wirklichem Raume, und wirklicher Bewegung spricht.« Für ihn sind Raum und Zeit bloße Denkformen, mit deren Hilfe sich wohl eine Vorstellung bilden läßt, wie die Dinge gedacht werden können und sollen, die aber zu dem wirklichen Hergang unter den Realen selbst nichts beitragen. »In jedem Betracht, heißt es vom Raume[106], ist dieser eine Form der Zusammenfassung, welche, wenn keine weitere Bestimmung hinzukommt, den Dingen gar kein Prädicat, für jeden Zuschauer aber eine Hilfe darbietet, die ihm in vielen Fällen ganz unentbehrlich wird, und die er sich selbst erzeugt, gemäß der gegebenen Veranlassung.« Eben so zufällig ist den Realen dasjenige Zusammen, welches ihre Selbsterhaltung veranlaßt. »Schon die Inhärenz führte dahin, ein Zusammen mehrerer Realen anzunehmen. Gewiß aber wird jedes derselben durch eine absolute Position gedacht, daher kann unmöglich das Zusammen der Wesen eine Bedingung ihres Daseins ausmachen, sondern es ist ihnen gänzlich zufällig. Sie könnten auch recht füglich nicht zusammen sein. Und *da das Zusammen nichts bedeutet, als daß ein Jedes sich selbst erhält gegen das Andere:*« so, könnten wir jetzt fortfahren, ist auch das Geschehen den Realen vollkommen zufällig, ihnen eben so von unserm Denken angedichtet, wie die Räumlichkeit und Zeitlichkeit, von der sie an und für sich nichts wissen. Allein »dies heißt nur so viel, als es kann auch recht füglich stattfinden, daß sie sich gegen einander nicht im Widerstand befinden. Dabei darf nicht vergessen werden, daß in der Reihe unsers Denkens der Begriff des Zusammen die Bedingung der Annahme der Selbsterhaltung ist, dergestalt, daß sobald wir das Zusammen der Wesen einmal voraussetzen, dann auch in der Reihe unsers Denkens die Selbsterhaltung eines jeden als nothwendige Folge auftritt; an sich aber hat das bloße Zusammen gar keine Bedeutung[107].« Das Zusammen ist der Grund des Selbsterhaltens und zugleich nicht wesentlich von diesem selbst verschieden.

106   Allg. Metaph. II. S. 263.
107   Allg. Metaph. II. S. 197.

Jenes ist eine bloße Form des Denkens, ein Hinzugedachtes, Begriffliches; dieses ist gleichfalls nichts Wirkliches, Reales, nichts was man eine That, eine Veränderung, ein Geschehen am Realen selbst nennen könnte. Bei dem Zusammendenken zweier *Prämissen* fallen die *termini medii* hinweg; es bildet sich der Schluß aus Theilen, die getrennt schon in den Prämissen vorhanden waren. Dies geschieht bei dem Zusammenfassen einfacher Realen, aus welchen eine Folge hervorgehen soll, allerdings nicht; aber keineswegs aus dem Grunde, weil diese Realen sich gegen das Verschwinden einzelner Theile wehren, sondern weil ein solches Verschwinden bei ihnen *an und für sich unmöglich* ist. Daß A durch das Zusammen mit B nicht C wird, ist nicht Folge eines *Geschehens* in A, es ist die bloße Folge des allgemeingiltigen, aus den Begriffen der einfachen Qualität des Seienden geschöpften *Satzes*, daß überhaupt in A keine Störung eintreten könne. Daraus folgt zugleich, daß eine Selbsterhaltung des A gegen B keine andere sein könne, als die gegen C, oder gegen D u. s. w. Denn kann keine Störung überhaupt eintreten, weil *reine Begriffe* es verbieten, so ist es gleichgiltig, ob diese nicht durch B, nicht durch C oder nicht durch D u. s. w. eintreten könne. Es ist nicht das *Reale A*, das in jedem dieser Fälle durch einen von den Umständen gebotenen Kraftaufwand, sondern es ist in allen dieselbe *allgemeine Wahrheit*, die das Eintreten der Störung verbietet. Was als Geschehen und Selbsterhaltung auf das Reale übertragen und als ein Mannigfaltiges an demselben betrachtet wird, ist nichts als die Unterordnung specieller Anwendungen unter den allgemeinen Satz: Das Reale kann keine Störung erfahren. Was das Denken hier begeht, ist die Objectivirung eines blos logischen Schlusses, als wirkliches Geschehen, als That, als Veränderung. Diese Objectivirung ist um so unberechtigter, wenn diese sogenannten Selbsterhaltungen unter verschiedenen Umständen verschiedene sein sollen, wie sie uns die innere Erfahrung in der Seele unwiderleglich aufweist. In allen Fällen des wirklichen Geschehens ist es derselbe Satz: es kann keine Störung eintreten, der immer wiederholt wird. Will man dies daher ein Geschehen nennen, so geschieht in allen Fällen das Nämliche. Es ist weder Mannigfaltigkeit noch Mehrheit der sogenannten Selbsterhaltung oder besser des thatlosen Fortbestehens denkbar, dasselbe ist und bleibt allezeit, es wird nur *vervielfältigt gedacht*. So wenig irgend ein wirkliches Ding dadurch zu mehreren wird, daß mehrere es zugleich anschauen, so wenig geschieht in einem Realen dadurch Etwas, daß es mehrmal in den Fall kommt, den allgemeinen Satz auf sich anwenden lassen zu müssen: es könne in keinem Realen eine Störung eintreten.

Wo liegt hier noch weiter ein Unterschied zwischen wirklichem und scheinbarem Geschehen, oder vielmehr, welches verdient mit mehr Recht den letzten Namen? Nicht dasjenige, welches durch das zusammenfassende Denken allein dem sich ununterbrochen gleichbleibenden Realen angedichtet wird? Nicht dasjenige, von welchem es heißt, »es wäre die vollkommenste Probe einer Irrlehre, wenn dasjenige, was wir Geschehen nennen, sich irgend eine Bedeutung im Gebiete des Seienden anmaßte[108]?« Nicht dasjenige, welches nichts weiter ist, als »ein Bestehen gegen eine Negation«, welche nur den Begriff, nicht aber das Wirkliche treffen kann? Nicht dasjenige, welches im Grund nur die Wiederholung eines und desselben Begriffssatzes in einzelnen Fällen ist, und das Reale selbst gar nichts angeht? Oder was hat das ausdrücklich sogenannte »wirkliche« Geschehen vor dem scheinbaren voraus? Dieses ist ein Product unserer Sinnlichkeit, was strenggenommen nur im weitern Sinne richtig ist, da wir ja auch Bewegung, Geschwindigkeit u. s. w. nicht unmittelbar mittels der Sinne, sondern nur durch Hilfe von Schlüssen aus dem Wahrgenommenen den Dingen beilegen, es »ist, wie es den Wesen auch begegne, ihnen stets fremdartig und geschieht nur in den Augen des Zuschauers[109].« Das wirkliche Geschehen ist, wie wir zu zeigen versuchten, nichts weiter als ein Erzeugniß des zusammenfassenden Denkens. Beide sind dem einfachen Realen, also dem einzig wahrhaft Seienden, gleichgiltig, jenes wie dieses Schein; denn was bleibt dem wirklichen Geschehen übrig, wenn es für das Sein gar nichts bedeuten soll? Etwa die Wirklichkeit, welche ihm beigelegt wird? Was ist diese, wenn sie kein Sein ist, noch ein solches enthält? Kann wohl etwas *wirklich* heißen, dem kein Sein zukommt? Der Sprachgebrauch wenigstens hält beide Begriffe für *identisch*.

Verschwindet aber der Unterschied zwischen scheinbarem und wirklichem Geschehen bei näherer Betrachtung, welchen Grund haben wir dann noch, die Selbsterhaltungen, so wie *Herbart* sie darstellt, für ein wirkliches Geschehen und zwar für das allein mögliche zu halten?

Es ist einer der wichtigsten und folgereichsten Sätze des Systems, daß eine monadistische Metaphysik ohne den Begriff des Geschehens

---

108 Metaph. II. S. 272.
109 Allg. Met. II. S. 196.

neben jenem des Seins nicht bestehen könne, ohne in Starrheit, Leblosigkeit und todte Atomistik zu verfallen, die dem täglich und stündlich sich unabweislich als gewiß aufdringenden Bewußtsein ununterbrochener Veränderung in der Körper- und Geisterwelt, des regesten Lebens und Schaffens in derselben, eben so oft aufs grellste widerspräche. Ganz deutlich erkannte *Herbart* den Irrthum seines Vorgängers, um eines Grundes willen, den wir mehr des seltsamen Ausdrucks als des noch obschwebenden Inhalts wegen meist zu belächeln geneigt sind, die Monaden in des transitiven Wirkens unfähige, abgeschlossene, streng innere Welten verwandeln zu wollen, und an die Stelle emsiger Wechselwirkung und wahrhaft realer Thätigkeit eine dem Wesen völlig äußere, eines Schöpfers, der die Freiheit und Glückseligkeit seiner Geschöpfe will, unwürdige *a priori* construirte Harmonie zu setzen. Mit Entschiedenheit behauptete er, es müsse ein wirkliches Geschehen geben, weil es ein scheinbares gibt, wie es ein wahres Sein geben müsse, weil sonst auch kein Schein vorhanden sein könnte. Er suchte dieses wirkliche Geschehen bei den *wirklichen* Wesen, den allein wahrhaft Seienden, den einfachen Realen, in der festen Überzeugung, daß ein solches nur dort gesucht werden dürfe, wo es einzig stattfinden kann; denn zwischen blos scheinbaren Seienden könnte auch auf keine Weise ein anderes als blos scheinbares Geschehen statthaben. »Irgend etwas muß geschehen, denn gar Vieles erscheint; und das Erscheinen liegt nicht im Seienden, sofern wir es nach seiner einfachen Qualität betrachten. Wenn nichts erschiene, so würden wir auch in der Wissenschaft nicht einmal bis zum Sein gelangen, vielmehr gäbe es dann gar keine Wissenschaft; gesetzt aber, ein Wunder hätte uns gerade auf den Punkt gestellt, wo wir jetzt stehen, so würden wir von hier auch nicht einen einzigen Schritt weiter vorwärts gehen, sondern es dabei lassen, daß die realen Wesen jedes für sich und alle insgesammt *seien, was sie sind*, ohne das mindeste daran zu rühren und zu rücken. Aber derselbe Schein, welcher uns zwingt, anzunehmen, daß Etwas *ist*, eben derselbe treibt uns noch weiter, er treibt vom Sein zum Geschehen[110].« Je entschiedener aber sich das System für die Unentbehrlichkeit des Geschehens ausspricht, von desto größerem Gewicht ist das Unvermögen desselben, die offene Lücke widerspruchslos auszufüllen. Bei *Leibniz* fand sich wenigstens im Innern der Monade ein wirkliches Geschehen,

---

110 Allg. Metaph. II. S. 162.

nach bestimmten Gesetzen vor sich gehend, dessen Übereinstimmung mit Andern ohne eigene Zuthat zu bewirken eben die Aufgabe der prästabilirten Harmonie war: bei *Herbart* finden wir weder im Innern noch Äußern Veränderungen. Im Innern der Monaden sind mannigfache Kräfte thätig, jede gilt für einen Spiegel des Universums, besitzt zahllose Beschaffenheiten und Merkmale; das Reale hat weder, noch ist es eine Kraft, besitzt durchaus keine Mehrheit von Beschaffenheiten, spiegelt weder im eigentlichen noch im uneigentlichen Sinn Etwas ab, es ist eben ganz isolirt, starr, unabhängig. In jeder Monas entwickelt sich eine reiche innere Welt, eine Fülle und Mannigfaltigkeit psychischer Bildung, die von der untersten Stufe der Entelechie zur Seele und bis zum vollkommensten Geiste sich fortentwickelt; in den einzelnen Monaden treten gleichzeitig Veränderungen ein, welche sich wie die Monaden zu Körpern, so zu neuen complicirten Veränderungen zusammensetzend, uns diejenigen Wechsel erklären helfen, welche wir an den sinnlichen Gegenständen wahrzunehmen glauben. Die Realen machen zwar, als Seelen betrachtet, gleichfalls auf eine innere Bildung Anspruch; diese aber steht und fällt mit der Zulässigkeit oder Unzulässigkeit der Selbsterhaltungen »als eines mannigfachen wirklichen Geschehens in der einfachen Qualität der Seele.« Ungeachtet der Unmöglichkeit, daß eine Monas real auf eine andere wirke, existirt ein idealer durch die Verknüpfung der Gesetze, welche die innern Veränderungen der Monaden begründen, gesetzter Zusammenhang, dessen Träger und Urheber die Urmonas ist, zwischen den Monaden; ein großartiges Band schlingt sich durch die unbegreifliche unendliche Wirksamkeit der ursprünglichen Substanz, deren »Efulgurationen« alle übrigen sind, um diese letztern und das Resultat ist ein obwohl von Wechselwirkung entblößtes, doch in jedem einzelnen Glied belebtes, und äußerlich weise und harmonisch eingerichtetes Weltgebäude. Bei *Herbart* dagegen beruht das Geschehen auf dem Zusammendenken der Wesen nach den Regeln des objectiven Scheins. Welche Wesen zusammensind, welche nicht, welche zusammengedacht werden sollen, welche nicht: dies zu bestimmen, liegt außerhalb der Grenzen seiner Metaphysik, welche vom Gegebenen nur bis zur Annahme eines mehrfachen Zusammen im Allgemeinen zurückgeht. Ein Theil der Wesen, heißt es, ist im ursprünglichen Zusammen befindlich, ein anderer tritt erst allmälig in dasselbe ein; welcher und warum, bleibt unerklärt. Denn es ist nicht die Aufgabe der Metaphysik zu erklären, *warum* Dies oder

Jenes sei oder geschehe, sondern wie *Drobisch* mit *Lotze*'s Worten sagt[111] : »Die Metaphysik hat keine Erzählungen zu liefern, aber die Entstehung dieser Welt, deren einmal als vorhanden gegebene Gesetze und Regeln ihren einzigen Inhalt bilden. Es muß festgehalten werden, daß der Geist keine historischen Voraussetzungen hat, sondern jede Entscheidung über derartige Probleme einen anderweitig vermittelten Gedankengang voraussetzt«, oder es ist, wie *Herbart* selbst sagt, »die Begreiflichkeit der Erfahrung des Gegebenen ihr Anfangs- und ihr Endpunkt und die Erklärung desselben ihr einziger Endzweck.« Kann man aber hoffen, eine vollständige, ja nur eine hinreichende Erklärung des Gegebenen geliefert zu haben, so lang man sich begnügt, die Möglichkeit des Geschehens durch den continuirlichen Wechsel eines mysteriösen Zusammen und Nichtzusammen, und die nicht minder räthselhafte Störung erwiesen zu haben? Ist es wohl in einem System, das so streng auf die Form des Gegebenen hält, daß es sich veranlaßt sieht, auf diese Gründe hin die theoretisch dem Zweifel so sehr ausgesetzten Formen des zusammenfassenden Denkens zu postuliren, gestattet, die Formen der Ordnung, der Regelmäßigkeit, der Zweckmäßigkeit nur in das Gebiet des Glaubens zu verweisen, da es doch von ihnen nicht nachzuweisen vermag, daß sie nicht mit eben so viel Recht als die Formen des Raums, der Zeit, der Bewegung und der Geschwindigkeit gegeben sind? Das harte Urtheil der Halbheit, das *Fichte* d. j. über das System ausspricht, scheint in der That seinen Grund in diesem seltsamen Widerspruch zu haben, dessen weitere Ursachen und Folgen zu entwickeln hier der Ort nicht ist. Wenigstens ist so viel gewiß, daß die Weltanschauung der *Herbart*'schen Metaphysik dem Verlangen einer verbindenden Einheit und eines allumfassenden Zusammenhangs, der darum kein Alles identificirender Monismus zu sein braucht, nicht Befriedigung gewährt. Das Gegebene ist uns als Ganzes, Geordnetes gegeben; die Realprincipien *Herbart*'s sind isolirt, getrennt, für sich bestehend, wirkens- und leidenlos, unthätig, ohne andres gemeinsames Band, als die Formen des ihnen äußern zusammenfassenden Denkens, von dem man nicht weiß, soll es als das wirkliche Denken des Individuums, oder als die abstracte Thätigkeit des Denkens selbst, oder endlich als Stoff des Denkens an sich, als Dasjenige gefaßt werden, welches vorhanden sein muß, um von irgend einer Intelligenz

---

111 Metaph. von Dr. H. *Lotze* (1841), S. 136.

menschlicher oder höherer Natur überhaupt gedacht werden zu können. Daß sie nicht blos als das Erste genommen werden sollen, ergibt sich leicht aus ihrer für alle und jede Intelligenz als bindend vorausgesetzte Gewalt; faßt man sie als Formen des abstracten Denkens, so steht der Gedanke nah, sie mit der logischen Idee im Sinne *Hegel*'s zu verschmelzen, und in dieser die umfassende Einheit für die lose Vielheit der isolirten Realen zu erblicken. Auf diesem Wege scheint sich eine bequeme Vermittlung der Alleinheitslehre und monadistischen Grundlagen darzubieten. Dies scheint auch *Fichte*'s d. j. Ansicht zu sein, und außerdem, daß *Chalybäus* u. A. in einer solchen Vermittlung das Heil der Philosophie sahen, hat *Lotze* sie in der That versucht. Andere dagegen, wie *Drobisch*, in der Verwerfung eines unpersönlichen Denkens mit Festigkeit beharrend, suchten diese Hinneigung zum Monismus zu vermeiden und gleichwohl dem Bedürfniß einer zusammenhaltenden Einheit Genüge zu leisten. Der Betrachtung der beiden letzten Versuche wollen wir den nächsten Abschnitt widmen.

4. Modificationen dieser Ansichten

Aus der großen Anzahl derselben, die sich in den mannigfaltigsten Formen wiederholt haben, heben wir als charakteristisch nur die beiden neuesten heraus.

a) Modificationen der Theorie der Selbsterhaltungen: Drobisch[112]

Der Mangel, den *Drobisch* an der Theorie der Selbsterhaltungen zu finden glaubt, und den wir schon im vorhergehenden Abschnitt angeführt haben, besteht im Wesentlichen darin, daß das wirkliche Geschehen in bloßen Formen des objectiven Scheins, daß also das Wirkliche theilweise wenigstens, so weit es seinen Grund nicht in dem Vorhandensein der wirklichen Realen findet, im bloßen Schein begründet sein soll. Wäre es möglich, meint er, falls wir ihn recht verstehen, diesen Übelstand dadurch zu vermeiden, daß man das Wirkliche durchgehends

---

112 Enthalten in dem obenangeführten Aufsatze »über Monadologie u. specul. Theologie.«

wieder aus Wirklichem entstehen ließe, so wäre die Schwierigkeit beseitigt. An den Realen ist nichts zu rücken, diese sind bereits ein Wirkliches, ein Seiendes und daher fähig, wieder ein Wirkliches (das »wirkliche« Geschehen) zu begründen. Allein sie für sich reichen dazu nicht hin, so lang sie gegen einander indifferent bleiben, ohne in wechselseitige Beziehungen zu und mit einander zu treten. Der Metaphysiker, sagt er, sieht ein, daß den Erscheinungen nur durchaus auf einander bezogene Wesen zu Grunde liegen können, denn sämmtliche Erklärungen äußerer und innerer Thatsachen beruhen auf dem Grundsatz: die Wesen im vollkommenen oder unvollkommenen Zusammen und in den durch ihren Gegensatz bedingten, und durch Übertragung der Gegensätze vermittelten Selbsterhaltungen und der wieder durch diese geforderten äußeren Lage zu denken. »Diese Beziehungen, sie mögen von welcher Art immer sein, sind etwas von den realen Wesen selbst Unterschiedenes; diese letzteren sind das absolute Prius, die absolut und beziehungslos gesetzten einfachen Qualitäten, durch welche das stattfinden der Beziehungen erst Möglichkeit erlangt. Natürlicherweise ist dies Prius kein zeitliches, sondern nur dasjenige, was den unbedingten Grund ausmacht, von welchem die Beziehungen abhängig sind, ohne selbst wieder umgekehrt von diesen Beziehungen abhängig zu sein;« doch so, daß daraus, weil die einfachen Wesen ohne Beziehungen existiren können, noch gar nicht folgt, daß sie jemals ohne diese existirt haben, d. h. daß es irgend eine Zeit gegeben, zu welcher gar kein Seiendes in Beziehung zu irgend einem andern gestanden sei. Diese Unbedingtheit in jeder Rücksicht gehört ganz vornehmlich zum Wesen des *Herbart*'schen Realen und die absolute Position soll eben so viel bedeuten, daß man nach einem weitern Grund des Gesetzten gar nicht zu fragen habe. So will es wenigstens *Drobisch*. Im Gebrauche des Worts: absolute Position = Sein steckt aber eine Amphibolie. Entweder bedeutet die absolute Setzung die subjective Nöthigung des denkenden Subjects, hinter dem beobachteten Schein ein Etwas voraussetzen zu müssen, welches nicht mehr Schein ist, und dann ist damit erstens noch nicht ausgesagt, daß dies von uns Vorausgesetzte schon ein in seinem Sein nicht mehr von Andern Bedingtes sei; zweitens ist diese subjective Setzung keine absolute, weil sie auf der Voraussetzung des setzenden Subjects beruht. Oder der Ausdruck »absolut Gesetztes« bedeutet ein Ding, dessen Sein durch kein anderes bedingt ist, und dann scheint es wenigstens widersprechend, dasselbe für eine bloße Qualität zu erklären. Denn ein *quale* ist ja nicht denkbar ohne ein *quid*, ein *Wasfürein* nicht denkbar ohne ein Was in substantiver, nicht adjectiver Bedeutung. Im *Begriff* der Qualität selbst liegt es, ein Etwas zu fordern, dessen Qualität sie selbst, und das von seiner Seite zuletzt nicht mehr Qualität ist. Man könnte beide Bedeutungen die subjective und objective Setzung nennen und daher den Schluß fällen, daß weder die subjective noch die objective Setzung bloßer Qualitäten eine absolute sei. Allein *Drobisch* sagt ausdrücklich: »Außerhalb des Denkens ist das Seiende die nicht durch Anderes gesetzte Qualität; denn .... wäre sie durch Anderes gesetzt, so könnte sie als abhängig durch unser Denken nicht als absolut gesetzt werden.« Folgt aber daraus, daß das Denken und zwar nur das Denken eines gewissen Systems, – denn das gewöhnliche Denken weiß sehr gut, daß eine Qualität nicht ohne ein Etwas, welches dieselbe an sich trägt, bestehen könne – die Qualität als absolut setzt, folgt daraus, daß sie dies in der That sei[113]? auch dann, wenn dies Absolutsetzen sich mit dem Begriff einer Qualität kaum vereinbaren läßt?

Allein noch bedenklicher ist die folgende Schlußreihe. *Drobisch* fährt fort, die Qualität lasse sich eben so wenig als durch sich gesetzt ansehen, weil dies auf die unendliche Reihe in der Selbstbestimmung, kürzer gesagt auf die *causa sui* führen würde. Dies wollen wir gern zugeben. Wenn er aber daraus folgert, daß Sein »im objectiven Sinn« sei auf das Seiende gar nicht anwendbar, so scheint zu folgen, daß dem Seienden keine andere als eine subjective, an die Voraussetzung des Setzenden gebundene, folglich keine absolute, sondern nur eine bedingte Setzung zukommen könne, wodurch nach seinem eigenen frühern Ausspruch die Natur des wahrhaft Seienden, die unbedingte Setzung vernichtet würde. Die letztere Meinung gewinnt an Wahrscheinlichkeit, wenn es weiter heißt, daß einfache Qualitäten, wenn sie weder dem Wesen noch dem Grade nach durch etwas Anderes gesetzt zu werden vermögen, in unserm Denken schlechthin gesetzt werden müssen, und nicht nur die absolute Position die einfache Qualität, sondern auch

---

113 Freilich dürfte man dann, einmal zu demjenigen gelangt, was nicht mehr Beschaffenheit *ist*, sondern dergleichen nur an sich *hat*, von demselben nicht mehr wissen wollen, als daß es eben ein *Etwas* sei. Weitere Antworten müßten durch Qualitäten gegeben werden, welche eben wieder nicht *es* selbst, sondern nur die *an* ihm befindlichen Beschaffenheiten ausdrückten.

umgekehrt diese jene bedinge. Wird diese Setzung durch ihre Beschränkung innerhalb unsers Denkens nicht in der That unter stillschweigender Voraussetzung des Setzenden, also subjectiv und relativ angenommen?

Auch die Gründe, warum eine Qualität nicht durch eine andere gesetzt sein könne, dünken uns wenigstens nicht unwidersprechlich. Die Gesetzte müßte in diesem Falle, meint *Drobisch*, die Folge, das sie Setzende der Grund sein. Grund und Folge aber können nie anders als zusammengesetzt sein, weil die Folge nur eine neue Verbindung der Theile des Grundes ist; keine Folge sei ein Einfaches: die einfache Qualität aber, wie aus dem Begriff der Einheit von selbst folge, keiner Entstehung fähig. Die Bedeutung, in welcher hier Grund und Folge gebraucht werden, ist im Grund dieselbe, für welche man sonst die Begriffe Ursache und Wirkung braucht. Denn es ist hier ein Wirkliches, das den Grund eines andern Wirklichen enthalten soll. Wie Grund und Folge in eigentlichem Sinne können sich nur Sätze und zwar wahre Sätze verhalten. Wenn also auch diese jedesmal zusammengesetzt sein müssen, weil ein jeder Satz wenigstens drei constituirende Bestandtheile verlangt, warum sollte wohl ein Widerspruch darin liegen, daß eine einfache Ursache eine einfache Wirkung habe? oder eine wenn auch zusammengesetzte Wirkung eine einfache Ursache?

Wir können uns auf diese Fragen, für welche das Vorstehende wenigstens keine Widerlegung enthält, hier nicht weiter einlassen. Wichtiger für unsern Zweck sind die Folgerungen, die aus dem bisher im *Herbart*'schen Geist geführten Raisonnement gezogen werden. Sie beziehen sich auf das Verhältniß der Beziehungen zu den Realen. Die Beziehungen, in welche die Realen treten müssen, um als Grundlagen der Erscheinungswelt gelten zu können, sind nicht blos, wie *Herbart* will, Werke der Reflexion, des zusammenfassenden zuschauenden Denkens, es ist vielmehr bei weitem wahrscheinlicher, ja es ist gewiß, daß dieselben objectiv und an sich schon vorhanden sein müssen, damit die Reflexion sie aufzufinden und aufzufassen vermöge. Die Eigenthümlichkeit der Zahl 8, die dritte Potenz der Zahl 2 zu sein, kam ihr an und für sich nicht erst durch Vermittlung der Reflexion zu, wenn wir sie auch erst mit Hilfe der letzteren *erkennen*. Dasselbe ist z. B. mit einem Größenverhältniß zwischen wirklichen Dingen der Fall. Nicht erst wird *A* größer als *B*, weil wir es so denken, sondern weil es größer ist, darum denken wir es so. Nennen wir Beschaffenheiten, wie die vorstehenden, die einem oder mehreren Dingen nur in Bezug auf ein Drittes zukommen, *äußere*, um sie von den ihm an und für sich ohne Bezug auf ein Drittes angehörenden innern (oder den Eigenschaften) zu unterscheiden: so folgt, daß auch die äußern Beschaffenheiten dem Dinge nicht erst vermöge der angestellten Reflexion, sondern objectiv zukommen. Es wird daher auch ein Ding nicht dadurch erst zum specifisch Bestimmten, daß die Reflexion die Unterschiede desselben von andern Dingen erkennt, sondern damit diese an ihm erkannt werden können, müssen sie *in* oder *an* ihm befindlich sein.

Alle äußern Beschaffenheiten sind zugleich Beziehungen, weil sie alle ihrem Träger nur in Bezug und im Verhältniß zu gewissen dritten Dingen zugeschrieben werden: aber nicht alle Beziehungen sind zugleich äußere Beschaffenheiten. So die Beziehungen, die zwischen einem Ding und dem Ort oder dem Zeitpunkt, welchen es einnimmt, stattfinden. Niemand behauptet, das Ding *A*, das sich früher am Orte *a* befand, sei einzig dadurch, daß es sich jetzt am Orte *b* befindet, ein anderes geworden, wenn sich außerdem gar nichts an demselben geändert hat. Dennoch lassen sich von demselben *A* zwei einander ausschließende Vorstellungen bilden. Die eine lautet: Ein im Orte *a* befindlicher Körper; die andere: Ein im Orte *non a* (*b*) befindlicher Körper. Irgend Etwas muß sich daher an *A* geändert haben, was doch keine Beschaffenheit sein kann; denn in Bezug auf diese soll sich gar nichts an ihm geändert haben. Was sich an ihm änderte, ist der Ort, die Raumbestimmung, die keine Beschaffenheit und doch ein Veränderliches am Dinge ist, und die »*Bestimmung*« heißen soll. Der Körper in *a* und der Körper in *b* enthält daher zwei sich ausschließende Raumbestimmungen, was an sich genommen widersprechend ist, denn derselbe Körper kann nicht an zwei Orten sein. Soll dies dennoch möglich sein, so muß sich noch etwas an dem Ding geändert haben, was wieder keine Beschaffenheit sein darf, und das ist die *Zeit*. Der Körper *A* war im Orte *a* zu einer Zeit α, die von der Zeit β, in welcher er im Orte *b* war, verschieden ist. Raum und Zeit sind daher keine Beschaffenheiten, gewiß aber noch weniger selbständige Wirkliche: es gibt kein Ding, welches *der* Raum und keines, welches *die* Zeit wäre: sie sind daher überhaupt nichts *Wirkliches*. Sie sind aber auch nicht *Nichts*; sie sind in der That Bestimmungen an den Dingen und wir können das ihnen zukommende Sein mit dem Ausdruck »Dasein« bezeichnen, um es von dem *Wirk-*

lichsein der existirenden Dinge und ihrer Beschaffenheit zu unterscheiden.

Wenn dem so ist, so gibt es *Drobisch* ohne Zweifel vollkommene Berechtigung, seines Vorgängers Ansicht zu bestreiten, daß *alle* Beziehungen unter den Realen ohne Ausnahme blos Zuthaten der Reflexion und das Werk des zusammenfassenden Denkens seien. Schon das Zugeständniß, daß es gänzlich beziehungslose Seiende in der That nicht jemals müsse, ja nicht einmal könne gegeben haben, wie denn auch *Herbart* eingesteht, einige Reale seien allerdings von jeher in ursprünglichem Zusammen befindlich gewesen, deutet auf eine innere Nöthigung hin, den Ursprung der Beziehungen an den Wesen selbst, und nicht in dem ihnen äußerlichen zusammenfassenden Denken zu suchen. In der Überzeugung, ein gänzlich beziehungsloses Seiende sei zum Realgrund der Erscheinungen untauglich, erweitert *Drobisch* das obige Zugeständniß bis zu der Annahme, *alle* Wesen stünden *von Anbeginn her* in Beziehungen zu einander; sie ohne solche zu denken, sei eine bloße Abstraction; die Beziehungen selbst aber seien nicht weniger ursprungslos als die Seienden; seien wie diese nicht durch ein anderes, etwa durch ein zusammenfassendes Denken gesetzt; sie existirten von demselben eben so unabhängig, wie die einfachen Seienden und unterschieden sich von diesen nur dadurch, daß diese schlechthin und sie selbst unter Voraussetzung der einfachen Wesen gesetzt sind. Denn alles im Denken absolut zu Setzende sei auch objectiv nicht durch Anderes gesetzt; nicht aber sei umgekehrt alles nicht durch Anderes Gesetzte auch im Denken absolut setzbar. Von der letzten Art nun sind die Beziehungen. Diese könnten nur durch etwas gesetzt werden, was selbst entweder wieder Beziehung wäre oder nicht. Wenn nicht, so könnten es nur die einfachen Wesen sein. Allein diese sind jeder Beziehung fremd, tragen daher in sich durchaus keine Nothwendigkeit in Beziehungen zu treten. Etwas aber, was nicht einfaches Wesen und nicht Beziehung wäre, kann eben so wenig Grund der Beziehungen werden, »weil jede Vermittlung ihrer Natur nach wenigstens zwei Vermittlungen zwischen dem zu Vermittelnden und dem Mittelgliede schon voraussetzt. Beziehungen können daher nur aus Beziehungen entstehen, sind weder durch die einfachen Wesen, noch durch die zusammenfassende Intelligenz gesetzt, sondern sind Regeln für gewisse Arten der Zusammenfassung, die auch dann statthaben und giltig sein müssen, wenn selbst keine Intelligenz sie wirklich zusammenfaßte, z.

B. die Bewegung geschehe wirklich, die chemische Zersetzung nehme sich wirklich Zeit.« Während *Herbart*, der vielmehr einzig und allein alle Wirklichkeit in das innere Geschehen setzt »blos aus Concession für den gemeinen Sprachgebrauch von wirklicher Zeit, wirklichem Raume und wirklicher Bewegung spricht«, acceptirt *Drobisch* »diese Concession bestens.« Denn ist sie giltig, sind die formalen Bestimmungen des zusammenfassenden Denkens nur ihrem Begriffe nach, *in abstracto* genommen, objectiver Schein, *in concreto* aber mehr als dies, *wirklich, giltig*, auch wenn keine Intelligenz zusammenfaßte, so bedeutet dieses nichts anderes, als was wir eben zu beweisen suchten, daß die *wirklichen* inneren und äußeren Beziehungen der Wesen aus jenen abstracten Formeln nicht erst abgeleitet werden können und sollen, sondern ein von dem intelligenten Wesen unabhängiges objectives Dasein besitzen.

So weit *Drobisch*. Was er unter der »Wirklichkeit der Beziehungen« verstehe, müssen wir gestehen, ist uns nicht klar geworden. Daß sie sich nicht auf *alle* Beziehungen erstrecken könne, ist nach dem, was wir oben über Raum und Zeit beibrachten, nun wohl schon ohne Erläuterung ersichtlich. Diese sind in keinem Betracht etwas Wirkliches, weder als Beschaffenheit, noch als selbständiges Ding. Sie sind Bedingungen: die Zeit, wenn es möglich sein soll, daß dasselbe Ding entgegengesetzte Eigenschaften besitze; der Ort, um erklärlich zu finden, warum ein gewisses veränderliches Wesen bei bestimmtem endlichen Maß von Kräften und binnen gegebener endlicher Zeitdauer gerade diese und keine andere Veränderungen an andern Wesen erfahren oder bewirkt habe. So ist es *caeteris paribus* nur die räumliche Entfernung, die die Schuld trägt, daß ich dieselbe Schrift in der Entfernung von fünf bis sechs Zoll vom Auge sehr bequem, bei mehr Entfernung viel schlechter oder gar nicht lesen kann, und der Zeitverfluß, unter dessen Annahme es denkbar ist, daß derselbe Baum, der jetzt Blätter trägt, nach vier Wochen kahl und dürr sei. Weder dieser Zeitverfluß noch jene Entfernung existirt *wirklich*, d. i. als Beschaffenheit an dem Dinge oder als Ding für sich, noch auch als bloße Denk- oder Anschauungsform des Individuums: sondern ihnen beiden kommt nur jenes *Sein an sich* zu, das jedem *Etwas* zukommt, es sei ein Wirkliches oder blos Mögliches, ein Gedachtes oder Ungedachtes, und das wir auch den sogenannten Vorstellungen, Sätzen und Wahrheiten an sich beilegten. Müssen wir also einerseits *Drobisch* das Verdienst einräumen, das objective, vom Gedachtwerden unabhängige Dasein der Raum- und Zeitbestimmungen richtig erkannt zu haben, so können wir nicht zugeben, daß er dasselbe bei denselben Bestimmungen mit dem Worte »Wirklichkeit« bezeichne.

Abgesehen davon betrachten wir die Region genauer, in welche *Drobisch* den Wechsel und das Geschehen versetzt wissen will. »Alle Wesen, sagt er, sind im ursprünglichen (besser: ursprunglosen) Zusammenhang, oder stehen miteinander in unmittelbaren oder auch mittelbaren, wenn gleich noch so entfernten wirklichen Beziehungen, und alle Veränderung in der Welt bedeutet nur eine Umwandlung der entfernteren Beziehungen in nähere, der mittelbaren in unmittelbare oder auch umgekehrt dieser in jene.« Man könnte versucht werden, in dieser Ansicht die *rapports* wieder zu erkennen, in welchen sich die *Leibniz*'schen Monaden von Anbeginn her bald in näherem bald in entfernterem Grade befinden, die dem Wechsel unterliegen, bald nähere bald entfernere werden, und dadurch den Schein erzeugen, als gingen diese Veränderungen der wechselseitigen Lage aus der Freithätigkeit der Monaden selbst hervor, während sie doch nur nach dem Gesetz der prästabilirten Harmonie erfolgen. Allein in den Monaden geschieht wenigstens innerlich in der That etwas. In der äußeren Lage derselben ereignet sich vermöge der prästabilirten Harmonie keine Veränderung, ohne daß zugleich die entsprechende im Innern der Monade statt hat. Das wirkliche Geschehen beschränkt sich nicht auf die Verhältnisse und Beziehungen der einfachen Substanzen zu einander, es besteht vielmehr ausschließlich im Innern derselben. Bei *Drobisch* findet gerade das Gegentheil statt. Die einfachen Qualitäten, das Innere der Seienden, bleiben starr und unveränderlich; was sich ändert, sind allein die äußeren Beziehungen. Schließen wir von diesen die räumlichen und zeitlichen, weil sie keine Wirklichkeit haben, aus, so bleiben als des Wechsels fähige Beziehungen blos jene übrig, welche wir auch früher schon unter dem Namen: äußere Beschaffenheiten, charakterisirt haben. Unter diesen gibt es aber wenigstens einige, die sich nicht ändern können, ohne daß sich auch in den sogenannten *innern* Eigenschaften des Dinges etwas ändert. Werden daher diese als einfache Qualitäten *unveränderlich* angenommen, so kann auch kein Wechsel in jenen äußern Beschaffenheiten stattfinden, welche sich nicht ändern können, ohne daß eine innere sich geändert habe. Dies letztere scheint aber in der That bei allen äußeren Beschaffenheiten der Dinge der Fall zu sein.

Dieser Satz, zusammengenommen mit der Thatsache, daß räumlichen und zeitlichen Bestimmungen keineswegs Wirklichkeit zukommt, beschränkt den dargebotenen Ausweg ungemein, oder richtiger, er hebt ihn völlig auf. Der eigentliche Fragepunkt, wie ein wirkliches Geschehen zu denken sei, und auf welche Weise es mit der einfachen Qualität des Seienden bestehen könne, ist dadurch nicht erledigt. Noch immer ist das wirkliche Geschehen auf Beziehungen beschränkt, von welchen gerade der hier beinahe ausschließend hervorgehobene Theil, die räumlichen und zeitlichen, *keine* Wirklichkeit hat. Dem eigenen Einwande des Hrn. Prof. *Drobisch*, wie Wirkliches aus Nicht-Wirklichem entstehen könne, ist damit noch kein Genüge geleistet. Statt der unbegreiflichen Störung, von welcher *Fichte* d. j. meint, es sei ungenügend, daß der Schöpfer eines so tiefsinnigen Systems sich über diesen Punkt nicht anders zu helfen wisse, als durch die oberflächliche mechanische Vergleichung mit dem wechselseitigen Sichdrücken zweier Körper: statt dieser seinsollenden und nichtseienden Störung haben wir neuerdings ein Geschehen, das richtiger wieder kein Geschehen heißen sollte, weil es sich mit dem Beharren der einfachen Qualität vertragen soll, und welches kein wirkliches sein kann, weil es sich auf nichts Wirkliches gründet. Übrigens sehen die Ideen, die Hr. Prof. *Drobisch* über diesen Gegenstand veröffentlicht hat, wie er selbst sagt, einem Entwurfe zu ähnlich, um sie bereits als fertiges Resultat ansehen zu können, wie solches von einem so geistvollen und tiefeindringenden Denker wie *Drobisch* zu erwarten ist. Nachdem er so viel gewonnen, das Unhaltbare der blos durch Reflexion hinzugethanen Denkformen als Basis realer Erscheinungen mit Deutlichkeit inne zu werden, kann es ihm nicht schwer fallen, auch über die Beschaffenheit derselben uns entschiednere Vorstellungen zu liefern, als bisher mit dem schwankenden Begriff der Wirklichkeit derselben der Fall war.

b) Modification der prästabilirten Harmonie: Lotze[114]

Vielleicht würde es den Verfasser überraschen, sein System als eine veränderte Wiedergeburt der prästabilirten Harmonie betrachtet zu sehen, ungeachtet er sich der Bezeichnung S. 272 selbst bedient und sagt, die »empirischen Wissenschaften ... haben sich keineswegs abzu-

---

114 Metaph. von Dr. H. *Lotze* (1841).

mühen, aus den Wellen der mathematischen Bewegung den Glanz des Lichtes hervorzuzaubern, als wäre er selbst noch ein kosmologisches Geschehen, sondern sie müssen anerkennen, daß aus dem Innern des Wesens heraus nach *einer vorher bestimmten Harmonie* bestimmten Veränderungen des Körperlichen bestimmte Empfindungen entgegenkommen, ohne nach den Gesetzen massenhafter Wirkungen von ihnen erzeugt worden zu sein.« Wir haben daher in der That auch hier wieder kein anderes als ein *ideales* Geschehen vor uns. Aber dieses ideale Geschehen unterscheidet sich von jenem zwischen den Monaden sehr auffallend dadurch, daß das letztere zwischen wahrhaft *realen,* jenes aber zwischen nur *idealen* Wesen vorgeht. Es könnte also wohl scheinen, als mangelte die Hauptbedingung einer prästabilirten Harmonie, die Grundlage einer Vielheit *realer* Wesen.

An deren Stelle und an die Stelle desjenigen überhaupt, was sonst das »Seiende« heißt, setzt der Verf. »dasjenige, welches den Schein der Substantialität in sich erzeugt«, den in sich selbst zusammenhängend geordneten Schein, welcher auf eine Substanz hindeutet, die wieder nichts anderes ist, »als dasjenige, was den Schein zusammenhält, das Wesen, das Gesetz, das System von Gründen, welches an dem Scheine den Schein der Substantialität als Begrenztheit und Bestimmtheit gegen Anderes erzeugt.« Daher erzeugt nur derjenige Schein den Schein der Substantialität, der nach dem Inhalte nicht eines, sondern mehrerer allgemeiner Begriffe angeordnet ist, deren Einheit die Seite der Einzelnheit, deren Vielheit die Vielfältigkeit und Zufälligkeit der Beschaffenheiten an dem Seienden ausmacht. »Das vollständige Seiende setzt daher so viele Gründe voraus, als es Bestimmungen an sich trägt«, und das eigentlich Reale an ihm ist das Gesetz, welches sein Wesen ausmacht, alles Übrige ist Schein.

Treten nun dergleichen Seiende in Causalverbindung, so ist es im Grunde nicht der an beiden in gleicher Weise befindliche Schein, sondern es sind die Gesetze, die ihr beiderseitiges Wesen ausmachen, welche in ein Causalverhältniß treten. »Ursache, heißt es S. 108, ist nicht ein Ding, aus welchem in Gestalt einer wirkenden Kraft oder eines sonstigen Übergangs irgend eine Mittheilung an ein anderes erfolgt; sondern weil das Ding in sich eine Vielheit gesetzmäßig begründeter Eigenschaften, ein System von Gründen hat, so werden die Gründe dieses Dings, wenn sie in Bezug zu einem andern treten, mit den Gründen dieses letztern zusammen den ganzen Grund ausmachen, aus welchem die Wirkung als eine als seiend gesetzte Folge hervorgeht.« Auf dieselbe Weise pflegt das Hervorgehen des Schlußsatzes mit dem Zusammenkommen zweier Prämissen nach Aufhebung des *terminus medius* dargestellt zu werden. Es ist eine Übertragung logisch-syllogistischer Verhältnisse auf das Causalverhältniß zwischen *wirklichen* Dingen, wie sie schon in der Methode der Beziehungen erscheint. Auch ist über die Richtigkeit der Sache kein Zweifel, so lange man Prämissen und Schlußsatz als *Sätze an sich* betrachtet, abgesehen, ob sie jemand denke und ausspreche oder nicht. Würden aber die Prämissen als *wirkliche Gedanken*, und der Schlußsatz gleichfalls als *wirkliches* Urtheil irgend eines Individuums angesehen, dann tritt zu dem Verhältniß des *Grundes zur Folge*, das schon zwischen den Sätzen selbst, wie sie ihrer Natur nach sind, statt hat, noch jenes zwischen *Ursache und Wirkung* hinzu. Dann sind es nicht die Prämissen allein, dann ist es das *Denken* derselben, die *Thätigkeit*, das *Wirkende* des Denkenden, welches hinzukommt, um das wirkliche Denken des Schlußsatzes hervorzubringen. *Wirkliches* kann nur durch Wirkliches, und zwar nur durch das *Wirken* des Wirklichen erzeugt werden. Davon können uns sehr alltägliche Erfahrungen überweisen. Ein Brief, der geschrieben werden soll, wird wenn auch Papier, Feder, Gedanken u. s. w. vorhanden sind, gewiß nicht fertig, wenn man nicht *schreibt*. Damit steht der Satz: daß sobald alle Theilursachen vorhanden seien, auch die Wirkung vorhanden sein müsse, keineswegs im Widerspruch, er dient vielmehr zur Bestätigung. Auch die Thätigkeit, das Wirken selbst ist eine von den Theilursachen, welche die Ursache erst *vollständig* machen. Übersieht man dies, so kommt das wieder nur daher, daß Gründe und Folgen mit Ursachen und Wirkungen verwechselt werden. Gründe bedürfen keiner Thätigkeit, um sobald sie da sind, auch das Dasein der Folge hervorzubringen; sie sind ja bloße Sätze, nichts Wirkliches, und das Verhältniß zwischen ihnen und ihren Folgen geht nicht deren *wirkliches Vorhandensein* oder *Nicht-wirklich-Vorhandensein* an, sondern einzig und allein ihre *Wahrheit oder Falschheit*. Sobald der Satz: Zweimal zwei ist vier, wahr ist, ist auch der Satz: Zweimal vier ist acht, wahr, und der Satz: Zweimal zwei ist fünf, ist falsch. Bedient man sich aber doch häufig des Ausdruckes, der Satz A enthalte den Grund von der Existenz des (wirklichen) Dinges B, so bedeutet dies nach solcher Auslegungsweise nichts anderes als: Sobald der Satz: A ist, *wahr* ist, ist auch der Satz: B ist, *wahr*. Abermal also begründen diese Sätze nur die *Wahrheit* gewisser anderer Sätze, nicht aber das *Dasein*, die *Wirklichkeit* gewisser Dinge. Die Wirklichkeit solcher existirenden Dinge, die überhaupt einen Grund ihrer Wirklichkeit haben, kann nur in der Existenz anderer begründet sein, und zwar nur in deren Wirksamkeit, denn ohne eine solche zu besitzen, verdienten sie nicht *wirkliche* Dinge zu heißen.

Er fährt fort: »Ursache und Wirkung ist gar kein Gegensatz. Ursache ist das Ding, wie es vor dem Zusammenkommen mit der andern Ursache, welche jedoch zu demselben hinzupostulirt werden muß, vorhanden war. Wirkung ist der Eintritt in den Proceß und dieser selbst, also ein Geschehen.« Scheint sich dies nicht selbst zu widersprechen? Ist das Ding schon Ursache vor dem Hinzukommen des anderen, so bedarf es dieses zweiten gar nicht mehr, denn dann ist es sich selbst genug, die Wirkung zu erzeugen. Bedarf es dagegen dieser Ergänzung, dann ist es wenigstens noch nicht die ganze, sondern höchstens eine Theilursache. Dies um so mehr, da es keinem Dinge wesentlich ist, Ursache zu sein, da es vielmehr dann erst Ursache wird, wenn es zu wirken anfängt, und es zu sein aufhört, sobald sein Wirken ein Ende nimmt. Eine unthätige Ursache, ein Ding, das Ursache wäre und nicht wirkte, ist ein logisches Unding. Nicht der Mensch A an und für sich, sondern insofern er schreibt, thätig ist, ist die Ursache dieses Briefes. Damit soll noch ganz und gar nichts über die Art und Weise dieses Wirkens ausgesagt, sondern nur anschaulich werden, daß ein *wirkliches* Ding ohne zu *wirken* auf keine Weise Ursache eines andern wirklichen Dinges werden könne, weil es eben erst Ursache dadurch wird, daß es zu wirken beginnt und fortfährt. Der Verf. tadelt aber sogar *Herbart*, den Erfinder der ruhenden Causalität, daß er »diese nicht consequent genug festgehalten« und die »Substanzen als *thätige*, sich selbst erhaltende Wesen begriffen habe«, was allerdings noch zweifelhaft ist, wenn es aber sich so verhielte, als einer der dankenswerthesten und fruchtbarsten Sätze dieses tiefsinnigen Geistes müßte anerkannt werden. Denn da wir unsererseits nicht zu jenen gehören, welche in der dialectischen Bewegung des Begriffs, in der »Entäußerung der logischen Idee«, in der »Übersetzung der Bedingungen in die Sache und dieser in jene als in die Seite der Existenz[115]«, in dem Umschlagen der Begriffe in ihr Gegentheil so wenig wie in einer »unendlichen Sichaufsichselbstbeziehung des Absoluten« Ersatz finden für eine wirkliche und

---

115 Encyklop. *Hegel's*, her. v. *Henning*. I. S. 306.

reale Thätigkeit wirklicher und realer Wesen: so können wir uns auch nicht leicht des Gedankens einer stattfindenden selbstthätigen Wirksamkeit der Realen nach innen oder nach außen entschlagen, um an deren Stelle logische, zwischen *Sätzen an sich* ausschließlich geltende Schlußformen auf das Wirkliche zu übertragen und darin einzig wiederzufinden. Vielmehr dünkt uns dies eine neuerlich sehr häufig und nachtheilig gewordene Verwechslung zwischen Gegenstand und Begriff, Sache und Vorstellung, einem Wirklichen und einem bloßen Etwas an sich. Haben wir nicht bei jeder Vorstellung in unsrem Denken wenigstens dreierlei zu unterscheiden: Die *gedachte* Vorstellung; den *Stoff* dieser Vorstellung, abgesehen von ihrem Gedachtwerden, somit *an sich* betrachtet; und den Umstand, *ob* dieser Vorstellung ein *wirklicher* Gegenstand entspricht, den letzten nicht so, daß dessen Eigenschaften zugleich Eigenschaften der *Vorstellung*, seine Merkmale zugleich Bestandtheile der letztern sein müßten, sondern einzig, ob es einen wirklichen Gegenstand gibt, welcher durch diese Vorstellung vorgestellt wird, auf welchen sie sich bezieht? Gewiß sind Gegenstand und Vorstellung desselben keineswegs identisch. Was daher vom Gegenstande gilt, muß nicht von der Vorstellung, was von dieser, nicht umgekehrt vom Gegenstande gelten. Dem Etwas überhaupt können Eigenschaften zukommen, die dem *wirklichen* Etwas fremd sind. Wenn unter jenem, sobald es wahre Sätze an sich sind, das Verhältniß von Grund und Folge herrscht, kann unter *wirklichen Etwassen* nur das Verhältniß der Ursache und Wirkung stattfinden. Daß man beide so leicht verwechselt, hat seinen Grund zum Theil darin, daß wir so wenig genau zu sprechen gewohnt sind, daß wir häufig von Wirkungen sprechen, wo wir nur von Gründen oder Folgen, bloßen Sätzen sprechen sollten. Sobald dies Verhältniß von Grund und Folge zwischen zwei Sätzen an sich, die beide eine Existenz aussagen, vorhanden ist, verhalten sich die beiden Dinge, deren Existenz in denselben ausgesagt wird, wie Ursache und Wirkung. Da ferner der eine dieser Sätze nicht ohne den andern wahr sein kann, oder: sobald der eine wahr ist, es auch der andere sein muß, so ist auch die darin ausgesagte Existenz dieser beiden Dinge im Causalverhältniß gleichzeitig; somit Ursache und Wirkung gleichzeitig. Obgleich also beide Verhältnisse: zwischen den Dingen jenes der Ursache und Wirkung, zwischen den Sätzen, die die Existenz dieser Dinge aussprechen, jenes des Grundes und der Folge zu gleicher Zeit stattfinden, sind sie doch nicht ein und dasselbe. Daß dem so ist, kann uns zur Genüge wieder ein sehr nahe liegendes Beispiel lehren. Unsere Erkenntnißgründe weichen häufig von den wahren Ursachen sehr ab, ja sind zuweilen gerade verkehrt. So pflegen wir zu sagen: Wenn das Barometer steigt, so wird es schön Wetter, wo das letztere als *Folge* des erstern *erkannt* wird, da es doch der *Grund* desselben ist. Richtig muß also der Satz so lauten: Wenn das Wetter schön wird, so steigt das Quecksilber; und hier ist abermals das *wirkliche* Zunehmen des Luftdrucks *Ursache*, das *wirkliche* Steigen des Barometers *Wirkung*. Nicht aber ist der *Satz*: Wenn der Luftdruck sich vermehrt, Grund des *wirklichen* Steigens des Barometers, noch umgekehrt der *Satz*: so steigt das Barometer, *Folge* des *wirklichen* Steigens des Luftdrucks, weil Sätze und Wirklichkeiten einander ganz heterogen, und weder diese durch jene, noch jene durch diese hervorzubringen sind.

Dies ist aber keineswegs so zu verstehen, als ob der Inhalt der Sätze an sich und ihre Verhältnisse zu einander als Gründe und Folgen für das Dasein, die Anordnung, das Geschehen, in der *wirklichen* Welt gleichgiltig wären; sie sind im Gegentheil von der entschiedensten und folgenreichsten Wichtigkeit für dieselbe, weil sie als Sätze an sich nicht nur den Stoff aller mechanischen Naturgesetze, sondern auch den objectiven Stoff aller Gedanken, Urtheile und Entschließungen enthalten, die durch ihre *Wirklichkeit* im Gemüthe denkender und willensfähiger Wesen auf (deren) Handlungen und Einwirkungen sowohl auf sich selbst als auf die Außenwelt entscheidenden Einfluß üben. Was als Satz an sich vorhanden, außerhalb aller Existenz, nur eine Verknüpfung wie Grund oder Folge besitzen kann, vermag als gedachter Satz, als wirklicher Gedanke eines Wirklichen schon auf Wirkliches zu wirken und Wirkliches hervorzubringen, d. i. ein wahres Verhältniß zwischen Ursache und Wirkung zu begründen. Um ein altes Wort für einen neuen Begriff zu gebrauchen, man könnte, wenn unter *mundus* der Inbegriff alles endlichen Wirklichen, des substantiellen und accidentiellen, also auch alles wirkliche Geschehen begriffen würde, die Gesammtheit aller derjenigen Wahrheiten, die etwas Seiendes ausdrücken, sammt ihren objectiven Gründen und Folgen den *mundus idealis* nennen, weil nichts sein und nichts geschehen kann, dessen Dasein oder Geschehen nicht in einem Satze ausgesprochen werden könnte. Der Stoff dieses Satzes, den vielleicht noch Niemand ausgesprochen, vielleicht nicht einmal gedacht hat, wie Niemand jenen des Copernicus dachte, ungeachtet er bestand, ehe dieser ihn ausgesprochen, wäre ein Satz an sich, und insofern dieser Satz etwas ausspräche, was immer oder einstens *wirklich ist und geschieht*, eine Wahrheit an sich. Indeß hier könnte man Anstand nehmen. Unter den *Sätzen an sich* dieses *mundus idealis* würden zum Theil solche sich befinden, die sich auf zu aller Zeit existirende wirkliche Dinge beziehen, zum Theil solche, die von in der Zeit entstehenden und vergehenden, mit einem Wort veränderlichen Dingen etwas aussagen. Von der Art der Erstern sind offenbar alle solche Sätze, die reinbegriffliche Allgemeingiltigkeit haben, z. B. von der Existenz wirklicher Dinge überhaupt, von der Existenz einfacher Wesen u. dgl. Zu den letztern gehören alle solche, die eine Erfahrungswahrheit aussprechen, deren Subjectsvorstellungen solche sind, die sich auf *individuelle Gegenstände* beziehen, also Anschauungen oder gemischte Begriffe. Da Gegenstände letzterer Art in der Zeit *entstehen* und *vergehen*, so hat es den Anschein, als ob der Satz an sich (im *mundus idealis*), der sich auf diesen Gegenstand eben bezieht, z. B. das Dasein *dieses* Baumes aussagt, zu gewisser Zeit, nämlich wenn der Baum *wirklich* existirt, wahr, zu einer andern, wo dies nicht der Fall, falsch würde, daß er sich daher verändere, was wir von einem Etwas, das selbst keine Existenz hat und außer aller Zeit ist, wie ein Satz an sich, nicht glauben zugeben zu können. Eine kleine Veränderung in der Natur des *Satzes an sich* überhebt uns dieser Schwierigkeit. Sätze, die sich auf Gegenstände beziehen, welche zu gewisser Zeit existiren oder geschehen, zu anderer nicht, nehmen, um in ihrer Wahrheit oder Falschheit keine Veränderung zu erleiden, die Zeitbestimmung mit in die Subjectvorstellung auf. Der Satz: der Baum blüht, ist so wie er da ausgesprochen wird, weder wahr noch falsch, denn dem Baum ist es weder eigenthümlich, *immer* zu blühen, noch *immer* nicht zu blühen. Wenn dagegen der Satz lautet: der Baum in *diesem* Augenblicke blüht, kann er nur Eines von beiden, entweder wahr oder falsch sein, je nachdem der Baum in *diesem* Augenblicke wirklich blüht oder nicht. Blüht er daher in dem Augenblick *t* wirklich, so ist auch der Satz *an sich*: der Baum im Augenblick *t* blüht, immer wahr gewesen, und es nicht erst *geworden* in dem Augenblick, da der Baum wirklich zu blühen anfing, erleidet daher keine Veränderung. Warum die Zeitbestimmung sich nur in Erfahrungssätzen findet, ergibt sich daraus, weil nur diese etwas von veränderlichen Gegenständen aussagen und nur bei solchen eine Zeitbestimmung als Bedingung, unter welcher allein eine Veränderung möglich ist, ins Mitleiden gezogen wird. Reine Begriffssätze, z. B. die Summe aller Winkel im Dreiecke ist gleich zwei Rechten, enthalten keine Zeitbestimmung, weil an ihrem Gegenstande keine Veränderung vorgehen kann. Sätze dieser Art sind daher zu aller Zeit wahr, oder wie man allein richtig sagen muß, ihre Wahrheit ist außer aller Zeitbestimmung.

Bei *Leibniz* erscheint, wie wir gesehen haben, die Annahme eines *mundus idealis* als Vorbild der wirklichen Welt im Geiste Gottes, aber er betrachtete die allgemeinen und die Erfahrungswahrheiten nicht *an sich* und unabhängig von ihrem Gedachtwerden bestehend, sondern einzig, insofern sie in Gott selbst als wirkliche Ideen und Gedanken Ursachen der wirklichen Welt werden. Es ist aber jetzt wohl hinlänglich klar, daß dieselben, auch abgesehen von ihrer Wirklichkeit als gedachte Wahrheiten, einzig den Beschaffenheiten ihres an sich seienden Stoffes nach untersucht werden können. Eben so leicht einzusehen dürfte es sein, daß eben diese Sätze, mögen sie nun allgemeine und nothwendige Wahrheiten, Gesetze u. s. w. heißen, nichts Wirkliches hervorzubringen im Stande sind, sondern daß dies nur die Auffassungen derselben in den Gemüthern wirklicher Wesen, die als solche selbst etwas Wirkliches sind, vermögen, indem sie dem denkenden Wesen als Bestimmungs- oder Abhaltungsgründe, als Richtschnur oder Hilfsmittel für sein Handeln und Denken dienen. Es ist ganz unmöglich, daß nur *an sich seiende Gesetze* ohne Dazwischenkunft einer wirklichen Persönlichkeit die wirkliche Welt aus sich hervorgehen machen, so wie es unmöglich ist, daß ein Nichtwirkliches ein Wirkliches erzeuge.

Allein dies ist nicht des Verf. Ansicht, der zwar ebenfalls eine ideale Welt von Gesetzen annimmt, nach welchen sich der Schein ordnet und zusammenfaltet, um den Schein der Substantialität hervorzubringen, der aber diesem Geschehen zugleich die allein wahre Realität zuschreibt. »Die Apodikticität des Daseins kommt allein dem Sein-Sollenden, dem Guten zu« … daher »muß Alles, was wirklich sein soll, in einer Zweckbeziehung enthalten sein, und … das Verhältniß zwischen unerfülltem, erfülltem Zweck und Mittel ist das Gesetz all' dieses Zusammenhanges.« Diese Zweckbeziehung ist aber keine äußerliche, etwa auf ein zwecksetzendes Wesen, sondern eine den Dingen selbst »immanente«, sich in sich und durch sich selbst vollendende. Die »Gesetze« im Innern der Dinge, welche den Schein zusammenhalten, und zu einem scheinbar Seienden machen, bringen durch eigene Kraft das Wirkliche hervor, indem sie »in der eigenthümlichen Inhaltsbestimmtheit der Dinge Theile eines Grundes bilden, welche wenn sie mit andern Theilen desselben, die von andern Dingen als Vehikel ihrer Wirklichkeit getragen werden, zusammenkommen, den ganzen Grund ausmachen, aus dessen einzelnen Bestimmungen durch wechselseitiges Aufheben und Verlöschen oder anderweitige durch das Zusammenkommen neubegründete Verhältnisse ein Resultat als verwirklichte Folge hervorgeht.« Damit aber, wie dies bei »ruhender Causalität« die Folge sein müßte, nicht alle Wirkungen ein für allemal gleichzeitig erfolgen, und nicht aller Grund zur weitern Fortentwicklung hinwegfalle, damit sich also die »ruhende« Causalität in eine bewegte verwandle, bedient sich der Verfasser kosmologischer Formen als der Bedingungen, unter welchen Dinge, welche vorher gegen den Causalzusammenhang gleichgiltig waren, erst wirklich in denselben eintreten. Welche Dinge mittels derselben in die Erscheinung treten, dies zu entscheiden ist Sache der Zwecke »als der treibenden und bewegenden Macht!« Gesetze also sind das eigentliche Thätige. Wie dies möglich sei? wie Gesetze, die im Grunde nichts Anderes sind als *Sätze*, Bewegung, Thätigkeit, Realität besitzen, wie ihnen diese sogar ausschließlich beigelegt werden können, wenn es doch klar zu sein scheint, daß nicht das Gesetz, sondern das Ding *nach* dem Gesetze allein sich fortzuentwickeln, zu bewegen und thätig zu sein vermöge: darüber muß man von Denen keine weitere Erklärung fordern, die nun einmal gleich uns das abstracte Denken (soll heißen »die Wahrheiten an sich«) nicht als ein sich Bewegendes und dialektisch sich Entwickelndes zu begreifen im Stande sind, und welche wie wir die Denkthätigkeit der Individuen von dem Stoffe des Denkens: den Sätzen, Vorstellungen und Begriffen an sich, die in diesem nur aufgefaßt werden, streng unterschieden wissen wollen. Eben darum vermögen wir uns die Zweckbeziehung nicht anders denn als eine von einem vernünftigen Wesen gesetzte, keineswegs als eine diesem immanente und unbewußt treibende Macht zu denken. Allerdings entsteht nicht jedes Wirken nur eben durch Erkenntniß. Der Stein z. B. wirkt, indem er den Pflanzenkeim des unter ihm liegenden Samenkorns niederhält, auch wenn Niemand die Wahrheiten, welche dies Causalverhältniß aussprechen, denkt und erkennt. Umgekehrt gibt es nicht minder selbst falsche Sätze, welche durch die Auffassung in das Gemüth eines denkenden Wesens Wirkungen haben. Ein Zweck aber, also ein Satz, gewinnt nur dadurch Wirklichkeit, daß er von irgend einem Wirklichen gedacht oder gesetzt wird, und nur als Wirkliches vermag er auch wieder Wirklichem das Dasein zu geben.

Dieser Satz, auf den wir überall zurückkommen, ist der hier eigentlich entscheidende. Ist er richtig, so kann überhaupt in keinem System ein wirkliches Geschehen zugelassen werden, wo es nicht wirkliche Reale gibt, und zwar solche, die diesen Namen verdienen, die des wechselseitigen Einwirkens auf einander fähig sind.

Einen Beweis dazu liefert das Vorliegende. Für den Verf. besteht »das wahre eigentliche Geschehen in der Beziehung des Erscheinenden auf sein Inneres«, d. h. auf das Gesetz, welches den erscheinenden Schein zusammenhält. Das Seinsollende, welches allein Apodikticität des Daseins hat, erhält sich durch diese gegen jede Veränderung seiner Lage als »*Störung.*« Die Voraussetzung der Apodikticität des Daseins haben wir zu machen, aber »wir dürfen nicht die Selbsterhaltung auf einfache Wesen mit unveränderlicher Qualität (welche diese immer sein mag) ausdehnen.« Die Qualität muß, um gestört werden zu können, zu dem Seinsollenden, dem Guten, »welches das allein wahre Seiende ist[116]«, gehören. »Wo eine Erscheinung sich organisch zusammengefügt hat, wird sie als ein ideales Wesen, das eine Apodikticität seines Daseins in der Reihe anderer genießt, sich erhalten gegen die Störungen seiner kosmologischen Grundlage durch andere. Die mechanische Rückwirkung, die sie vermöge dieser Basis gegen den Anstoß ausübt, gehört dem scheinbaren Geschehen und wird nicht von ihr hervorgebracht, sondern von den Massen, die nach mechanischen Gründen sich verhalten, wie sie auch in zufälligen Gebilden sich verhalten würden. Aber gegen die Störung seiner idealen Natur, die der Veränderung seiner kosmologischen Grundlage unterliegen würde, leistet es Widerstand, indem es sich als seinsollendes Wesen gegen die Macht der eindringenden Bewegung erhält. Es setzt daher die Umwandlung seiner mechanischen Verhältnisse als ideale Accidenzen in sich, dem Idealen, und wirft sie eben so sehr aus sich als ein Fremdes hinaus, als es ihnen erst die ideale Qualität zertheilt, die sie zeigen. Die Geschichte dieses Widerstandes, den die idealen Wesen vermöge ihrer mechanischen Grundlage sich einander leisten, indem sie jedes das andere unter einer von ihnen selbst gesetzten idealen Form von sich abstoßen, ist das wahre eigentliche Geschehen und in ihm erst thut

---

116 Vgl. *Weiße* über *Lotze*: Fichte's Zeitschrift. IX. 8. S. 260.

sich der Schauplatz aller Erscheinung auf. Jedes hat seine Erscheinung in dem andern; dadurch daß es von dem Andern, auf das es einwirkt, vermittels der in diesem hervorgebrachten Veränderungen gemessen, und als Fremdes, dem idealen Sinne des Angegriffenen nicht Zukommendes aus ihm herausgeworfen wird, erlangt es die ideale Qualität, die es zur wahren Erscheinung macht. Die Natur bringt so als ihren Gipfel nothwendig die Empfindung hervor; erst in ihr kommt die schweigende unsichtbare Welt der kosmologischen Dinge zur wahrhaften Erscheinung und die Qualität der Sinne, der Glanz, der Klang, der Druck und die Wärme bilden mit den Gefühlen der Lust und Unlust diejenige Grundlage des idealen Geschehens, zu der sich der todte und erscheinungslose Zusammenhang des Kosmologischen erhebt.« Die sinnlichen Qualitäten sind das Material, dessen Combination und Entwicklung in sich als der Schein des idealen Geschehens das eigentliche Erscheinen bildet. Dieses ist nicht, »so lang die Wellen des mechanischen Geschehens sich nicht bis an die Schwellen des idealen Wesens fortsetzen, das die Störung seiner eigenen mechanischen Basis in Gestalt jener Qualitäten auf idealem Gebiete von sich abstößt ... Klingen des Schalles und Glänzen des Lichtes treten (daher) mit einem neuen Anfang des Geschehens auf idealem Gebiet hervor, indem das ideale Wesen in ihnen seine eigene Störung empfindet, und an ihr das Wesen der äußern Ursachen mißt. Diese innere Welt der qualitativen Erscheinung ist eben deshalb nur da möglich, wo ein ideales Wesen vorhanden ist, welches organische Formen zu der gesetzmäßigen Grundlage eines Begriffs verbindend, die äußere Einwirkung als Störung dieses Begriffs empfinden kann. Wo Massen oder zufällige Gebilde in Conflict mit einander gerathen, da wird das Geschehen zwischen ihnen, die keinen Begriff der idealen Welt zu vertreten und zu vertheidigen haben, nur ein kosmologisches bleiben, das nicht in ihnen, sondern in einem Dritten zur Erscheinung kommt.«

Die idealen Wesen sind sonach die unerläßlichen Bedingungen qualitativer Erscheinung und wirklichen Geschehens. Ihre Beschaffenheit ist demnach entscheidend für die Art und Weise, wie wir das wirkliche Geschehen zu denken haben. Welche Vorstellung dürfen wir uns nun von denselben machen?

Sie sind bloße Phantasiegeschöpfe! »Denn da die Qualität der Empfindung nicht ein Attribut des mechanischen Processes ist, der sie erregt, sondern die Folge aus ihm und einer andern Prämisse, welche aus der Natur des idealen Wesens fließt, so müssen wir der Phantasie gestatten, über die Grenzen unserer Sinnlichkeit hinauszuschweifen und ideale Wesen zu denken, welche die gleichen einwirkenden Kräfte in mannigfaltige verschiedene Formen der Empfindung projiciren.«

Wenn wir auf diese Weise das ideale Wesen, das wir nach Seite 273 in dem Bestreben, »die Beziehungen, welche die Ontologie zwischen den Seienden bietet, aufzusuchen, eben selbst gewesen sind«, wenn wir sonach unsere eigene Existenz in ein »bloßes Gebild der Phantasie« sich verflüchtigen sehen, dürfen wir da nicht billig fürchten, den Boden der Metaphysik unter den Füßen verloren zu haben? Stehen wir nicht hier auf dem Punkte, statt der monadistischen Vielheit specifisch verschiedener Realen nur eine Mehrheit unter sich verschiedener »Gesetze« vor uns zu haben, denen unmittelbare Bedeutung für das Wirkliche ohne Dazwischenkunft einer denkenden und handelnden Persönlichkeit nur dann mit einigem Rechte zugestanden werden kann, wenn man ihr als lebendiger »Genesis« oder »dialektisch sich fortbewegender Idee« etwa ein ursprüngliches wirkliches, mit dem Denken identisches Sein zuspräche, wogegen sich aber der Verf. selbst entschieden ausspricht. Er will sie ausdrücklich als bloße (an sich seiende) Gesetze angesehen wissen, nach deren innerer Nothwendigkeit sich der Schein so ordnet, daß der Schein der Substantialität, der Thätigkeit und der sinnlichen Qualität entsteht. Ist es aber nicht wahr, daß sobald alle realen Grundlagen außer den Gesetzen sich in »Phantasiegeschöpfe« auflösen, auch Dasjenige fehlt, *welchem* der Schein überhaupt erscheinen, und das selbst nicht wieder weder ein Zweck noch ein Gesetz sein kann? Ein Solches, welchem der Schein erscheint, ist zum wenigsten der Denker selbst. Wenn aber auch Dieser nur ein »Phantasiegeschöpf« ist, verliert dann die Existenz des Scheines überhaupt nicht allen Halt? Kann Etwas erscheinen, wo Niemand ist, dem es erscheinen kann? Ja kann überhaupt nur etwas erscheinen, wo Nichts vorhanden ist, an welchem es erscheinen kann? Fallen aber, sobald derjenige fehlt, welchem der Schein erscheint, nicht auch alle die Gründe hinweg, welche die Anordnung dieses Scheins nach ethischen Principien, und metaphysischen Kategorien zur Folge haben? Ja sogar die Reflexion über dieselben ist unmöglich, wenn kein ihrer fähiges Wesen vorhanden ist.

Indeß dies würde uns in eine Kritik des ganzen Standpunktes des Verf. verwickeln, wo wir nur ein einzelnes Princip des Geschehens hervorzuheben uns vorgenommen haben. Dieses ist in der That von der Art, daß es uns gestaltet, den Gang der Untersuchung wenigstens dem Wortlaut nach zu seinem Anfangspunkt zurückzubiegen. Wir gingen von einer *prästabilirten Harmonie* aus und stehen wieder bei einer solchen, wenn sie auch mit der erstern wenig mehr als den Namen gemein hat. Die erstere nimmt unveränderliche, den Realen von Gott eingepflanzte Gesetze (*insitae leges*) an, nach welchen sich der Ablauf der Veränderungen in denselben immanent entwickelt; die zweite betrachtet das sogenannte Reale selbst nur als die scheinbare Hülle des immanenten Gesetzes, das ohne von einer Persönlichkeit eingepflanzt worden zu sein, sich seiner eigenen innern bewegenden Natur nach vollständig erfüllt. Die Veränderungen in den Monaden stimmen nach dem Willen der vollkommensten Persönlichkeit, der *Choix du meilleur* miteinander überein: das wirkliche Geschehen harmonirt bei *Lotze* mit der vorstellenden Empfindung vermöge der Natur der »innern Qualität« der letztern und des Zusammenhangs, welcher unter den idealen Gesetzen herrscht, welche das Wesen des Scheins ausmachen. Das Übergehen allgemeiner Gesetze und Essenzen in die Wirklichkeit hängt nach *Leibniz* vom Verstande und Willen der Gottheit ab, welche das Beste erkennt und das Beste will: nach *Lotze* ist es der an und für sich unbedingten Werth oder Unwerth habende oder nicht habende Inhalt der Gesetze, von welchen einzig, mit Ausschluß aller nach ihnen handelnden oder setzenden Persönlichkeit, ihr Übergang in die Wirklichkeit abhängt. *Lotze*'s Teleologie ist eine *immanente*, *Leibniz*' und auch *Herbart*'s eine äußerliche. Diese setzt eine Persönlichkeit gegenüber dem vorhandenen geschaffenen Stoffe, welche den Zweck denkt und sich des Stoffes zu seiner Realisirung bedient. Jene setzt die Zwecke als solche absolut, die durch den Durchgang durch die Erscheinungswelt sich selbst vollenden und zur erfüllten Realität verwirklichen. Wenn wir daher (wie der Verf. selbst es will) die »Bewegung« des Gedankens als belebtes oder lebendes Ding ausschließen, so bleibt uns nichts übrig, als zu sagen: Ein Gesetz ist, so lange es von keinem vernünftigen Wesen gedacht wird, nichts weiter als ein Satz, der an und für sich gar keine Wirkung hervorzubringen vermag: gedacht und erkannt geht es in die Wirklichkeit über, und vermag Handlungen und Thätigkeiten vernünftiger Wesen so zu bestimmen, daß diese ihm entsprechende Veränderungen an andern wirklichen Dingen hervorbringen. Es aber an und für sich als Satz, als nicht wirklich Existirendes, Grund wirklicher Dinge und wirklichen Geschehens werden zu lassen, das läßt sich mit der eigenen Behauptung des Verf. nicht vereinen: Nur Wirkliches könne Wirkliches erzeugen.

Damit stünden wir am Rande unserer Untersuchungen auf gegebenem Gebiete, so weit sie den Monadismus betreffen. Strenggenommen gehörte das letztere System nicht mehr hieher, wenn es sich nicht auf die Voraussetzung einer Mehrheit idealer Wesen als Träger des Scheines stützte, in denen man aber wenig Verwandtschaft mit Monaden und Realen mehr erkennen mag. Eher ließen sie sich mit den vagen Dingen an sich der kritischen Philosophie vergleichen. Jedenfalls ist das wirkliche Geschehen an ihnen eben so transcendent, wie an den Dingen an sich, Monaden und Realen, und die immanente Zweckbeziehung durch das Bedürfniß zusammenhaltender Einheit gegeben. Entscheidend für die Zulässigkeit der von dieser Ansicht aufgestellten Theorie des wirklichen Geschehens ist die Erkenntniß der Nichtidentität der Verhältnisse zwischen Grund und Folge, und zwischen Ursache und Wirkung, und der Unmöglichkeit jenes, das nur unter Sätzen als Nicht-Existirendes gilt, auf die wirklichen Dinge zu übertragen.

Gegen *Drobisch* sind es hauptsächlich zwei Einwendungen, die uns der Berücksichtigung werth schienen; die eine: daß Raum- und Zeitbeziehungen in keinem Fall mit unter die *wirklichen* oder äußern Beschaffenheiten der Dinge gerechnet werden dürfen; die andere: daß auch in den *äußern* Beschaffenheiten, Beziehungen und Verhältnissen wenigstens gewisser Dinge kein Wechsel vorfallen könne, wenn nicht auch in deren *innern* Eigenschaften ein solcher stattfindet, den aber die Annahme einfacher unveränderlicher Qualität nicht erlaubt.

Die Bedenken gegen die Theorie der Selbsterhaltungen lassen sich in kurzem auf vier zurückführen:

a) Die Selbsterhaltungen der Realen sind völlig überflüssig. Denn ist einmal absolut unmöglich, daß ein Reales auf was immer für eine Weise in dem andern Veränderungen hervorbringe, wozu hat dieses nöthig, sich gegen jenes selbstzuerhalten?

b) Scheint aber dieser Einwurf die Selbsterhaltung mit einer Thätigkeit der Realen selbst, was sie nicht sein soll, zu verwechseln, und ist nur diese absolute Unmöglichkeit Störungen zu erleiden, selbst die Selbsterhaltung, so ist im Grund jede Selbsterhaltung nichts weiter, als ein specieller Folgesatz aus dem allgemeinen Satze: Es kann überhaupt keine Störung stattfinden, also überhaupt nichts anders als ein Satz, der keine reale Bedeutung hat, von der Form: A ist A.

c) Daher ist auch von keinem Wechsel, keiner Veränderung der Realen bei diesem Geschehen die Rede, ungeachtet selbst *Lotze* gesteht: ein wahres Geschehen sei nur dasjenige zu nennen, welches »zum Ende ein qualitativ Anderes als zum Anfangspunkte hat.« Die Selbsterhaltung dagegen ist ein fortwährendes Sichselbstgleichbleiben des Realen; es tritt mehrmals in das Verhältniß, sich ändern zu sollen; aber die vorhandene Unmöglichkeit schneidet allen Wechsel ein für allemal ab. Ob es diese Störung, die es einmal durchaus nicht erleiden kann, nicht durch C, nicht durch D, nicht durch E erleidet, kann dem A an sich genommen höchst gleichgiltig sein. Will man aber diesen Umstand als modificirend für die Selbsterhaltungen und die letztern wirklich als verschiedene innere Zustände im Realen (nach *Strümpell*) ansehen, so

d) frägt es sich neuerdings, wie sich eine solche Vielheit wirklicher Zustände mit der streng einfachen Qualität der Seele in Einklang bringen lasse? Hiezu kommt, daß uns die Vielheit wirklicher Zustände in der Seele in unserm eigenen Bewußtsein gegeben wird, und auf diese Weise sich zugleich als ein Ding mit mehreren Merkmalen und der Veränderung unterworfen zeigt.

Bei der prästabilirten Harmonie ist die Abwesenheit des wechselseitigen Einwirkens am auffallendsten, der Mechanismus und Fatalismus, der dadurch in den Lauf des Geschehens im Innern und Äußern der Monaden gebracht wird, am widersprechendsten mit der täglichen geläufigen Erfahrung. Nachdem einmal die falsche Vorstellung von physischer Wirkung als Übergang von Materie beseitigt, und wenigstens die Möglichkeit offen gelassen ist, daß die vollkommenste Monade ihrerseits auf alle andern und im vollkommensten Grade zu wirken im Stand sei: da ist in der That kein weiterer Grund vorhanden, die Fähigkeit der äußern Wirksamkeit, wenn auch in minderem Grade, den unvollkommneren Monaden abzusprechen. Wie sie an denselben gedacht werden könne, wollen wir im nächsten Abschnitt zu zeigen versuchen.

5. Die Wechselwirkung

Fassen wir zusammen, was wir aus der bisherigen Betrachtung der Meinung Anderer für unsre eigene Überzeugung gewonnen haben, so sind dies vornehmlich zwei Sätze: der eine, daß sie sich sämmtlich dahin vereinigen, ein wahres und wirkliches »Geschehen« der Erfahrung gemäß voraussetzen zu müssen; der andere, daß die Annahme eines solchen, sobald sich die Realen nicht ganz passiv und unthätig gegen dasselbe verhalten, mit ihrer besondern Beschaffenheit, ihrer Impenetrabilität oder ihrer streng einfachen Qualität, die aber selbst für sich nichts weniger als unwidersprechlich sind, im Widerspruch stehe. Zugleich ergab sich jedoch auch, daß jeder der für diesen Widerspruch vorgebrachten Gründe auf irgend eine Weise einem Zweifel unterliege, welcher nicht allein aus der Ungewohnheit des Resultats, sondern in der That aus offenbaren Widersprüchen ihrer selbst oder aus ihrer mangelhaften Beweisführung entspringt. Können uns weder die Selbsterhaltungen in ihrer ursprünglichen noch in ihrer veränderten Gestalt, weder das ideale Geschehen des teleologischen Idealismus, noch jenes der eigentlichen prästabilirten Harmonie mit ihren Gründen Überzeugung abnöthigen: so gewinnt dagegen der erstgenannte Satz immer mehr Boden, der außer der thatsächlichen Anerkennung auch noch die Bestätigung des gesunden Menschenverstandes für sich hat. Wenn wir am Gewölbe des Himmels nicht minder als in dem feinsten Zellgewebe des Pflanzenkeims beinahe ununterbrochen den Ablauf von Veränderungen wahrnehmen, die wir nicht ohne Ursache zu denken vermögen; wenn diese Ursache gleichwohl, wollen wir nicht in dasselbe Ding als *causa sui* die anfangslose Reihe des absoluten Werdens hineinlegen, nicht im veränderten Dinge selbst liegen kann; wenn es uns die unnatürlichste Überwindung kostet, dies anscheinende Resultat der freiesten wechselseitigen Thätigkeit für nichts anders als den indifferenten mechanischen Ablauf blinder Naturgesetze zu halten: so dürfen wir noch einen Versuch machen, dem strittigen Problem eine Annahme unterzuschieben, welche ohne in Widerspruch mit Erfahrung oder reinen Begriffserkenntnissen zu treten, uns über jene Schwierigkeiten hinauszuheben verspricht.

Diese Möglichkeit ist bei *Leibniz*, gerade wo man es am wenigsten vermuthen sollte, in der That vorhanden, und wir haben sogleich im

Eingang unsrer Darstellung darauf hingewiesen[117]. Es hätte nur bei ihm gestanden, durch einen höchst einfachen Gedanken, dem er überdies sehr nahe war, die blendende, aber trostlose Hypothese der Harmonie gegen lebendige thätige Wechselwirkung einfacher Wesen zu vertauschen: durch einen Gedanken, der in seinem System einen Grundsatz ausmachte und diesem ganz, wie man sagen könnte, das Dasein gegeben hatte. Ob ihn die nachstehende Darstellung auch nur in Einigem zu ersetzen vermöge, wagen wir gegen uns selbst kaum zu behaupten, und übergeben sie daher mit großer Schüchternheit und vollkommenem Bewußtsein ihrer Mängel und der vielen erst noch auszumachenden Schwierigkeiten dem prüfenden Urtheil.

Daß diese Vermittlung nirgend anderswo als beim physischen Einfluß, so lebhaft sich *Leibniz* gegen denselben aussprach, zu finden sein werde, ist leicht vorauszusehen. *Leibniz* hatte ganz recht, zu behaupten, es gebe nur die drei genannten Arten, den Causalitätszusammenhang einfacher Substanzen zu begreifen: physischen Einfluß, prästabilirte Harmonie und Occasionalismus. Er hätte noch kürzer sein und aussprechen können, es gebe deren nicht mehr als zwei: die Substanzen wirkten entweder auf einander ein oder sie wirkten nicht. Occasionalismus und prästabilirte Harmonie waren nur der Erfahrung gemachte Concessionen, Nothbrücken, um die allzu weite Kluft kärglich auszufüllen. *Herbart* verschmähte es, sich einer solchen zu bedienen, er blieb lieber bei dem Satze stehen, daß die Dinge überhaupt jeder Veränderung ihrer Qualität unzugänglich seien. Der Widerspruch mit der täglichen Erfahrung kümmerte ihn hiebei nicht, weil er das apriorische reine Denken höher anschlug, und die Erfahrung ganz und gar in das Gebiet des Scheins zu verweisen vorzog, eh' er einen Schritt im Denken

---

117 *Secretan* (*la philos. de Leibniz, Genève 1841*) ist anderer Ansicht und meint, die prästabilirte Harmonie ergebe sich mit Nothwendigkeit aus *Leibniz'* Definition der Substanz als eines das Universum repräsentirenden Wesens, welches sonach nicht ohne »Repräsentirendes« sein könne, und sei daher vom übrigen System unzertrennlich. Allein lag nicht die Frage viel näher: Wodurch bewirkt denn das Repräsentirte, daß es repräsentirt wird? Doch wohl dadurch, daß es auf das Repräsentirende einwirkt, seine eigene Repräsentation in demselben hervorbringt? Durch die Annahme einer solchen Einwirkung wäre aber die prästabilirte Harmonie vermieden, oder die Harmonie zwischen den einfachen Wesen selbst überhaupt erst begreiflich geworden.

thun wollte, für welchen er keine apriorische Berechtigung, gegen den er wohl gar Gründe zu haben glaubte. Der physische Einfluß bleibt somit allein übrig, wenn das Nichtwirken der Substanzen ausgeschlossen wird und es handelt sich nur darum, denselben richtig aufzufassen.

Leibniz nahm den Begriff offenbar zu eng, denn nach seiner Erklärung könnten nur Wesen, welche Ausdehnung haben, also zusammengesetzt und folglich Körper sind, physisch auf einander einwirken. Nur von solchen können sich Theile ablösen und nur solche können dergleichen in sich aufnehmen. Das Wort »physisch« bildete einen strengen Gegensatz gegen die Einwirkung geistiger Naturen auf einander, wie sie in der Erziehung, im Unterricht, in der Mittheilung statthat. Da es für ihn keine andern, als einfache und zwar geistige Wesen gab, so hatte er mit der Verwerfung des materiellen Einflusses vollkommen recht: nur war damit die Möglichkeit eines Einflusses derselben auf einander überhaupt noch nicht verworfen. Sein Argument betraf die *einfachen* Substanzen eigentlich gar nicht, sobald deren Einwirkungen auf einander nur nicht materieller Art waren; Wirkungen anderer Art auf einander auszuüben war ihnen dadurch keineswegs *verwehrt*. Da nun die Erfahrung Wirksamkeit der Substanzen forderte, so setzte er sich im Grund in unnöthigen Widerspruch mit derselben, wenn er ihr Stattfinden dort bestritt, wo seine Gründe für das Gegentheil keine Anwendung mehr fanden. Während er die endlichen Substanzen der Fähigkeit, nach außen Wirkungen was immer für einer Art hervorzubringen, für verlustig erklärte, gab er diese Fähigkeit an der unendlichen Substanz unbedenklich zu. Er gestand daher, daß wenigstens die unendliche Substanz die Fähigkeit nach außen zu wirken, und alle Endlichen die Fähigkeit von ihr Einwirkungen zu empfangen, in der That besitzen, daß sonach eine Art der Einwirkung zwischen *rein einfachen* Wesen nicht nur möglich sei, sondern wirklich bestehe, welche nicht materieller Natur sei. Von welcher Art sie sei, zu erforschen, oder gar eine Beschreibung davon zu liefern, dünkte ihm so unausführbar, daß er sie der Allmacht des höchsten Wesens zuschob, für welches Nichts unmöglich sei. Wird man aber selbst der *Allmacht* etwas zumuthen dürfen, was *an sich* unmöglich ist? schließt nicht schon die höchste Heiligkeit Gottes mehreres an sich Mögliche von dem Kreise seines Wollens und Handelns aus? Nicht mehr noch die wechselseitige Beschränkung, welche seine neben einander bestehenden Eigenschaften der Allmacht und Heiligkeit einander auflegen? Gibt es ferner, wenn wir auch nicht den Umstand, daß die Gottheit keinen Schmerz empfinden, Nichts vergessen könne u. dgl. als eine Schranke derselben ansehen wollen, gibt es nicht auch dann eine Menge theoretischer Begriffswahrheiten, welche den Umfang dessen, was Gott hervorbringen kann, beschränken, weil sich bei näherer Betrachtung zeigt, daß es etwas an sich selbst Unmögliches, oder dem Wohle des Ganzen doch gar nicht Zusagendes wäre, z. B. ein Körper mit sieben gleichen ebenen Seitenflächen begrenzt u. dgl. Ist aber eine Einwirkung von Seiten der Urmonas auf die übrigen nicht nur *an sich* möglich, sondern auch wirklich, so läßt sich fragen, warum diese Fähigkeit, nur in minder vollkommenem Grade, nicht auch den endlichen Substanzen zukommen solle? warum diese, da es *an sich* möglich ist, daß sie Wirkungen von außen empfangen, weil sie ja dergleichen von der vollkommensten Substanz empfangen, nicht auch äußern Einflüssen von gleichfalls endlichen Substanzen ausgesetzt sein dürften?

Benützen wir diesen Umstand, so sind wir der Nothwendigkeit enthoben, bei der prästabilirten Harmonie unsre Zuflucht zu suchen. *Leibniz* gesteht einfache Wesen zu, welche Kräfte, und zwar mehrere, der Veränderung, Vermehrung und Verminderung fähige Kräfte besitzen, unter welchen sich »primitive« befinden, welche unfähig »jemals zu ruhen« in fortwährender Thätigkeit begriffen sein müssen. Welche Gründe können uns noch weiter nöthigen, die Wirkungen dieser thätigen Kräfte als dem Thätigen selbst ausschließend *immanent* anzusehen? Der Grund, den das System dafür beibringt, ist hinweggefallen. Die Äußerung dieser Kraft nach außen braucht nicht materieller Übergang zu sein. Wir haben ein Beispiel äußerer, nicht materieller transeunter Wirkung an der Wirksamkeit der Urmonas: warum soll eine ähnliche nicht auch an den, ihrer Einfachheit nach, von ihr nicht verschiedenen endlichen Substanzen stattfinden können?

Gibt es aber weiter keinen Einwand gegen diese Annahme (und *Leibniz* führt in der That keinen weiteren an, sondern liefert sogar selbst das Beispiel der Urmonas als des nach außen unendlich-Thätigen), so kann es uns gestattet sein, sie einmal versuchsweise an die Stelle der entgegengesetzten Annahme zu setzen. Wir erklären unter ihrer Voraussetzung irgend ein Veränderungsphänomen, z. B. das des Stosses. Von einer Reihe dicht aneinander hängender Kugeln werde die erste in Bewegung gesetzt; die letzte fliegt ab, die mittleren bleiben in Ruhe. Die erste hat, da wir jetzt *annehmen*, ein Ding könne nach außen auf das andere wirken, auf die letzte gewirkt, von der sie durch so viele mittlere getrennt war. Was liegt hier näher, als der Schluß: die Wirkung der ersten auf die letzte sei durch die mittleren vermittelt worden; die erste habe auf die zweite, diese auf die dritte u. s. f. bis auf die letzte gewirkt: Während die Wirkung der ersten auf die letzte durch die mittleren Kugeln vermittelt war, wurde die Wirkung der ersten auf die zweite durch keine weitere Kugel vermittelt, sie kann daher in Bezug zu der vorigen eine unvermittelte heißen. Mit der Zurückführung der vermittelten auf unvermittelte Wirkung haben wir sie in der That der Erklärung näher geführt, wir haben sie aber derselben zugleich so nahe geführt, als dies überhaupt geschehen kann. Wer wird es übernehmen, das Unvermittelte noch weiter zu erklären, d. h. dasjenige aufzuweisen, durch welche es selbst wieder vermittelt worden sei? Wäre dies nicht eben so, als wollte man das Einfache noch in Theile zerlegen, das Axiom noch weiter begründen? Nicht Schwäche unserer Erkenntnißkraft, nicht Beschränktheit unsers Verstandes, die *Sache* selbst verbietet uns weiter zu gehen. Es ist dies einer von jenen nicht seltenen Sätzen, die keines Beweises bedürfen, weil sie an und für sich jedem unbefangenen Verstande einleuchten. Einen Erfolg *erklären*, heißt angeben, durch welche Mittel er zu Stande gekommen. Wenn er nun *ohne* weitere Vermittlung eingetreten ist, so ist es ja eine offenbare *Unmöglichkeit* ihn weiter zu erklären, und eine eben so offenbare Ungereimtheit dies zu wollen.

Setzen wir daher an die Stelle jener Kugeln eine Reihe dicht[118] an einander liegender einfacher Monaden und wir bemerken an dem Endgliede derselben, *B*, eine Veränderung, deren Grund wir am Anfangsglied *A* wahrnehmen, so schließen wir, *A* habe auf *B* verändernd eingewirkt. Es frägt sich, ob diese Wirkung eine vermittelte oder unvermittelte gewesen sei. Im letzteren Falle bedarf sie keiner weitern

---

118 Eine unzulässige Annahme, wie wir sogleich sehen werden, die aber doch von Denkern, wie *Herbart, Fischer* u. a., wenn auch versteckter Weise, gemacht wird. Denn wann sind ein paar Monaden dicht aneinander? Wenn die linke Seite der einen mit der rechten der andern zusammenfällt. Aber da müßten sie erst zwei Seiten, also Theile haben. Die Antwort ist somit: nie können sie so liegen, daß ihre Orte nicht zwei verschiedene, und somit eine Entfernung zwischen ihnen wäre, welche man eben durch das Wort: *dicht* vermeiden will. Den Beweis gleich nachher.

Erklärung, und ist keiner solchen fähig, im erstern läßt sie sich auf unvermittelte Wirkungen zurückführen.

Der Beantwortung dieser Frage muß die andere vorhergehen, ob der Raum stetig erfüllt sei oder nicht? *Leibniz* war der erstern Ansicht. »Der Raum«, sagt er[119], »ist ein Verhältniß, eine gewisse Anordnung nicht nur der existirenden Dinge, sondern auch der nur möglichen, als ob sie existirten. Seine Wahrheit und Realität aber ist wie die aller ewigen Wahrheiten in Gott begründet .... Raum und Zeit haben ihre Realität nur in Gott, und er kann die Leere erfüllen, sobald es ihm gutdünkt, insofern ist er allgegenwärtig ... Ich lasse kein Leeres im Raume zu ..« Und um dem Einwurf zu begegnen, daß dann auch die Bewegung unmöglich sein würde, ein Einwurf, der auch die cartesianischen Wirbel veranlaßte, fügt er hinzu: »Wäre die Welt mit harten Körperchen erfüllt, die sich weder schmiegen noch theilen könnten, also mit eigentlichen Atomen, so wäre Bewegung im erfüllten Raume allerdings unmöglich. Allein in der Wirklichkeit gibt es gar keine ursprüngliche Härte; im Gegentheil die Flüssigkeit ist ursprünglich, und die Körper zertheilen sich nach Bedürfniß, weil kein Hinderniß da ist.« Wie dem auch sei, er konnte nicht leicht anders urtheilen, ohne in Widerspruch mit dem theokratischen Charakter seines Systems zu gerathen. Denn steht ein allweiser, höchst gütiger und allmächtiger Schöpfer an der Spitze der Welt, so würde es seinem auf Erzeugung der größtmöglichen Summe von Wohlsein in derselben gerichteten Sorgfalt widersprechen, auch nur einen einzigen Punkt im Raume unbesetzt, auch nur eine einzige Möglichkeit des Daseins eines Geschöpfes unerfüllt zu lassen, weil dadurch wenigstens Ein Wesen der Gelegenheit beraubt würde, sich seines Daseins und seiner Glückseligkeit zu erfreuen.

Ist nun, wie wir mit *Leibniz* annehmen wollen, der Raum in der That erfüllt in allen seinen Punkten, so existirt auch zwischen je zwei auf einander einwirkenden einfachen Wesen, seien sie nah oder fern, eine stetig erfüllte und zusammenhängende Reihe von Monaden. Auf ähnliche Weise, wie sich bei den Kugeln die Einwirkung von der ersten auf die zunächst befindliche, von dieser wieder auf die nächste u. s. w. fortpflanzte, wird nun auch die Fortpflanzungsweise der Wirkungen durch die Monadenreihe gedacht. Die erste theilt sie der nächsten mit,

---

119 *Nouv. ess.* S. 240.

diese wieder der nächsten u. s. f. Da zwischen dem ersten und zweiten kein dritter Atom, der als Vermittler dienen könnte, aber auch der Annahme zufolge, daß der ganze Raum stetig erfüllt sei, kein leerer Raum sich vorfindet, so kann man diese Wirkungen zwischen *nächsten* Atomen als die *unmittelbaren* betrachten, auf welche sich jede wie immer vermittelte transeunte Wirksamkeit zurückführen lassen muß, und die selbst nicht mehr auf andere zurückgeführt zu werden vermag. Unmittelbares erklären zu wollen, widerstreitet ja seiner eigenen Natur, widerspricht jedem gesunden Verstande. Im Worte selbst liegt es schon, daß hier nichts weiter weder zerlegt noch selbst wieder ermittelt werden könne; und dies und nichts anderes soll doch der Ausdruck: ein Ereigniß, ein Geschehen erklären, bedeuten. Weder von der Art noch von der innern Beschaffenheit des unmittelbaren Verkehrs läßt sich weiter etwas mit Wahrheit aussagen. Beide sind ganz und vollständig bestimmt, sobald man nur den Act, dessen Stattfinden einmal erwiesen ist, als einen unmittelbaren erkannt und anerkannt hat. Allerdings vermögen wir sie aus diesem Grund weder empirisch nachzuweisen, so wenig wie die einfachen Wesen, die die Grundlage des Wirklichen wie der Erscheinung ausmachen, noch sind wir im Stande, sie mit Händen zu greifen, ja nicht einmal ein Bild uns von denselben zu entwerfen, so wenig als wir dies von einem einfachen Raumpunkte zu thun vermögen. Das Dasein unmittelbarer Wirkungen beruht auf einem nothwendigen reinen Vernunftschlusse, sobald wir einmal der Erfahrung zufolge Wirkungen überhaupt zulassen. Selbst die seltsame Hypothese, jeder mögliche physische Einfluß sei überhaupt nur als Übergang materieller Theilchen denkbar, und auf dieses Übergehen lasse sich jede wo und wie immer in der Welt stattfindende Veränderung reduciren, kann ohne Voraussetzung unmittelbarer Wirkungen nicht bestehen. Denn fragen wir, was die Ursache der Ortsveränderung sei, oder was diese selbst wieder für Wirkungen hervorbringe, so muß man uns die Antwort schuldig bleiben, oder zugeben daß in beiden Fällen selbst unmittelbares Einwirken von außen stattfindet. Eine Ursache der Ortsveränderung muß es ohne Zweifel geben. Ist diese selbst eine unmittelbare, so sind wir weitern Suchens überhoben, ist sie eine mittelbare, so setzt sie neuerdings eine unmittelbare voraus. Und nur die letztere ist die wahre, eigentliche Ursache; die mittelbare Ursache ist nur die Wirkung einer andern Ursache. Gibt es aber auch nur Ortsveränderungen in der geschaffenen Welt, und sollen sie nicht zweck- und ziellos sein, ja sollen sie nur zu unserer Kenntniß überhaupt gelangen, so müssen sie selbst neue Veränderungen in uns, d. i. Vorstellungen nach sich ziehen, und dies unmittelbar, d. i. nicht wieder durch Hilfe anderer Ortsveränderungen. Wollen wir daher nicht alles thatsächliche Einwirken kurzweg abläugnen, wollen wir nicht dem gesunden Menschenverstande zum Trotz behaupten, es herrsche in der gesammten Schöpfung nirgendwo ein ursächlicher Zusammenhang unter den Wesen, so müssen wir das Vorhandensein mannigfachen unmittelbaren Einwirkens zugestehen, weil es ohne diese kein vermitteltes und überhaupt gar kein transeuntes Einwirken geben könnte. Vermitteltes fordert Unvermitteltes so streng, wie das Zusammengesetzte das Einfache; jenes ohne dieses ist nicht denkbar, geschweige *wirklich*. Dieser Satz bedarf keines Beweises; er ist an und für sich klar. Wenn er nicht selten übersehen und mißverstanden wird, so liegt der Grund davon vielleicht weniger in ihm, als in gewissen Vorurtheilen, die häufig viel mehr den Gelehrten als dem schlichten Verstande geläufig sind. So gibt es gar manche Geometer, die mit dem einfachen Punkte nicht recht umzugehen wissen; bald wollen sie aus zwei oder drei solchen Punkten, wenn sie dieselben nur recht dicht an einander schieben, eine Linie (etwa die kleinste gerade) erzeugen; bald sehen sie wohl ein, daß jede auch noch so kurze Linie eine unendliche Menge von Pünktchen enthalten müsse, meinen aber wieder, daß diese Menge bei Linien von einer gleichen Länge auch eine gleiche sein müsse; Einige sagen sogar, die Linie, die Fläche, der Körper enthielten keine unendliche Menge von Punkten, sondern nur eine Anzahl von Punkten, die immer noch vermehrt werden könne, oder es gebe nebst den Punkten noch etwas Anderes, was die Linie bildet, und mehr dergleichen Ungereimtheiten. Ist es aber darum, weil wir den einfachen Punkt nicht *wahrnehmen*, weniger gewiß, daß es solche gebe? weniger gewiß, da es doch ein logischer Grund verlangt, weil Zusammengesetztes ohne Einfaches überhaupt gar nicht möglich ist? Würde ein Blinder, der eine menschliche Stimme hört, bei'm Tasten nach derselben aber nur Tische, Stühle und Hausgeräth berührt, ein Recht haben zu vermuthen, es sei kein *Mensch* vorhanden, obgleich er dessen Stimme vernommen, weil er ihn bei seinem Herumtappen noch nicht berührt hat, ihn vielleicht gar nicht berühren kann, weil dieser durch ein natürliches Hinderniß von ihm geschieden ist? Dürfen wir demnach nicht einer Folgerung, welche sich mit Nothwendigkeit aus einem als wahr anerkannten Satz ergibt, ungeachtet wir sie durch die Sinne nicht zu verificiren im Stande sind, mehr und mit größerer Sicherheit Glauben schenken, als der Beschränkung nicht nur unserer äußeren Sinnesorgane, sondern auch unserer inneren, der Phantasie, der Einbildungskraft, die von äußern Eindrücken der Sinnenwelt geweckt und genährt, auch nur diesen ähnliche wieder hervorzubringen vermag? Die *Erkenntniß* aus *Begriffen* ist wohl auch abhängig von den Täuschungen unserer, von den Sinnen geleiteten Urtheilskraft, von den Irrthümern und Täuschungen unsers menschlichen Erkennens, allein die Abfolge einzelner Wahrheiten unter einander, ihr innerer objectiver Zusammenhang, ist vollkommen unabhängig von dem Gedacht- oder Erkanntwerden desselben. So setzt der Begriff des Zusammengesetzten an und für sich den Begriff des Einfachen voraus, weil dieser in ihm als Bestandtheil erscheint, ohne welchen er selbst nicht sein würde, was er ist. Eben so verlangt der Satz, welcher das Dasein des Zusammengesetzten ausspricht, als unabweisliche Forderung jenen, der das Dasein des Einfachen ausspricht. Ist der eine wahr, so muß es auch der andere sein. An dem Dasein zusammengesetzter Dinge, Körper u. a. zweifelt aber Niemand.

Der Satz: Wo es Vermitteltes gibt, muß es Unvermitteltes geben, ist, wie man leicht sieht, nur eine Variation des *Leibniz*'schen Haupt- und Fundamentalsatzes: Wo es Zusammengesetztes gibt, muß es Einfaches geben. Den letztern hat *Leibniz* mit sieghafter Klarheit vertheidigt und durchgefochten, und sich mit dessen Hilfe vom cartesianischen Dualismus emancipirt. Was mochte es gewesen sein, das ihn verhinderte, sich der zweiten folgereichen Anwendbarkeit desselben Satzes bewußt zu werden? Er, welcher das Dasein einfacher Wesen mit so tiefer Überzeugung anerkannte, hatte den Einwand nicht zu fürchten, daß man unmittelbare Wirkungen nicht zu »denken« vermöge, was hier nichts anders hieße, als: man sei nicht im Stande, sich ein sinnliches Bild, etwa wie von den materiellen Theilchen des physischen Einflusses, von denselben zu entwerfen. Scheute er sich vor der Lücke, welche das Denken hier übrig zu lassen schien, indem es sich auf ein, nicht weiter erklärbares, Unvermitteltes berief? Konnte es ihm, nachdem er das Dasein des moralischen Übels als eine unausweichliche, in der Natur der Sache und einer vernünftigen Weltregierung begründete, und deshalb keineswegs mit Schmerz oder Unwillen zu ertragende Nothwendigkeit geschildert hatte, entgehen, daß hier eine gleiche in der

Natur der Sache, nicht auf der Schwäche unsers Erkenntnißvermögens beruhende Nothwendigkeit stattfinde? Konnte ihn dies bewegen, den Versuch weiterer Erklärung aufzugeben? Schreckte es ihn, der mit der Fackel der Philosophie in so viele verborgene dunkle Tiefen geleuchtet, an diesem entscheidenden Punkt gestehen zu sollen, er stehe an den verschlossenen Pforten eines »Geheimnisses?«

Dieses Wort ist so schwer verpönt von der Philosophie, die es sich zur Aufgabe macht, Alles ergründen und Alles erklären zu können, und wird so häufig angewendet, daß es die Mühe lohnt zu untersuchen, was man dabei eigentlich denke. Ein Geheimniß bedeutet immer etwas Unerklärliches, Unzugängliches, Verborgenes; aber schon diese Worte weisen darauf hin, es betreffe nur das Verhältniß irgend einer *Sache*, einer Wahrheit, eines Ereignisses zu unserer Erkenntniß oder zu unserem Wahrnehmen und Begehren. Nur weil die Statue zu *Sais* wirklich vorhanden, aber für jeden Beschauer verschleiert war, hieß sie ein Geheimniß. Daher kann ein Geheimniß sich lösen, verschwinden, wenn unsere Erkenntnißkräfte steigen oder günstige Umstände hinzukommen. Wo aber Nichts vorhanden ist, da ist auch von keinem Geheimniß die Rede. Ein solches hat nur dann statt, wo ein Erkennen oder ein Erklären an sich möglich ist, und nur uns durch unsre mangelhafte Erkenntnißkraft oder durch Schuld ungünstiger Umstände unmöglich gemacht wird. Nicht das Nichtwissen überhaupt, sondern nur das Nichtwissen Desjenigen, was an sich wißbar ist, ist ein *Geheimniß*.

Bei den unmittelbaren Wirkungen findet in der That kein Nichtwissen des an sich Wißbaren statt. Sie sind an und für sich ihrer Natur nach nicht weiter erklärbar, und ein jeder Versuch, sie auf einfachere Vorgänge zurückzuführen, müßte eine Ungereimtheit zu Tage fördern. Sie sind weder ein Geheimniß noch eine Fiction, noch ein logisches Unding; sie sind, sobald einmal Wirkungen überhaupt angenommen werden, eine unbestreitbare, durch die Beschaffenheit des Begriffs der Wirkung geforderte und gegebene Thatsache, an der selbst für ein allwissendes Wesen Nichts zu erklären erübrigt.

Es mögen außer den genannten noch Gründe anderer Art gewesen sein, die *Leibniz* bewogen, den diesem so nahe liegenden Ausweg gerade entgegengesetzten, den Weg der prästabilirten Harmonie einzuschlagen, und mit soviel Scharfsinn und Beredsamkeit durchzuführen. Bei näherer Betrachtung ergibt es sich, daß wenigstens einige derselben in dem nahen Zusammenhang des Problems der transeunten Wirksamkeit mit den im Raum- und Zeitbegriffe auftauchenden Verwicklungen und Schwierigkeiten gelegen haben mögen.

Die oben gegebene Auflösung wäre völlig befriedigend, wenn es die Annahme wäre, daß es in allseitig stetig erfülltem Raume Punkte gebe, welche einander die *nächsten*, und deren erfüllende Substanzen einander ebenfalls die nächsten sind. Die unmittelbare Wirkung, die in diesem Falle zwischen nächsten Substanzen stattfindet, wäre dann im eigentlichen Sinne zwar eine *actio transiens*, aber keine *actio in distans*, weil keine Distanz zwischen den Substanzen, die im nächsten Raumpunkten sich befinden, eingeschoben werden kann. Das Nebeneinanderliegen der nächsten Raumpunkte hätte etwa nach Art des *Herbart*'schen reinen *Aneinander* statt; während dieser aber die wechselseitige vollkommene Durchdringung und das völlige Ineinandersein der einfachen Wesen zur unerläßlichen Bedingung des entstehenden wirklichen Geschehens macht, geht in unserm angenommenen Falle eine wahrhaft unmittelbare übergehende Wirksamkeit von der einen zu der außer ihr, aber zunächst befindlichen Substanz vor.

Allein unglücklicher Weise ist die Annahme nächster, d. i. solcher Raumpunkte, zwischen welchen ein dritter weder möglich noch wirklich ist, eben so unrichtig, wie die Annahme einander zunächst und unmittelbar *an* einander befindlichen Substanzen.

Beide Annahmen sind nicht gleich bedeutend. Man könnte zugegeben haben, wie es jeder Geometer thut, der die Stetigkeit des Raumes nicht läugnet, daß es keine nächsten Raumpunkte gebe, die unmittelbaren Wirkungen sonach nicht solche seien, welche von Substanzen ausgeübt werden, die sich in nächsten Raumpunkten befinden: dennoch könnte man behaupten wollen, es ließen sich Substanzen aufweisen, die zwischen sich nur *leeren* Raum und keine mittleren Substanzen haben. Im ersten Fall fände blos eine *actio transiens*, im letztern eine eigentliche *actio in distans* statt, und jene Substanzen wirkten unmittelbar aufeinander, zwischen welchen es keine gibt, die einer von beiden näher wäre, als sie es selbst einander sind. Dies hieße aber so viel, es gebe leeren Raum, der Raum sei nicht stetig erfüllt. Wir wollen versuchen, zu zeigen, daß die eine Annahme so irrig sei, wie die andere.

Da mit diesen beiden Sätzen das ganze frühere Raisonnement zu fallen scheint, so ist es nöthig, sie ausführlich zu prüfen. Was den erstern betrifft, der sich auf die Voraussetzung stützt, es gebe im Raum nächste Punkte, so vergleichen wir, was *Herbart*'s Synechologie darüber enthält. Diese betrachtet die Linie anfangs so gut wie der Geometer als Continuum und stößt auf den Satz, der auch der Antinomie der Materie zu Grunde liegt: die Linie ist unendlich (ohne Ende) theilbar, und: sie ist nicht unendlich theilbar. Beide Sätze sind in einem gewissen Sinne, der aber bei jedem ein anderer ist, wahr, wäre dieser Sinn nicht bei jedem ein anderer, so müßte einer der beiden Sätze nothwendig falsch sein. Versuchen wir z. B. die Linie A B durch Anwendung gewisser, immer kleiner anzunehmender Maßeinheiten zu theilen, so gelangen wir *niemals* an's Ende. Andrerseits wissen wir, die Linie sei ein Zusammengesetztes; ein solches könne aber nicht bestehen ohne einfache Theile; dergleichen muß daher auch die Linie besitzen, zu welchen wir jedoch durch fortgesetzte Theilung niemals gelangen. Warum? weil wir das Einfache überhaupt nur zu denken, aber weder *anzuschauen* und empirisch zu erreichen, noch im Bilde *festzuhalten* vermögen. Soll die Linie daher einfache letzte Theile wirklich enthalten, dabei aber dennoch unendlich theilbar heißen, so kann dies letztere nur in Bezug auf die von uns wirklich versuchte und fortgesetzte Theilung der Fall sein. Eine solche *wirkliche* Theilung kann aber nur etwa bei materiellen Linien stattfinden. Bei diesen jedoch gelangen wir sehr bald an's Ende, weil uns keine Mittel weiter zu Gebote stehen, die Theilung fortzusetzen. Dagegen hat jede Linie, unabhängig von uns und unserer wirklichen Theilung an und für sich einfache, für uns unerreichbare letzte Theile, schon deshalb, weil sie ihrer Erklärung nach ein Ausgedehntes, also Zusammengesetztes sein muß und jeder ihrer Punkte, anzufangen von einer gewissen Entfernung für alle kleineren abwärts, gewisse Nachbarn hat, woraus die unendliche Menge ihrer Punkte von selbst folgt.

Es frägt sich, von welcher Art sind nun diese einfachen letzten, selbst theillosen Theile? Noch immer wiederholen einige Geometer den Satz: die Linie sei in's Unendliche aus Linien zusammengesetzt. Dieser ist nur richtig, wenn man ihn so versteht, daß es zu jeder auch noch so großen Anzahl von Linien, aus denen wir uns jede Linie, so klein sie wäre, zusammengesetzt denken, noch eine größere gibt. Unrichtig aber ist er, wenn er entweder so viel heißt, die Linie habe keine einfachen Theile, oder ihre einfachen Theile seien wieder Linien. Es ist wahr, daß wir durch fortgesetzte Theilung der Linie immer nur wieder zu Linien gelangen; es ist aber auch eben so wahr, daß jede Linie einfache Theile haben müsse, weil sie ein Zusammengesetztes ist. Diese einfachen

Theile können nun selbst nicht wieder Linien sein, weil sie sonst selbst Ausgedehnte wären und aufhörten, ihre Bezeichnung zu verdienen. Sie sind eben nichts als einfache Theile und führen als solche den Namen: Punkte.

Es frägt sich ferner, ob es dieser Punkte in jeder (begrenzten oder unbegrenzten) Linie eine endliche oder unendliche Menge gebe? Sind ihrer nur endlich viele, so tritt der Satz der alten Metaphysik in sein Recht: *extensio linearum pendet a numero punctorum*. Dennoch ist eine Linie schon größer als eine andere, sobald sie nur um einen einzigen Punkt mehr besitzt, als diese. Allein eine Linie hat eine gewisse Ausdehnung; ein Punkt als einfacher Raumtheil hat keine Ausdehnung. Wird nun eine Ausdehnung, die um eine Null der Ausdehnung vermehrt worden, wohl größer heißen dürfen, als sie früher war? Den citirten Satz *Wolff*'s und *Baumgarten*'s erklärt auch *Herbart*, freilich blos in Bezug auf die »starre Linie«, für den seinigen und nimmt an, die Linie im intelligiblen Raum bestehe aus einer blos endlichen Anzahl reiner Aneinander. Und *Fischer* behauptet geradezu, zwei Punkte, deren Entfernung = 0, müßten nicht *in* einander, sondern könnten ganz wohl *an* einander gedacht werden. Denn nur für die Anschauung seien zwei Punkte, deren Entfernung = 0, *ein* Punkt, also *in* einander. Daß sie aber auch *an* einander gedacht werden könnten, und in manchen Fällen müssen, lasse sich außer Zweifel setzen[120]. Daß sie so *gedacht* werden können, bewies der Verf. selbst, indem er die Stelle niederschrieb, damit mußte er aber noch keineswegs etwas *Wahres* gedacht haben[121]. Es läßt sich vielmehr ganz streng beweisen, daß zwei Punkte einander nie und nirgendwo so nahe sein können, daß nicht noch ein dritter zwischen ihnen Raum fände.

Besteht aber die Linie nicht aus einer *endlichen* Anzahl von Punkten, so kann sie nur aus einer *unendlichen* bestehen. Jede begrenzte Linie,

---

[120] Versuch einer logischen Analyse des Begriffs vom Unendlichen. (Vgl. *Hartenst*. Met. S. 298.) Wahrscheinlich hat der Verf. die Berührung krummer Linien mittels ihrer Tangenten im Sinne, die so innig sein soll, daß kein dritter Punkt zwischen dem berührenden und berührten liegt. Wäre aber die Berührung nicht viel inniger, wenn der berührende und der berührte Punkt ein und derselbe, der Tangente und der krummen Linie gemeinschaftliche, Punkt wären?

[121] Vgl. *Trendelenburg*: logische Untersuch. I. S. 157.

z. B. *A B*, die eine bestimmte endliche Länge, etwa die eines Zolles hat, erscheint daher in einer Hinsicht *endlich*, in einer andern *unendlich*; jenes in Bezug auf den Abstand ihrer Grenzpunkte von einander, dieses in Bezug auf die Anzahl der Punkte, welche sie enthält. Denkt man sich vollends den Raum stetig erfüllt, so nimmt jede in noch so enge Grenzen eingeschlossene Linie eine unendliche Menge von einfachen Wesen auf, weil keiner ihrer unendlich vielen Punkte unbesetzt bleiben darf. Um die hier sich häufenden scheinbaren Schwierigkeiten auf einen klaren Ausdruck zu bringen, betrachten wir nachstehendes Problem:

Nehmen wir ein Dreieck *A B C*, dessen Scheitel in *B*, dessen Basis *A C* sei, und ziehen in demselben in beliebiger Entfernung die Parallele zur Grundlinie *D E*. Nun enthält sowohl die Grundlinie als die Parallele nach dem Frühern unendlich viele Punkte. Verbinden wir ferner jeden Punkt der *A C* durch eine Gerade mit dem Scheitel *B*, so haben alle diese Geraden einen Punkt mit der *D E* gemein, ohne mit einander zusammenzufallen, da sie nicht mehr als den Scheitelpunkt *B* mit einander gemein haben dürfen. Nehmen wir endlich *A C* so erfüllt an, daß sich in jedem ihrer Punkte ein einfaches Wesen befinde, und übertragen wir die im Punkte *A* vorhandene Monas nach *D*, die in *C* befindliche nach *E*, und die in jedem beliebigen zwischen *A* und *C* gelegenen Punkt α ruhende Monas nach dem Durchschnittspunkt β der Linie *B* α mit der *D E*, so müssen *alle* in *A C* gewesenen Monaden auch in der kleineren *D E* Raum haben, und da nicht zwei Monaden in einem Raumpunkte sein können, weil ihn schon Eine vollständig *erfüllt*, so scheint zu folgen, daß die *D E* eben so viel Punkte enthalten müsse wie die *A C*.

Nichtsdestoweniger wenn wir vom Punkte *E* eine Parallele *E F* zur *D A* ziehen, schneidet diese auf der Basis *A C* ein *D E* gleiches Stück *A F* ab, in welchem sich abermals jeder Punkt mit einem entsprechenden der *D E* verbunden denken läßt, so daß auch *A F* gleich viel Punkte wie *D E* zu haben scheint. Nun ist *A C* offenbar = *A F* + *F C* > *D E* und das Stück *F C* für sich betrachtet, enthält gleichfalls eine unendliche Menge von Punkten, so daß wir erhalten

$$\infty + \infty = \infty,$$

was uns offenbar nöthigt, verschiedene Größen der Unendlichkeiten anzunehmen. Da wir nun die Basis so groß denken können, als wir nur wollen, die Parallele *D E* aber dem Scheitel so nahe rücken, und folglich so klein machen können, als wir nur wollen, so muß es zuletzt dahin kommen, daß dieselbe Menge einfacher Wesen, die vorher die Basis erfüllte, sich von der beträchtlich kleineren Parallele in der Nähe des Scheitels aufnehmen lassen muß, ohne daß jemals zwei einfache Wesen in denselben Punkt zusammenfallen. Diese scheinbar sich immer steigernde Widersinnigkeit bewog *Herbart*, zu Fictionen seine Zuflucht zu nehmen. Um Etwas, das höchstens paradox klingt, d. h. nur scheinbar widersprechend ist, weil es sich sinnlich nicht vorstellen, sondern nur mit dem Verstande erkennen läßt, nicht annehmen zu müssen, nahm er an, was ein offenbarer Widerspruch ist. Das Untheilbare Aneinander soll in ein Halbes-, Drittel- und Viertelaneinander zerlegt gedacht werden, um den sich anhäufenden Wesen Platz zu machen. Indem er so die Theilung über die von ihm festgesetzte Grenze hinaus, wenigstens in Gedanken fortsetzt, gibt er stillschweigend zu, daß die Annahme »nächster Punkte«, wie sie seine starre Linie ausmachen, zur Lösung dieser und ähnlicher Schwierigkeiten nicht hinreiche[122]. Es bleibt daher unverwehrt, zu versuchen, ob es mit dem Gegentheil dieser Annahme besser gelingen werde. Gibt es in der That keine nächsten Punkte, sondern enthalten je zwei auch noch so nahe an einander gerückte Punkte noch einen dritten zwischen sich, so enthält auch jede noch so kleine räumliche Entfernung noch eine schrankenlose Unendlichkeit von Raumpunkten. Wollten wir statt dessen behaupten, beide Linien, sowohl die größere *A C* als die kleinere *D E*, enthielten eine gleiche Unendlichkeit von Punkten, so würden wir eine ganz unberechtigte Behauptung aufstellen, weil wir blos aus dem Umstande, daß zwei Mengen in einem solchen Verhältniß stehen, daß wir verfahrend nach einer gewissen Regel mit jedem Gliede der Einen ein und nur eines der Andern und mit jedem Gliede der Andern ein und nur eines der Erstern zu einem Paare vereinigen können, mit dem Erfolge, daß kein Glied der einen oder der andern Menge mehrmal genommen, auch keines übersprungen wird – weil wir aus diesem Umstande noch gar nicht *berechtigt* sind zu behaupten, daß beide Mengen einander gleich seien, sobald sie unendlich sind. Ein deutliches Beispiel davon liefern die Reihen der natürlichen Zahlen und der nach denselben fortlaufenden Potenzen von der Zahl 10. Wir würden daher

---

[122] Dies erkennt auch *Trendelenburg* an: Log. Unt. I. S. 167.

in dieselbe Ungereimtheit verfallen, zu welcher, wie wir sahen, der Satz: *extensio linearum pendet a numero punctorum*, verleiten konnte. Vorsichtiger dürfen wir uns nur folgendermaßen ausdrücken: für jeden Punkt in der *A C* gibt es einen entsprechenden in der *D E*. Dawider läßt sich nichts einwenden, weil zwischen je zwei Punkten eine unendliche Menge anderer noch eingeschoben werden kann. Jede Linie daher, welche man zu theilen und deren letzte Theile man zu erreichen strebt, läßt sich mit der Reihe der natürlichen Zahlen vergleichen, von denen je zwei zwischen sich eine unendliche Reihe von Brüchen haben. Jedes Paar der zunächst stehenden Brüche wird unter sich wieder durch eine unendliche Reihe von Brüchen getrennt, so daß das Ganze das Ansehen eines Fächersystems ineinander geschobener Unendlichkeiten gewinnt, in welchem das nachfolgende und aufwickelnde Denken zuletzt den Faden verlieren zu müssen glaubt. Allein welcher Anhänger der starren Linie würde sich nicht sträuben gegen die Annahme: daß durch Herausnahme eines einzigen Punktes *c* aus der Mitte der begrenzten Linie *a b*, diese in zwei Stücke getheilt wird, deren jedes jetzt auf der Seite gegen *c* hin *unbegrenzt* ist, und sich dem Orte dieses *c* in's Unendliche nähert? Abgesehen davon, daß er schon die Einschließung unendlich vieler Raumpunkte in endliche Grenzen nicht zugesteht, und eine Linie nicht glaubt summiren zu können, bevor er sie nicht durch endliche Wiederholung des reinen Aneinander construirt hat, abgesehen davon, würde er nicht den Kopf schütteln über die Behauptung, die Linie *a b*, deren Grenzpunkte ich hinweggenommen, sei nun unbegrenzt und auf beiden Seiten unendlich? Er würde sich kaum von der Vorstellung losmachen können, daß nach Hinwegnahme der Grenzpunkte *a* und *b* die beiden nächsten Punkte z. B. *c* und *d* neue Grenzpunkte werden, sowie wenn man von einer Reihe Soldaten die beiden Flügelmänner wegnimmt, ihre nächsten Nebenmänner an ihre Stelle treten.

Da es in allen diesen Fällen beinahe ausschließlich darauf ankommt, ob man den Satz, es gebe nächste Raumpunkte, zwischen welchen kein dritter sei, annehme oder verwerfe: so wollen wir es jetzt versuchen, den Beweis für das Gegentheil desselben zu führen. Denn je schwieriger es dem Vorstellen wird, Unendlichkeiten, und vollends vervielfältigte Unendlichkeiten, einfache (letzte) und *unendlich* zahlreiche Punkte zu sondern und festzuhalten; je mehr wir geneigt sind, unsrer sinnlich-endlichen, bildergewöhnten Einbildungs- und Fassungskraft ausschließlich zu folgen und zu vertrauen: um desto wichtiger ist es, sich der apriorischen Gründe bewußt zu werden, auf welchen ein Satz, den unsre nur Endliches umfassende Vorstellungskraft beständig zu widerlegen scheint, gefestigt ruht. Sind diese unwidersprechlich, so vermögen wir fortan, dort wenigstens wo es begreifliche Erkenntniß und strengwissenschaftliche Schärfe gilt, uns von falschen Vorspieglungen und Folgerungen, zu welchen uns fehlerhafte Einbildungen verleiten könnten, zu verwahren. Im gemeinen Leben allerdings können wir nicht verhindern, daß uns gewöhnlich Bilder unserer Phantasie mehr leiten als scharfumrissene Begriffe und daß wir, wie *Leibniz* sagt, zu drei Viertheilen unsers Selbst Empiristen sind; »wir erwarten«, fährt er treffend fort, »jeden Tag, daß die Sonne aufgehen werde, weil es bisher so geschehen, aber nur der Astronom kennt die vernünftigen Gründe davon.«

Bevor wir aber zu unserer Darstellung des Beweises übergehen, bedarf es zunächst einer näheren Betrachtung des Begriffs der *Ähnlichkeit*. Ähnliche Dinge heißen im Allgemeinen und im täglichen Leben solche, die theilweise gleich, theilweise verschieden, und dabei von solcher Beschaffenheit sind, daß man sie leicht mit einander verwechselt. Der Mathematiker jedoch und also auch der Geometer bedient sich dieses Worts in einer engern Bedeutung, und bestimmt die Beschaffenheiten selbst genauer, die Dingen gemeinschaftlich sein müssen, um in seinem Sinne ähnlich zu heißen. Bloß äußerliche, zufällig übereinstimmende Beschaffenheiten reichen dazu nicht hin. Ein Dreieck und Viereck, die beide zwei Quadratzoll Flächenraum haben, werden darum noch nicht leicht verwechselt werden können. Dagegen werden zwei Dreiecke, deren Seiten beiderseits unter einander ein Verhältniß wie 3 : 4 : 5 haben, mit Recht schon ähnlich heißen dürfen, wenn auch die Seiten des Einen 3, 4 und 5 Zoll, die des Andern nur 9, 12 und 15 Linien lang sind. Denn das Verhältniß der Seiten unter einander, das mit ihrer Maßeinheit nichts zu thun hat, ist dasselbe geblieben. Von dieser Maßeinheit, sei sie nun Metre, Zoll, Linie oder was immer sonst, ist es ganz unmöglich, Jemand einen Begriff beizubringen, wenn ich sie ihm nicht aufzeige, sie ihn *anschauen* lasse, ihm einen wirklichen Maßgegenstand, eine Elle etwa oder etwas der Art, vorweise. Hat er aber einmal die Anschauung der Maßeinheit, so läßt sich das Verhältniß einer gegebenen Länge zu derselben, ohne weitere *Hinweisung* auf einen bestimmten Gegenstand, durch bloße *Worte* bezeichnen. Ich sage: diese Stange ist fünf Fuß lang, und er hat die Anschauung eines Fußes bereits gehabt, so weiß er, was er sich bei fünf Fuß Länge vorzustellen habe. Die letztere Eigenschaft, sich durch bloße Worte begreiflich machen zu lassen, ohne der Anschauung eines bestimmten Einzelgegenstandes zu bedürfen, ist das untrügliche Kennzeichen solcher Beschaffenheiten, die sich durch *reine Begriffe* auffassen lassen. Haben nun mehrere Gegenstände alle innern, durch bloße Begriffe ohne irgend eine Anschauung, ausdrückbare Beschaffenheiten gemein, wie oben die Dreiecke das Verhältniß ihrer Seiten unter einander, so heißen sie mathematisch-ähnliche Gegenstände.

Ist dies richtig, so heißt es auch soviel: Sobald zwei Gegenstände im mathematischen Sinn, in welchem wir für jetzt das Wort fortwährend gebrauchen wollen, ähnlich sind, müssen alle innern, durch Begriffe (ohne Zuziehung einer Anschauung) auffaßbare Beschaffenheiten bei beiden dieselben sein, und sie lassen sich nur durch unmittelbare *Anschauung* oder durch ihre *äußern* Beschaffenheiten, d. i. durch ihre Verhältnisse zu bestimmten äußern durch Anschauung gegebenen Gegenständen, von einander unterscheiden.

Der Sinn, in welchem hier die Worte Anschauung und Begriff genommen werden, tritt wohl schon aus den angeführten Beispielen hinlänglich hervor, dennoch wird es nicht überflüssig sein, besonders über das Erstere, welches seit *Kant* in so vielfacher Bedeutung Anwendung gefunden hat, etwas beizufügen. Die Art, wie man das Wort Anschauung gewöhnlich gebraucht, wenn man Vorstellungen, wie: diese Rose, dieses Haus u. dgl. dadurch bezeichnet, läßt eine dreifache Auslegung zu; man kann bald nur das Wort: dieses, bald: Rose, Haus etc., bald beide zusammen genommen hervorgehoben wissen wollen. Die zweite Auslegung bezeichnet, wie Jedermann zugibt, keine *bloße Anschauung* eines einzelnen individuellen Gegenstandes, sondern in der That einen *Gemeinbegriff*, der viele Gegenstände, die Rosen, Häuser u. s. w. sind, umfaßt. Von diesen vielen Gegenständen, die unter denselben Begriff fallen, wollen wir aber zuweilen Einen ausscheiden, indem wir sagen, daß wir ihn anschauen; dazu bedienen wir uns des Demonstrativs: *diese* Rose (und keine andere), *dieses* Haus, u. s. w. Nach dieser (der ersten) Auslegung wollen wir mit den beigefügten Worten: Rose, Baum, Haus nur andeuten, daß *dieser* Gegenstand, den wir so eben anschauen, unter den *Begriff*: Rose, Baum u. s. w. gehört. Der Accent ruht daher auf dem *Dies*, welches den angeschauten Gegenstand von allen übrigen ausscheidet und als Gegenstand der Anschauung bezeichnet, gleichviel ob er Rose oder Baum oder etwas Anderes ist. Angeschaut wird daher nur das reine *Dies*, der einzelne Gegenstand. Die Vorstellung dieses Dies selbst ist eine *einfache* Vorstellung, in welcher sich weiter keine Theile unterscheiden lassen, ungeachtet ihr Gegenstand sehr zusammengesetzt sein mag. Denn es ist keineswegs nothwendig, daß die Theile des Gegenstands auch durch Theilvorstellungen in der Vorstellung desselben repräsentirt werden. So ist die Vorstellung: Uhr gewiß nicht aus den Vorstellungen der Theile einer Uhr zusammengesetzt, da diese letzteren bei verschiedenen (z. B. Wand-, Taschen-, Sonnen-, Sanduhren) sehr verschieden sind. Fände es in der That statt, so müßten auch *einfache* Gegenstände immer nur durch *einfache* Begriffe vorgestellt werden. Davon macht aber schon die Vorstellung der Gottheit eine Ausnahme. Diese als Gegenstand ist eine einfache Substanz, ihr Begriff als das Wesen, welches keinen Grund seines Daseins hat, ist *zusammengesetzt*. Was wir daher Anschauung nennen, ist in der That eine *einfache Einzelvorstellung*. Daraus folgt schon, daß nicht zwei Anschauungen einige Theile gemein, andere verschiedenartig besitzen können, daß mithin je zwei Anschauungen, entweder ein und dieselbe, oder in Folge verschiedener subjectiver Auffassung völlig disparat sein müssen; daß ferner die Zusätze: Rose, Baum u. s. w. nur hinzugefügt werden, um die *Gattung* zu bezeichnen, welcher der Gegenstand des »Dies« angehört, und ein Dies vom andern für die Mittheilung *möglichst* zu unterscheiden. Denn ein einzelnes Dies läßt sich, genau so wie es vorgestellt worden, gar nicht mittheilen, außer durch Hinweisung auf den Gegenstand selbst, durch welchen es erzeugt worden, und sogar die Anschauungen desselben Gegenstandes werden, in verschiedenen Seelen und unter verschiedenen Umständen empfangen, einander nicht völlig gleich sein. Daher die Verschiedenheit der sogenannten sinnlichen Begriffe, eigentlich der in verschiedenen Individuen aus der Erscheinung abstrahirten sinnlichen Bilder; die Erfahrung, daß verschiedene Menschen bei denselben Worten Verschiedenes denken u. dgl. m.

Anschauungen heißen sonach einfache Einzelvorstellungen, welche unter der Form: *Dies* auftreten. Beide Merkmale sind nothwendig, denn es gibt einfache Vorstellungen, die nicht Einzelvorstellungen sind, und Einzelvorstellungen, die nicht einfach sind. Von der ersten Art sind z.B. die Begriffe: Grund, Folge, Ursache, Wirkung u. A. die einfach sind, welchen aber viele, theils wirkliche Gegenstände, theils bloße

Sätze an sich unterstehen. Von der letztern Art ist, wie schon erwähnt, der Begriff der unbedingten, grundlosen Substanz, welche nur einen einzigen Gegenstand – die Gottheit – hat. Weder eine Vorstellung der erstern noch der letztern Art ist eine Anschauung, sondern sie sind *Begriffe*. Begriffe heißen im Allgemeinen alle unsere Vorstellungen, welche nicht Anschauungen, also alle, welche zusammengesetzt sind oder mehrere Gegenstände haben. Nach den Bestandtheilen, aus welchen sie zusammengesetzt sind, zerfallen sie selbst wieder in *gemischte* und in *reine* Begriffe. Erstere sind solche, welche in ihren nähern oder entferntern Bestandtheilen Anschauungen enthalten; letztere solche, welche entweder *einfach* oder doch aus durchgehends *reinen* Begriffen zusammengesetzt sind. Von der letzten Art sind die meisten mathematischen. Um daher einen reinen Begriff zu erklären, bedarf es durchaus keiner Hinweisung auf eine Anschauung, oder überhaupt auf Etwas, welches sich nicht mittels bloßer Worte, ohne Vorzeigung eines bestimmten Gegenstandes, mittheilen und begreiflich machen ließe. Sätze, die aus reinen Begriffen zusammengesetzt sind, führen den Namen: Begriffssätze; alle jene, in welchen als näherer oder entfernterer Bestandtheil eine Anschauung Platz greift, gehören zu den Erfahrungssätzen. Unter den Begriffssätzen kann es nun, wie begreiflich, auch solche geben, die aus durchgehends einfachen Begriffen zusammengesetzt sind. Diese, als die einfachsten, werden sich am besten zu Grundsätzen und Anfangssätzen eines wissenschaftlichen Lehrgebäudes eignen; in welchem es ohnedies der wissenschaftliche Gang erfordert, vom Einfachen zum Zusammengesetzten fortzuschreiten. Wie folgenreich diese Begriffsbestimmungen auch für die Geometrie sind, davon gibt ihre Anwendung auf den Begriff der Ähnlichkeit, und dessen hinwieder auf den vorliegenden Fall, ein Beispiel, das anschaulich genug ist.

Es ist von selbst klar, daß reine Begriffe und reine Anschauungen völlig incommensurabel sind, und weder jene aus diesen, noch diese aus jenen sich bilden können. Daraus folgt, daß Wahrheiten, welche aus bloßen reinen Begriffen zusammengesetzt sind, nur wieder aus eben solchen Wahrheiten objectiv abgeleitet werden können, und eben so, daß sich in Folgerungen aus gemischten, d. i. aus Anschauungen und Begriffen bestehenden Sätzen wieder Anschauungen vorfinden müssen.

Wenden wir dies auf das Verhältniß zwischen den *zeitlichen* und *räumlichen* Bestimmungen der Dinge an. Beide verhalten sich zu einander wie Grund und Folge, so daß jene die Bedingung abgeben, daß in diesen eine Veränderung eintrete, weil eine jede Veränderung Zeit bedarf. Man kann daher die letztern aus den erstern ableiten, und aus dem unmittelbar Vorhergehenden folgt, daß sobald sich in den zeitlichen Bestimmungen (dem Grunde) etwas vorfindet, was nicht durch reine Begriffe, sondern nur durch Anschauungen im vorerwähnten Sinn ausgedrückt werden kann, diesem ähnliche, nur durch Anschauungen bestimmbare Umstände in der vollständigen räumlichen Folge entsprechen müssen. Eine solche ausschließlich durch reine Begriffe nicht darstellbare Zeitbestimmung ist z. B. die Bestimmung eines einzelnen Zeitpunktes. Sie läßt sich nicht anders erreichen, als durch Angabe eines in diesem Zeitmomente eben vorhandenen Zustandes, d. i. durch Angabe eines Dies, einer Anschauung. Nicht weniger unbestimmbar durch reine Begriffe ist auch die absolute Entfernung zweier Raumpunkte von einander. Eine solche ist nur durch Vergleichung mit einer einmal als gegeben angenommenen, z. B. der Dauer des Pendelschwungs einer Secundenuhr möglich. Die Dauer eines Pendelschlags aber wird nur durch Anschauung gegeben. Die Angabe der Entfernung jedoch, die irgend ein Zeitpunkt von einem als fix gegebenen hat, würde noch nicht hinreichen, denselben vollständig zu bestimmen. Denn da die Zeit Ausdehnung besitzt, so würde es jederzeit zwei Punkte auf den entgegengesetzten Seiten des fixen geben, welche von dem letztern gleiche Entfernung hätten. Um auch diese Zweideutigkeit aufzuheben, muß die Angabe noch hinzukommen, ob der zu bestimmende Zeitpunkt früher oder später als der fixe zu suchen sei. Auch dieser Umstand läßt sich nicht anders, als durch Anschauung bestimmen, etwa dadurch, daß wir in dem Momente, da wir die Vorstellung *a* haben, uns erinnern, auch die ähnliche α schon gehabt zu haben, was daher nothwendig in einem vorhergehenden Zeitpunkte geschehen sein muß. Die genannten drei Angaben reichen jedoch hin, jeden beliebigen Punkt in der Zeit vollständig zu bestimmen. Den Beweis davon liefert die Chronologie, die mittels der Anschauung, z. B. der Geburt des Heilands, einen fixen Punkt bestimmt; durch die Anschauung z. B. des scheinbaren Sonnen- und wahren Erdenlaufs die Zeitdauer eines Jahres mißt, und nun jeden andern Punkt in der Zeit durch das Verhältniß seiner Entfernung von dem fixen Punkt zu der Länge eines Jahres und durch den Umstand bestimmt, ob dieser Zeitpunkt früher oder später als der Zeitpunkt der Geburt Christi falle.

Verhalten sich nun die Raumbestimmungen zu den Zeitbestimmungen wie Folgen, so muß es auch in ihnen Umstände geben, die sich nur mittels Anschauungen bestimmen lassen; es können ihrer aber zugleich auch nicht mehrere sein, als die Zeitbestimmungen enthalten. Dennoch reichen bei ihnen nicht *ein* fixer Punkt, *eine* gegebene Entfernung und das Früher- oder Spätersein des Punktes zu, sondern es müssen, um jeden beliebigen Punkt durch Hilfe reiner Begriffe seiner Lage nach vollständig festzustellen, wenigstens vier Punkte im Raum durch Anschauung gegeben sein. Denn da Raumbestimmungen erst dann eintreten, wenn ein Verändertwerden oder Verändern der Substanzen vorausgesetzt wird, dazu aber wenigstens zwei Substanzen, also auch zwei Orte erfordert werden, so haben wir statt des *einen* fixen Zeitpunkts gleich ein *System zweier* Punkte, von denen jeder sich eben so wenig wie ein einzelner Zeitpunkt anders als durch die *Anschauung*, die sich auf die gerade in demselben vorhandenen Substanzen bezieht, bestimmen läßt. Daraus folgt sogleich, daß alle Systeme zweier Punkte, weil sie nur durch Anschauung gegeben, also nur durch solche unterscheidbar sind, daher alle innern durch reine Begriffe darstellbaren Beschaffenheiten gemein haben müssen, einander *ähnlich* sein werden.

Die beiden fernern begrifflichen Unbestimmtheiten in der Zeit führen eben so viele weitere im Raume herbei. Soll aus dem Wirken der beiden Substanzen irgend eine Veränderung, z. B. Ortsveränderung, hervorgehen, so ist dazu wenigstens noch ein Ort erforderlich, der zu den beiden ersten hinzukommt. Der durch Begriffe nicht bestimmbaren Entfernung zwischen zwei Zeitpunkten entspricht daher die begriffliche Unbestimmbarkeit *dreier* Orte im Raum. An die Stelle der dritten Unbestimmtheit in der Zeit, des Früher- oder Späterseins, tritt im Raum noch die Annahme eines *vierten* Ortes, dessen Lage gegen die drei andern nicht durch reine Begriffe bestimmt werden kann. Sind diese vier Punkte, welche den Coordinaten des Punktes nach den drei Dimensionen des Raumes entsprechen, durch Anschauung gegeben, so läßt sich, wie bekannt, jeder andere Punkt im Raume durch seine bloßen Verhältnisse zu den gegebenen Stücken vollständig bestimmen.

Mit Hilfe des Vorhergehenden reducirt sich unsere Aufgabe, die Unmöglichkeit nächster Raumpunkte zu erweisen, auf einen ganz speciellen Fall. Gelingt es nur von irgend einem bestimmten System zweier Raumpunkte mittels reiner Begriffe nachzuweisen, daß beide einen dritten zwischen sich haben, so gilt das Gleiche von allen Systemen zweier Punkte, weil alle einander ähnlich sind und dieselben *innern* Beschaffenheiten besitzen. Es handelt sich sonach nur darum, nichts einzumengen, was nicht durch reine Begriffe ausdrückbar ist, natürlich mit Ausnahme der vier aus der Natur der räumlichen Bestimmungen folgenden Unbestimmtheiten. Wenn wir uns daher in der folgenden Deduction der Buchstaben zur Bezeichnung gewisser Punkte bedienen, so geschieht dies nur der Abkürzung wegen. Es sind keineswegs innerlich verschiedene, sondern Punkte und Entfernungen von der Art, daß ihnen auch beliebige andere substituirt werden können, sobald sie nur dasselbe Verhältniß unter einander haben.

Nehmen wir daher von einem beliebigen Punkte O zwei Richtungen ausgehend an in solcher Weise, daß zwei in denselben liegende (beliebige) von einander verschiedene Punkte M und N eine Entfernung von einander haben, welche der Summe ihrer Entfernungen vom gemeinschaftlichen Ausgangspunkte O der Richtungen gleich ist, so daß

$$M O + O N = M N,$$

so heißen die *Richtungen* $O M$ und $O N$ entgegengesetzt, und die Punkte M und N selbst auf entgegengesetzten Seiten des Punktes O liegend. Ein Punkt aber, der so gelegen ist, daß man ausgehend von ihm nach zwei entgegengesetzten Richtungen, in der einen derselben zum Punkte M, in der andern zum Punkte N gelangt, heißt *zwischen* diesen Punkten M und N gelegen.

Wir haben daher sogleich an dem eben construirten System der beiden Punkte M und N ein System zweier Punkte, welche einen dritten zwischen sich besitzen. Und da nach dem Vorhergehenden jedes System zweier Punkte jedem andern eben solchen ähnlich ist, so folgt, daß die Beschaffenheit, welche sich mittels reiner Begriffe ausdrücken läßt, wie folgt: »Jedes System zweier Punkte besitzt einen dritten so gelegenen, daß man in zwei von demselben ausgehenden entgegengesetzten Richtungen fortschreitend, in der einen nach dem einen, in der andern nach dem zweiten Punkte gelangt«, *jedem* System zweier Punkte zukomme, oder daß je zwei Punkte einen dritten zwischen sich haben, oder daß nicht zwei Punkte einander die nächsten sein können.

Dieser Beweisführung läßt sich wenigstens nicht vorwerfen, was die Gegner gern thun, daß der Begriff einer jedesmaligen Entfernung je zweier Raumpunkte unter einander, der erst erwiesen werden soll, stillschweigend schon vorausgesetzt werde. Denn bei der Annahme des Systems zweier Punkte ist von der *Entfernung* derselben unter einander noch gar keine Erwähnung geschehen. Die Unbestimmbarkeit eines solchen Systems durch reine Begriffe, wovon einzig die Rede war, ergibt sich aus andern Gründen, und zwar unmittelbar aus der Unbestimmbarkeit des einfachen *Zeittheils* durch reine Begriffe. Wir gerathen daher gar nicht in die Nothwendigkeit, ein reines Aneinander, eine Null der Entfernung erst hinwegzuräumen, weil wir die Frage nach der Entfernung völlig bei Seite liegen lassen. Die Kraft des Beweises stützt sich vielmehr lediglich auf den Begriff der Ähnlichkeit, mit dessen Hilfe, was von einem System zweier Punkte durch den Augenschein als giltig erwiesen worden, auf alle Systeme dieser Art ausgedehnt wird. Als directe *Folgerungen* fließen hieraus die Sätze: daß zwischen zwei Punkten eine Entfernung statthaben müsse, weil je zwei einen mittlern zwischen sich besitzen, und eben so: daß alle Entfernungen einander ähnlich sein müssen, weil es sämmtlich Systeme zweier Punkte sind, zu deren *innern* Beschaffenheiten die Entfernung gehört.

Nicht so streng direct, wie der eben angeführte, aber doch mit hinreichender Gewißheit, läßt sich behufs der Widerlegung der zweiten Auslegungsweise unmittelbarer Wirkungen als Wirkungen nächster Substanzen, zwischen welchen sich *leerer* Raum befindet, der Beweis für die stetige Erfüllung des Raumes führen. Allerdings würde diese unmittelbar eine Folge der Existenz des allervollkommensten Wesens sein, dessen Eigenschaften es verlangen, daß es, um dem obersten Sittengesetze zu genügen, so viele Wesen zur Glückseligkeit geschaffen habe, als nur überhaupt an sich möglich war. Ihre Möglichkeiten zu existiren, sind die Orte, an welchen sie existiren. Bliebe einer derselben unerfüllt, so ginge auch die Möglichkeit eines der Glückseligkeit fähigen Wesens nicht in Wirklichkeit über.

Wenn man diesen Beweis vermeiden will, weil er sich, wie man glauben könnte, auf theoretisch nicht streng genug erweisbare Sätze stützt, so liefert uns derselbe Begriff der Ähnlichkeit, der in der Geometrie von der folgenreichsten Verwendbarkeit ist, sogleich Mittel zu einem andern. Nach dem oben Erwähnten besitzt jedes System zweier Punkte eine Entfernung und sind *alle* Entfernungen einander ähnlich. Sind aber alle Systeme zweier Punkte einander ähnlich, so sind es auch alle einzelnen *Punkte* des Raums. Denn wären diese es nicht, so wäre die innere Verschiedenheit der Punkte, aus welchen das System besteht, auch eine innere Verschiedenheit der *Systeme* zweier Punkte selbst, und daher keineswegs die letztern sämmtlich unter einander ähnlich.

Die Ähnlichkeit aller einfachen Raumpunkte hat zur Folge, daß sich kein innerer, in dem Wesen irgend eines Punkts liegender Grund auffinden läßt, warum er weniger als ein anderer geeignet sein sollte, zum Ort eines einfachen Wesens zu dienen. Es läßt sich daher durchaus kein Grund aus reinen Begriffen namhaft machen, warum, wenn gewisse Punkte erfüllt sind, nicht *alle* erfüllt sein sollen. Daß aber wenigstens einige Punkte erfüllt seien, daran können wir um so weniger zweifeln, als ja wenigstens unser eigenes Ich, unsre eigene Seele irgend einen Ort im Raume einnimmt[123]. Dem Gegner der stetigen Raumer-

123 *Kant* in den Träumen eines Geistersehers (S. W. v. *Rosenkranz* VII.) läugnet zwar, daß ein geistiges Wesen einen Raum zu erfüllen vermöge, gibt aber zu, daß materielle einfache Wesen einen Punkt im Raume erfüllen. »Wesen (S. 38), welche die Eigenschaft der Undurchdringlichkeit nicht an sich haben, werden, so viel man deren vereinigt, niemals ein solides Ganze ausmachen .... es sind immaterielle Wesen, und wenn sie Vernunft haben, Geister. Denn«, fährt er fort, »eine Masse, die einen Kubikfuß ausfüllt, wird Niemand einen Geist, sondern Materie nennen. Füge ich nun einen Geist hinzu, so muß entweder ein einfaches Theilchen jener Masse austreten, damit der Geist Platz habe, oder der Letztere darf gar keinen Raum darin einnehmen. Im erstern Fall muß bei Hinzuthat eines zweiten Geistes ein zweites Massentheilchen den Raum verlassen, ein drittes eben so, und so geht es fort, bis zuletzt ein Klumpen von Geistern da ist, eben so undurchdringlich, wie vorher die Materie, und daher von ihr ganz und gar nicht verschieden, was man kaum zugeben wird. Bedarf der Geist aber keinen Platz, so ist er auch immateriell und erfüllt keinen Raum.« Ob übrigens Wesen letzterer Art möglich seien, läßt *Kant* dahingestellt. Wenn aber der Satz richtig ist, daß zwei Punkte einander niemals die nächsten sein können, so ist das obige Raisonnement schon deshalb außer Giltigkeit, weil gar keine Nothwendigkeit vorhanden ist, daß wo der Geist eintritt, ein einfaches materielles Wesen deshalb hinaus müßte, selbst wenn der Geist einen Ort, wie ein materielles Wesen ausfüllte. Dies Ausfüllen ist aber doch sowohl vom Geiste, als von der materiellen Einheit, welcher letztern es *Kant* selbst zugesteht, nur *bildlich* zu verstehen. Gewöhnlich braucht man dieses Wort, um damit das Erfüllen eines Raumes anzudeuten, der bereits eine gewisse Ausdehnung hat. Ein einfacher Raumtheil, dergleichen der Ort der »materiellen Einheit« so gut, wie der des Geistes sein muß, hat keine Ausdehnung. Er ist nichts, als der Grund, welcher zur Erklärung dient, warum ein einfaches veränderliches Wesen binnen gewisser Zeit gerade diese und keine andern

füllung bleibt die Last des Beweises vorbehalten, daß es einen Grund gebe, um deswillen nicht alle Orte des Raumes gleichgut zur Aufnahme einfacher Substanzen geschickt sein sollen. Die Auffindung eines solchen dürfte um so schwieriger sein, da die Möglichkeit des allseitigen Erfülltseins des Raumes eine absolute, eine aus theoretischen Wahrhei-

Veränderungen theils erleidet, theils ausübt. Ein Grund dieser Art muß sowohl bei der materiellen Einheit als beim Geiste vorhanden sein, denn beide sind veränderliche Wesen. Oder wäre der Geist als Immaterielles dies nicht? Dann müßte er unveränderlich, also unendlich, also die Gottheit selbst sein. Das sind wenigstens Geister von der Gattung unseres Ich nicht. Warum sollte daher der Geist keinen Ort einnehmen können? Ja warum soll er nicht eben so gut seinen Ort *allein* einnehmen können, wie die »materielle Einheit« thun soll? Warum soll endlich einem »Klumpen von Geistern«, vorausgesetzt, daß er aus einer unendlichen Menge von Geistern besteht, deren jeder nach dem Vorhergegangenen seinen einfachen Ort als veränderliches Wesen einnimmt, nicht Ausdehnung, Massenhaftigkeit, kurz jede der Eigenschaften zukommen, welche man gewöhnlich der Materie beilegt, ohne daß dadurch die einfachen Geister, die ihn ausmachen, genöthigt werden, selbst ausgedehnt, massenhaft, etwa gar zusammengesetzt u. s. w. zu sein? Können einem Ganzen nicht Eigenschaften zukommen, die den Theilen fremd sind? Wir brauchen dabei blos an sich neutralisirende chemische Verbindungen zu erinnern. *Tafel* in der kleinen Schrift über *Kant*'s Verhältnis zu *Swedenborg* (Tübingen 1845) hat diese Ansichten *Kant*'s über die Immaterialität und Unräumlichkeit der Seele erst neuerlich wieder aufgenommen. Auch er fürchtet, daß die Erkenntniß der Gleichartigkeit zwischen Geistern und »materiellen Einheiten«, die ja doch auch nichts weiter sein können, als einfache Substanzen zum »Materialismus« führe. Richtiger wäre es vielleicht: zum *Spiritualismus*, denn sie vergeistigt auch die Elemente der Materie, statt die Geister zur Materie herabzusetzen. Zwischen geistigen und materiellen Einheiten kann keine andere als eine bloße Gradverschiedenheit statthaben. Die Annahme eines specifischen Unterschieds Beider in Betreff ihrer innern Beschaffenheit sowohl als ihrer räumlichen Verhältnisse führt auf so seltsame Annahmen, wie *Tafel*'s (nach *Herbart*'s Vorgang) gemachte Voraussetzung eines doppelten Raumes. Die immateriellen Wesen sollen außerhalb des Raumes sein, und doch in Verhältnissen, die unter sich »Figuren, Gestalten« und »räumliche Formen« bilden. Sie befinden sich in einem Analogon des Raumes, der keiner ist, und doch wie ein solcher aussieht. Wie dadurch Raum und Zeit zu bloßen, die Dinge selbst nichts angehenden Denkformen werden, haben wir oben schon in dem Abschnitt über die Selbsterhaltung zu zeigen versucht.

ten abfolgende ist, und auch praktische oder moralische Gründe nicht dagegen, wohl aber unter Voraussetzung eines vernünftigen Welturhebers, sehr nachdrücklich dafür sprechen. So sehr wir daher auch der Meinung sind, daß sich für die Existenz des vollkommensten Wesens, welche in der frühern Fassung des Beweises vorausgesetzt wurde, die entscheidendsten Beweise angeben lassen; so sollte der letztangeführte Grund selbst dem Atheisten genügen, da er einsehen muß, daß die Möglichkeit allseitiger Raumerfüllung eine an sich absolut vorhandene, und nicht erst durch die Voraussetzung eines weisen Welturhebers bedingte ist. Da aber eine Möglichkeit in ihr selbst oder außer ihr liegende Gründe verlangt, warum sie nicht zur Wirklichkeit gelangt, so hat Jeder, der die stetige Raumerfüllung bestreitet, die Verpflichtung auf sich dergleichen nachzuweisen. So lange dies nicht geschehen, haben wir von unserer Seite keinen Grund, von der Annahme der allseitigen Erfüllung des Raumes abzugehen. Kann die letztere daher auch nicht für eine direct bewiesene gelten, so gründet sie sich doch auf als wahr anerkannte, rein apriorische Sätze, die widerlegt sein wollen, eh' sie selbst verworfen werden kann.

Stehen nun die zwei Sätze: je zwei Punkte haben einen dritten zwischen sich, und: der Raum ist allseitig stetig erfüllt, apriorisch fest; so beruht auf ihnen auch die Lösung der vorangeführten Schwierigkeiten. Es darf nicht mehr befremden, daß wir durch wirkliche Theilung nimmermehr zu Punkten gelangen, welche so beschaffen wären, daß wir die Linie durch deren Aneinanderlegung (!) zu construiren vermöchten, weil solche nächste Punkte an sich unmöglich sind. Wir dürfen nicht mehr daran zweifeln, daß dieselben Atome, die bisher in unendlicher Menge und stetigem Zusammenhang einen weiter ausgedehnten Raum erfüllten, auch in einem viel enger begrenzten Raume Platz finden können, welchen sie gleichfalls stetig erfüllen. In allen diesen Fällen ist es der Umstand, daß zwischen je zwei Raumpunkten noch ein dritter und dies fortgesetzt, eine ganze unendliche Menge von Orten liege, der unsere Bedenklichkeiten behebt; aber aufgeben müssen wir es desungeachtet aus demselben Grunde, zusammengesetzte Raumdinge und den Raum selbst etwa auf ähnliche Weise aus ihren einfachen Bestandtheilen Stück für Stück zusammensetzen und construiren zu wollen, wie man Sandkörner zu einem Haufen zusammenträgt.

Um dieses Construiren handelt es sich aber auch gar nicht, sondern um die Erkenntniß und den Beweis gewisser Wahrheiten. Sind diese einmal außer Zweifel gesetzt, welches bei Erfahrungssätzen durch die Erfahrung selbst und den Augenschein, bei Begriffssätzen aber wieder nur durch bereits anerkannte Begriffswahrheiten möglich ist; widersprechen sie also keiner reinen Begriffswahrheit, sondern folgen vielmehr aus einer oder mehreren solchen: so besitzen auch ihre Gegenstände die Beschaffenheiten, welche sie von ihnen aussagen, mit Nothwendigkeit, und wir können dessen gewiß sein, selbst wenn wir sie an den Dingen nicht empirisch nachzuweisen vermögen. Eine ganz andere Frage ist es, ob wir von diesen Beschaffenheiten der Dinge uns mittels unserer Einbildungskraft ein wie immer vollständiges »Bild« zu entwerfen im Stande seien, und diese wird sich in sehr vielen Fällen verneinen lassen. Vom Einfachen, vom Unendlichen vermag sich das Denken wohl einen Begriff, die Einbildungskraft aber kein Bild zu machen. Darum wäre es gleichwohl irrig, zu sagen, daß wir die Begriffe des Einfachen und Unendlichen nicht hätten. Haben wir sie nicht, indem wir davon sprechen? Sagen wir nicht sogar von den Gegenständen, den einfachen sowohl als den unendlichen, manche unbezweifelte Beschaffenheit aus, ohne sie sinnlich wahrnehmen zu können, z. B. gleich, daß wir uns von den erstern kein Bild zu machen im Stande sind, oder daß wir mit der Zählung des letztern niemals fertig werden u. s. w.? Sagt man also wohl mit Recht, man könne diese Begriffe nicht *denken*, und die Schwierigkeiten der Raumconstruction seien deshalb unauflöslich und die Stetigkeit des Raumes, die sich aus streng apriorischen Gründen darthun läßt, selbst verwerflich, weil ihr die construirende Einbildungskraft nicht zu folgen vermag? Gesteht doch selbst *Fischer*, obgleich er für seine Person nicht weniger dagegen handelt: »Diejenigen, deren wissenschaftliche Beschäftigung ganz im Gebiete der Anschaulichkeit liegt, glauben Mangel an Deutlichkeit und Befriedigung des Verstandes zu finden, wo sie die Anschaulichkeit vermissen. Aber Deutlichkeit ist Sache des Verstandes, nicht des Anschauungsvermögens, und das, was blos gedacht, aber nicht angeschaut wird, ist vollkommen deutlich, wenn es mit vollem Bewußtsein gedacht wird und nach den Gesetzen des Denkens nicht anders gedacht werden kann[124].« Dasselbe ist hier der Fall. Zwei unumstößliche Lehrsätze, die sich streng erweisen

---

124 Abhandlungen zur Atomenlehre (Berl. Ak. d. W. 1828, S. 88).

lassen, zwingen uns den Raum stetig zusammenhängend und stetig erfüllt zu denken; das Widerstreben unsers Vorstellens entsteht aus natürlicher Beschränktheit unsrer Einbildungskraft, die das begrifflich Gedachte auch bildlich anschauen will, was bei einfachen Punkten und unendlicher Anzahl nicht gelingen kann. Während die Einführung der reinen Aneinander offenbar der erwiesenen Begriffswahrheit, daß sich je zwei Punkte nur entweder im Ineinander, wo sie derselbe Punkt sind, oder im Auseinander, wo dann ein *Zwischen* nothwendig wird, befinden können, geradezu widerstreitet, und auf diese Weise richtige Raumvorstellungen aus einer erweislich falschen abgeleitet werden sollen: tritt unsre begriffliche Erkenntniß nur mit der fehlerhaften Angewöhnung unsrer Phantasie in Widerspruch, an die Stelle des begrifflich Erfaßten ein sinnliches Schema schieben, das Unendliche verendlichen, das Nieanschaubare anschauen zu wollen. Diese sinnlich erreichbar und construirbar sein sollende ist die wahre »schlechte« Unendlichkeit, für welche die Dialektik mit so viel Unrecht den Proceß *in infinitum* überhaupt und die unendliche Zahlenreihe ausgegeben hat. Das Unendliche einer Zahlenreihe, die unendliche einen Körper oder ein Raumding erfüllende Menge von Punkten ist darum weder *unbestimmt* noch *unbegrenzt*. Sagen wir z. B. »die Reihe aller Primzahlen«, so ist dadurch jedes Glied, das in diese Reihe gehört, genau *bestimmt*, und jedes Ungehörige eben so ausgeschlossen, wenn wir auch weder jedes einzelne Glied mit Namen, noch ihrer aller Summe anzugeben wissen. Spreche ich von dem Inbegriff sämmtlicher innerhalb des Umfangs des Dreieckes *A B C* in derselben Fläche gelegenen Punkte, so habe ich damit nicht nur alle außerhalb dieses Umfangs vorhandenen, sondern auch die Punkte des Umfangs selbst ausgeschlossen, und dadurch die unendliche Menge der innern Punkte so genau *bestimmt*, daß kein Zweifel mehr entstehen kann, ob irgend ein wo immer belegener Punkt zu den innern oder den äußern, oder den Punkten des Umfangs gehöre. Auf gleiche Weise bestimmt sich die unendliche Menge der Punkte, welche die Linie *a b* oder den Körper *A B C D* ausmachen. Daraus erhellt, daß gar kein Widerspruch in dem Umstande liegt, daß z. B. die Linie *a b zugleich*, aber in *verschiedener* Hinsicht, *endlich* und *unendlich*; die Summe einer unendlichen Reihe z. B. sämmtlicher zwischen den natürlichen Zahlen 1 und 2 gelegener Brüche – einer endlichen Größe: der *Einheit* gleich sei, daß somit ein

Unendliches nicht nur *begrenzt*, sondern auch *genau bestimmt* sein könne.

Die erwähnten Schwierigkeiten, die dem Raumbegriffe und der Erklärung des Unendlichen angehören, mögen einen Theil von jenen ausgemacht haben, die nicht nur *Leibniz*, sondern auch manchen Andern abschrecken konnten, den von uns im Sinne seiner Grundsätze angedeuteten Ausweg einzuschlagen. In der That, ist unsere, in Übereinstimmung mit den größten Denkern, wie *Plato, Aristoteles, Zeno, Euklides, Archimedes,* St. *Augustin, Thomas von Aquin, Scotus, Occam, Newton, Leibniz, Boscowich* u. m. a. dem einzigen Epikur und einigen Neuen gegenüber vertheidigte Behauptung richtig: so ist die bisher versuchte Erklärung des äußern Einflusses, mittels Berufung auf unmittelbare d. i. wie man sich einbildete, zwischen *nächsten* Raumpunkten oder zwischen *nächsten* Substanzen stattfindende Wirkungen, in einer wesentlichen Rücksicht falsch und bedarf der Verbesserung. Das Sinnenfällige, welches dieselbe dadurch erhielt, daß man sich beim unmittelbaren Einfluß die wirkende und leidende Substanz in nächster Nähe, in unmittelbar aneinander anstoßenden Orten, in einer kleinsten Entfernung dachte, so daß die *actio* wohl eine *transiens*, wohl gar *in distans*, aber nur in der kleinsten Entfernung, nämlich in der des reinen Aneinander war, müssen wir völlig aufgeben. Denn sowohl die Annahme, es gebe nächste Raumpunkte, als jene, es gebe einfache Substanzen, zwischen welchen sich leerer Raum befinde, verlangt eine Unmöglichkeit und steht mit wahren Begriffserkenntnissen im Widerspruch. Niemals kann die Distanz, auf welche die unmittelbare Wirkung sich erstreckt, eine kleinste werden, weil, so nahe wir uns auch zwei Punkte gerückt denken mögen, immer noch eine ganze Unendlichkeit zwischen beiden liegt; in keinem Fall kann ein Atom den andern berühren, weil sie weder in demselben noch in zwei unmittelbar aneinander stehenden Orten befindlich sein können[125], nimmermehr kann eine Durchdringung statthaben, weil zwei einfache Wesen nicht in einem einzigen Orte sein können. Eben so wenig stichhältig ist auch die Supposition, die wir bisher gemacht, daß die Einwirkung immer in der geraden Linie erfolgen müsse, oder durch eine dazwischen liegende Substanz aufgehoben würde. Bleiben wir bei dem dort angeführten Beispiel von dem Stoße dicht aneinander aufgehangener Kugeln, so

---

125 Vgl. Anmerkung.

ist es klar, daß die Einwirkung der Ersten auf die Letzte nicht durch die mittlere vermittelt werden muß, sondern eben so gut durch eine Seitenbewegung der ersten Kugel in halbkreisförmiger Schwingung erfolgen könne. Auch der Stoß der Kugel auf der Fläche mittels des Rückpralls von einer elastischen Wand kann dasselbe beweisen.

Ist dem also, so scheint es fast, als sei damit das ganze mühsam gewonnene Resultat einer möglichen *äußeren* (unmittelbaren und folglich auch mittelbaren) Einwirkung der einfachen Substanzen unter einander, völlig über den Haufen geworfen. Wir müssen alle von sinnlichen Wahrnehmungen und Vorstellungsweisen hergenommenen Gedanken fallen lassen; weder Übergang materieller Theilchen, noch kleinste Distanz, weder Berührung noch Durchdringung sind zulässig, wenn es gilt, den äußern Einfluß zu erklären; es bleibt uns, wenn wir nicht die Möglichkeit der äußern Einwirkung als solche vernichten wollen, nichts übrig, als der Begriff der *unmittelbaren Wirkungen* allein ohne jeden weitern Zusatz.

Alles was wir von jetzt an von der Vorstellung des unmittelbaren Einflusses fern halten müssen, waren nur Versuche, diesen widerhaarigen Begriff auf irgend eine Weise für unsere Einbildungskraft zurecht zu machen. Eine Wirkung in die Ferne bei der *kleinsten* Distanz *dünkt* uns eher begreiflich, als eine, bei welcher die Entfernung nur auf die Größe des Erfolgs Einfluß hat. Dabei vergessen wir in der Regel, daß da alle Entfernungen einander ähnlich sind, es für den Eintritt der Wirkung selbst ganz gleichgiltig sein muß, ob sie in größerer oder geringerer Entfernung erfolgt. Die Größe der Entfernung ist ein rein zufälliger Umstand. Denn da sie selbst nicht durch reine Begriffe, sondern nur durch Vergleichung mit gewissen Anschauungen bestimmt werden kann, so kann es auch keine reine Begriffswahrheit geben, die untersagte, daß in einer Entfernung von dieser oder jener Größe noch eine unmittelbare Wirkung stattfinde. Ein Satz, der dies Verbot in Bezug auf eine bestimmte Entfernung enthielte, wäre kein reiner Begriffssatz mehr, weil *diese* bestimmte Entfernung eine Anschauung in denselben hineintrüge. Was aber nicht durch eine reine Begriffswahrheit verboten wird, was nicht mit einer solchen im Widerspruche steht, das ist *an sich möglich*, und bedarf eines hindernden Grundes, warum es nicht *wirklich* werden solle oder werden könne. So das Stattfinden äußerer Einwirkung in jeder beliebigen Entfernung.

Transeunte Action durch *Berührung* sagt unserer an möglichste Nahebringung und Verdrängung körperlicher Gegenstände gewöhnten Phantasie *mehr* zu, als äußerer Einfluß ohne dieselbe. Allein was denken wir uns unter Berührung? In der Regel erklärt man, dieselbe finde statt, wenn gewisse Theile zweier oder mehrerer Körper sich in demselben Raumtheile befinden. Allein dies ist schlechterdings unmöglich, weil nicht zwei (wenn auch einfache) Wesen an demselben Orte sein können. Legt man aber die Berührung zweier Körper so aus, daß zwischen ihnen kein Raum mehr ist, so widerspricht dies dem erwiesenen Lehrsatze, daß zwei Punkte sich niemals die nächsten sein können. Im gewöhnlichen Leben wird unter Berührung zweier Körper meist nur verstanden, daß sich zwischen denselben nur mehr Luft oder Wasser, oder eine andere ihnen ungleichartige und sehr wenig dichte Masse in sehr dünnen Schichten befinde. Aber man mag unter Berührung dies oder was man sonst immer will, verstehen, so sieht man, immer müsse auch bei dem Einwirken zweier Körper auf einander, bei sogenannter Berührung, irgend ein unmittelbares Einwirken einer oder mehrerer Substanzen des Einen auf eine oder mehrere des Andern, und somit eine *actio in distans* stattfinden, weil es sonst nie zu einer vermittelten Einwirkung käme.

Mit dem Grundsatze: zwei Wesen, einfach oder zusammengesetzt, können sich nicht in demselben einfachen oder zusammengesetzten Raume befinden, ist eigentlich auch schon die Hypothese der *Durchdringung* der Körper und Atome abgewiesen. Wir glauben sie dort wahrzunehmen, wo im Grunde nur die Erscheinungen der Porosität in feinerer Gestalt vor sich gehen. Bei unserer Ansicht von stetig erfülltem Raume erstreckt sich die Porosität viel weiter, weil es niemals zwei Punkte gibt, die nicht zwischen sich das Eintreten eines dritten duldeten. Wenn sich aber die Vertheidiger jener Hypothese auf das Zeugniß der Chemie berufen, so spricht diese oder vielmehr die atomistische Theorie in derselben ihnen gerade entgegen. Diese erkennt überall nicht Mischung sondern *Mengung*, kein Ineinandersein; und die »Durchdringung« erscheint als blos an zusammengesetzten Körpern vor sich gehendes Phänomen in Folge der Porosität. Dabei fällt es der Chemie nicht ein, die Zahl der Atome, die einen Körper constituiren, absolut angeben zu wollen, wie denn überhaupt, was sie Atome nennt, nicht als ein absolut einfacher Theil (eine Monade), sondern als ein aus mehreren (im Grunde unendlich vielen einfachen Theilen) zusammengesetztes Körperchen angesehen werden soll. Sie begnügt sich vielmehr mit Angabe des Verhältnisses, in welchem sich Atome verschiedener Gattung in Bezug auf einen als Maßstab angenommenen Stoff miteinander verbinden.

Alles dieses, wozu noch die Vorstellung der Geradlinigkeit der äußern Einwirkung kommt, wie man sie aus den sichtbaren Erscheinungen des Stosses, des Schusses u. dgl. abstrahirt, alles dies soll uns helfen, ein Bild der unmittelbaren Einwirkung zur Veranschaulichung zu entwerfen; alles dies soll mit dazu beitragen, eine Erklärung des *Wie*, der Art und Weise, wie dieselbe vor sich geht, zu liefern, während es gerade das Wesen der unmittelbaren Wirkung ist, gar kein »Wie« zuzulassen. Eine Wirkung, von welcher sich ein »Wie« angeben ließe, wäre eine vermittelte, der Erklärung fähige, eine solche, welche sich zerlegen läßt, also eine zusammengesetzte, die selbst wieder fähig sein müßte, auf einfache, unvermittelte zurückgeführt zu werden.

Unternehmen wir es daher, die unmittelbaren Wirkungen zu erklären, so versuchen wir etwas, das ihrem Begriffe widerspricht; etwas, welches *an und für sich unmöglich* ist. Mißlingt uns daher die Erklärung, führt sie Widersprüche, Irrthümer und Unrichtigkeiten herbei, so ist dies nur eine Folge unsrer ungereimten Forderung: das Unerklärbare solle sich erklären lassen. Keineswegs aber darf uns dies Mißlingen an der Wahrheit des Satzes selbst, es gebe unmittelbare Wirkungen, irre werden lassen, so wenig als das Mißlingen aller Versuche, den reinen Sauerstoff zu zerlegen, uns zweifeln machen darf, ob ein solcher Stoff wirklich vorhanden sei, vielmehr gerade zur vollkommensten Bestätigung dient, es existire ein solcher, und zwar als einfacher Stoff.

Lassen wir daher von jetzt an alle aus dem Streben, das begrifflich Gedachte auch möglichst sinnlich zu vergegenwärtigen, hervorgegangene Erklärungsversuche bei Seite, und halten wir uns streng an den Begriff der unmittelbaren Wirkungen selbst. Zuvörderst ergibt sich, daß jede unmittelbare Wirkung eine *actio transiens et in distans*, und zwar in was immer für eine endliche Entfernung sein müsse.

Betrachten wir neuerdings den Stoß zweier Kugeln. Es ist klar, daß der stoßende Körper nicht früher in den Ort des gestossenen eindringen kann, als bis dieser denselben verlassen hat. Wann wird dieser aber anfangen, denselben zu verlassen? Sobald der Erstere auf ihn einwirkt. Wie geschieht das? Sobald er ihn *berührt*, sagt die *sinnliche* Wahrnehmung, d. h. sobald beide einen Punkt gemein haben, wie z. B. die

Tangente und ihre krumme Linie. Diese *sinnliche* Betrachtungsweise müssen wir jetzt fernhalten. Denn lagen nicht die Körper noch vor dem Stosse ganz auseinander, und jetzt sollen sie einen gemeinschaftlichen Punkt besitzen? Sie müßten sich also wohl durchdringen? Allein wäre dann noch ein Grund vorhanden, daß die gestossene Kugel von der Stelle weiche, sobald die stossende sich völlig in dieselbe eindrängen kann? Folglich durchdringen sie einander nicht, weder ganz noch theilweise, haben keinen Punkt gemein, liegen also gänzlich auseinander. Gleichwohl weicht die Eine, ehe die Andere sie berührt, vom Platze, erleidet daher eine Wirkung aus der Ferne. Wie groß darf die Entfernung sein, damit noch eine Wirkung erfolge? Läßt sich ein *innerer* Grund angeben, warum in einer gewissen Entfernung dieselbe noch erfolgen könne, in einer andern nicht mehr, (natürlich abgesehen von den dieselbe schwächenden äußeren Einflüssen, welche sie vielleicht unserer Wahrnehmung entziehen, dennoch aber nicht vernichten und auf Null bringen können)? Keineswegs; alle Entfernungen sind einander ähnlich. Müssen wir daher zugeben, daß eine Substanz auf eine andere einwirken könne in einer gewissen Entfernung, sei sie auch noch so klein: so besteht diese Möglichkeit des Einwirkens auch in jeder andern noch so großen Entfernung, nur der *Grad* der Einwirkung wird sich nach Maßgabe dieser Entfernung ändern müssen. Es enthält daher nichts Widersinniges, zu behaupten, daß jede Substanz, die nur überhaupt nach außen wirkt, auch bis in die größtmögliche Entfernung hinaus unmittelbar zu wirken im Stande sei.

Dies ist aber auch Alles, was wir über das Wesen unmittelbarer Wirkungen ihrer Natur nach zu sagen vermögen. Sie weiter erklären und auseinander setzen wollen, hieße sie in vermittelte, nicht mehr einfache und unvermittelte Wirkungen umwandeln. Die unmittelbare Wirkung ist ein einfacher, theilloser Act, dessen Dasein nothwendig wird durch das factische Vorhandensein zusammengesetzter und theilbarer Acte, und dessen weitere Auseinandersetzung seiner einfachen Natur entgegen ist. Sie ist aber der einzig mögliche und denkbare Ausweg, unser metaphysisches Denken mit dem Augenschein der sinnlichen Erfahrung in Übereinstimmung zu bringen. Dies könnte gering scheinen; vielleicht könnte Jemand gerade darum Mißtrauen gegen sie hegen, weil sie sich mit der Erfahrung zu harmoniren bemüht, weil sie sich auf den Augenschein beruft, und auf diese Weise nicht auf reinen Begriffswahrheiten, sondern auf bloßen Erfahrungs- und

Wahrscheinlichkeitssätzen zu beruhen scheint. Selbst wenn dies der Fall wäre, würde sie durch einen Vergleich mit den Hypothesen anderer Systeme noch nichts verlieren. Abgesehen davon, daß diese meist geradezu der Erfahrung, dem Augenschein, der Wahrscheinlichkeit widerstreiten: haben wir auch nachzuweisen gesucht, daß sie gewissen unbestreitbaren Begriffswahrheiten zuwider sind, während die unsere nicht nur als an sich *möglich*, weil sie der Erfahrung entspricht, als *wahrscheinlich*, sondern als *wirklich* und *nothwendig* anerkannt werden muß. Wirft man ihr dagegen vor, sie sei *undenkbar*; denn sie verlange etwas Einfaches, Unbegreifbares, Unerfaßliches zu erfassen, so erinnere man sich, ob es wohl leichter sei, die intellectuelle Anschauung, die pantheistische Substanz, die logische Idee, das Absolute klar und anschaulich zu denken. Kann bei den letztern von einem klaren, deutlichen Denken nur überhaupt die Rede sein, wo die erste Forderung damit beginnt, so heterogene Dinge, wie Denken und Sein, zu identificiren, oder eine unendliche Vielheit, Individualität und Mannigfaltigkeit in eine unbegreifliche Einheit zu verschmelzen? Kein unbefangener Verstand sträubt sich gegen den von selbst klaren Satz: daß es Veränderungen gebe, von welchem aus wir auf dem natürlichsten Wege durch Anwendung eben so unzweifelhafter reiner Begriffswahrheiten: Wo es Zusammengesetztes gibt, müsse es Einfaches; Wo es Vermitteltes gibt, Unvermitteltes geben, zu der Annahme unmittelbarer, an und für sich (ihrem Wesen nach) nicht weiter erklärbarer, Wirkungen gelangten: aber jedes gesunde Denken empört sich gegen jede Identification des Begriffs mit seinem Gegenstande, weil sie der unmittelbarsten Erfahrung und dem schlichtesten Verstandesurtheil widerstreitet und lächerlich wird, sobald sie sich nur in die entfernteste Nähe des wirklichen Lebens wagt[126]. Dawider war freilich kein anderes Mittel übrig, als indem man den Verstand selbst seiner unbestrittensten Rechte entsetzte, und im *Widerspruch* die Wahrheit fand, womit man jedoch die Henne todtschlug, welche die goldenen Eier legte. Nicht genug läßt sich im schroffen Gegensatz zu dieser kühnen, auf innerlich widersprechenden Grundlagen beruhenden Hypothesenbauerei der modernen Weltweisheit der Tiefsinn, Ernst und wahrhaft tief eindringende Forschergeist *Herbart*'s hervorheben. Wenn desungeachtet auch er wie in so manchen Punkten, so besonders in jenem wichtigen Theile der

---

126 Vgl. *Exner*: Psychol. der *Hegel*'schen Schule a. m. a.

Metaphysik, dessen Darstellung uns in diesem Augenblick beschäftigt, nicht jede Anforderung zu befriedigen vermag, so liegt die Schuld weniger darin, daß er Schwierigkeiten leichtfertig übersprungen, oder oberflächliche dialektische Brücken darüber geschlagen hätte: sondern vielmehr in der allzu großen Gewissenhaftigkeit, mit welcher er Hindernisse und Widersprüche auch dort zu erblicken meinte, wo für Andere, die nicht weniger als er nach besonnener Gründlichkeit streben, keine vorhanden zu sein scheinen. Die einfache Qualität, das reine Aneinander machten ihm eine Vermittlung, wie die unsrige, unmöglich. Dennoch ist er es, dessen gewichtiges Zeugniß uns zur erfreulichen Bestätigung unseres Schlusses von den in der Erfahrung stattfindenden vermittelten Wirkungen auf die unvermittelten nicht mehr wahrnehmbaren, zwischen den einfachen Wesen, dienen kann.

Der hauptsächlichste Einwand nämlich, der sich gegen unsere ganze bisherige Deduction der unmittelbaren Wirkungen erheben ließe, dürfte der sein: daß wir bei unsrem Beweise von der Erfahrung ausgehen, die uns das Dasein wenigstens mittelbarer Wirkungen darbietet, und daß daher unsere ganze Schlußfolge statt auf reinen erweislichen Begriffssätzen, auf bloßen mehr oder weniger gewissen Wahrscheinlichkeitsurtheilen beruht. Dabei liegt die Ansicht zu Grunde, daß von allen jenen Sätzen, die von einem Gegenstand der Erscheinungswelt etwas aussagen, keiner unmittelbare Gewißheit habe. Die Skepsis weist nach, daß wir nicht selten ganz falsche Wahrscheinlichkeitsurtheile fällen, daß wir dem Augenscheine trauend Dinge zu erblicken oder zu hören meinen, deren Vorstellungen blos in der krankhaften Beschaffenheit unserer Organe ihren Grund haben. Die Sinnestäuschungen sind oft unwidersprechlich. Daraus zieht sie den Schluß, daß dem Zeugniß der Sinne überhaupt nicht zu vertrauen sei, daß Wahrnehmungsurtheile nur durch eine häufige, völlig gleichlautende Wiederholung einen Grad von Wahrscheinlichkeit zu ersteigen im Stande sind, welchen wir ohne merklichen Nachtheil an die Stelle der Gewißheit setzen dürfen. Ferner folgert sie, daß aus blos wahrscheinlichen Sätzen selbst mit Zuziehung anderer zweifellos wahrer Sätze keine andere als wieder nur wahrscheinliche Schlußsätze folgen können, und daß daher jeder Schlußsatz, unter dessen Prämissen sich auch nur Ein aus bloßer Wahrnehmung geschöpfter Satz befindet, niemals mehr als einen gewissen Grad von Wahrscheinlichkeit ersteigen, d. h. niemals mehr als eine mehr oder minder plausible Hypothese werden könne.

Gegen diesen Einwand läßt sich für den ersten Anschein nichts einwenden. Es ist ganz und gar kein Zweifel, daß aus wahrscheinlichen Prämissen auch nur ein wahrscheinlicher Schlußsatz folgen könne. Wenn daher in unserm Schlusse der Obersatz folgendergestalt lautet: Sobald es vermittelte Wirkungen gibt, muß es unvermittelte Wirkungen, die sich nicht weiter erklären lassen, geben; so ist dies ein reiner und unumstößlicher, in allen Fällen wahrer Begriffssatz. Es gibt vermittelte Wirkungen, behaupten unsere Gegner – hat nur Wahrscheinlichkeit, weil er nur aus der Erfahrung geschöpft ist. Es ist ja möglich, daß wir diesen Begriff und Zusammenhang erst selbst in die Erscheinung hineinlegen; daß in Wahrheit gar nichts geschieht, weder Vermitteltes noch Unvermitteltes; wenigstens sind wir nicht im Stande, ein solches Geschehen nachzuweisen, ohne Gefahr, uns in einer Sinnestäuschung, einem optischen Betruge zu verfangen, der unsre ganze Erfahrungserkenntniß annihilirt.

Allein dies eben scheint uns zu viel behauptet. Wir besitzen in der That die unmittelbar gewisse unzweifelhafte Erkenntniß eines wirklichen, nicht blos scheinbaren Geschehens, welches einen äußern Einfluß zwischen Substanzen mit Nothwendigkeit fordert.

Der oben angeführte Einwand wäre schlagend, wenn es die Voraussetzung wäre, *daß alle Erfahrungssätze*, d. i. solche, die in ihren Bestandtheilen, nähern oder entfernten, die Anschauung irgend eines bestimmten individuellen Gegenstandes enthalten, *eo ipso* auch bloße Wahrscheinlichkeitssätze seien. Dem ist unsrer Meinung nach aber nicht so, es gibt vielmehr welche darunter, denen *unmittelbare Gewißheit* zukommt.

Betrachten wir die Erfahrungssätze in der kurz zuvor gesetzten Bedeutung als solche, die auf irgend eine Weise Anschauungen unter ihren Bestandtheilen enthalten, so finden wir, daß sich nicht alle in dieselbe Classe werfen lassen. Einige darunter sagen nichts weiter, als das Dasein einer gewissen Vorstellung, einer Empfindung, eines Begriffs, einer Anschauung *in uns selbst* aus, andere enthalten die Aussage des Vorhandenseins des Gegenstandes, welchen wir als *Ursache* jener in uns daseienden Vorstellung ansehen. Urtheile letzterer Form, z. B. *dies*, was ich jetzt wahrnehme, ist ein Baum, haben nur Wahrscheinlichkeit. Es könnte ja auch blos das Bild eines Baumes, ja es könnte vielleicht gar kein, außerhalb unsres Leibes vorhandener Gegenstand und nur eine Affection meines Auges sein, die in mir die Vorstellung eines

Baumes erzeugt. Wenn ich in die Ferne ausschauend Etwas gewahre, was wie eine menschliche Figur aussieht, und ich urtheile: es sei in der That ein Mensch, so kann ich mich irren, es könnte vielleicht nur eine Bildsäule sein. Dagegen kann ich mich nicht irren, indem ich sage: ich habe in diesem Augenblick die Vorstellung eines in der Ferne befindlichen Menschen. Diese habe ich ja in der That, indem ich von ihr spreche. Das Dasein dieser Vorstellung in mir ist mir *unmittelbar gewiß*, nur nicht das Dasein dieses oder jenes oder überhaupt eines sie hervorbringenden außerhalb unsres Leibes selbst befindlichen Gegenstandes.

Alle Erfahrungsurtheile von der Form: Ich habe die Vorstellung *a*, haben unmittelbare Gewißheit, sind selbst unmittelbare, nicht weiter vermittelte Urtheile; Erfahrungssätze dagegen der Form: Der Gegenstand, der die Anschauung *a* in mir hervorbringt, hat diese oder jene Beschaffenheit; er ist namentlich derselbe, der auch die andern Anschauungen *b*, *c*, welche ich gleichzeitig habe, in mir hervorbringt, kommen jederzeit nur durch Vermittlung, oft durch sehr vielfache Vermittlung zu Stande. Nicht die Vorstellung: Rose, empfange ich unmittelbar von außen, wenn ich das Urtheil fälle: *Dies* ist eine Rose, sondern zunächst nur die Empfindungen des Roths, des Wohlgeruchs u. s. w. Kehren diese Empfindungen, (deren Vorstellungen *Anschauungen* oder *Diesse* sind) mehrmals und stets gleichzeitig wieder, so schließe ich endlich, daß derselbe Gegenstand, der Ursache der Anschauung: *Dieses* Roth, ist, auch Ursache der Anschauung: *Dieser* Wohlgeruch u. s. w. sei, und so oft ich diese Anschauungen vereinigt vor mir habe, auch derselbe Gegenstand: eine Rose, vorhanden sein mag. Das Urtheil: Dieser Gegenstand ist eine Rose, sollte, deutlicher ausgedrückt, so lauten: Der Gegenstand, welcher die in mir eben vorhandenen Anschauungen: Röthe, Wohlgeruch u. s. w. hervorbringt ist ein solcher, der wenn noch gewisse andere Umstände hinzukommen, z. B. wenn ich den Stengel desselben mit meinen Fingern drücke, die Empfindung eines Schmerzes hervorbringt u. s. w. Ein solches Urtheil ist daher, so häufig es auch für das Gegentheil genommen wird, ein sehr vielfach vermitteltes. Unter seinen Prämissen befinden sich nicht nur unmittelbar gewisse Wahrnehmungsurtheile von der Form: Ich habe die Vorstellung *dieses* Wohlgeruchs, ich habe die Vorstellung *dieses* Roths u. s. w., sondern auch reine Begriffssätze, z. B. die Veränderung muß eine Ursache haben u. a. Die wichtigste Rolle unter denselben aber spielt in den meisten Fällen die *Gleichzeitigkeit* der Anschauungen: *Dies* Roth, *Dieser* Wohlgeruch u. s. w. Diese, in einigen Fällen wahrgenommen, wird hierauf durch die Induction auf alle Fälle ausgedehnt, und das Resultat dadurch ein nur wahrscheinliches.

Von dieser Art sind jedoch keineswegs die Erfahrungsurtheile, auf welche wir unsre Beweisführung stützen und deren Gebrauch uns die Gegner zum Vorwurf machen. Diese sind *durchgehends* vielmehr *unmittelbar gewisse Wahrnehmungsurtheile* von der Form: Ich habe die Vorstellung *a*.

Mit Hilfe dieser *unmittelbar gewissen*, nicht blos wahrscheinlichen Erfahrungsurtheile vermögen wir mit apriorischer Gewißheit wenigstens so viel nachzuweisen, daß es außer unserm eigenen, dem vorstellenden Ich, Dinge geben müsse, welche auf dasselbe einwirken, gleichviel ob unmittelbar oder mittelbar. Mit unmittelbarer Gewißheit erkennen wir zunächst, daß wir *Vorstellungen* haben, daß in uns *Zustände* vorhanden sind, welche sich *ändern*, entstehen und vergehen. Das letztere folgt daraus, weil es unter ihnen welche gibt, deren Inhalt von der Art ist, daß sie sich einander ausschließen. Diese können nicht gleichzeitig in uns vorhanden gewesen sein, wir müssen uns also verändert, die eine Vorstellung muß der andern den Platz geräumt haben. Dieser Vorgang kann nicht ohne einen Grund vor sich gegangen sein, welcher nur entweder in oder außer unserm eigenen Ich gelegen sein kann. Die alte Vorstellung kann nicht verdrängt werden, die neue nicht in's Bewußtsein treten ohne in oder außer uns befindliche Ursache.

Wo kann nun diese Ursache liegen?

Nicht in unserm eigenen Ich, denn sonst müßte dieses eine *causa sui* enthalten. Der Begriff einer *causa sui* aber, wie man ihn bisher immer verstanden und auch nicht anders verstehen kann, ist schlechthin widersprechend. Denn ist es der richtige Begriff von Ursache und Wirkung, daß ein wirkliches *A* nur in jenem Falle die vollständige Ursache des wirklichen *B* genannt zu werden verdiene, wenn die Wahrheit: »*A* ist«, den objectiven Grund der Wahrheit: »*B* ist«, enthält, so ist die Forderung eines Wirklichen, das *causa sui* sei, identisch mit der Forderung einer Wahrheit: »*A* ist«, die ihr eigener Grund, d. i. der Grund der Wahrheit: »*A* ist«, sei. Nun kann aber eine Wahrheit wohl *ohne* Grund, ein Axiom, eine Grundwahrheit sein, keineswegs aber ihr eigener Grund, d. i. Grund und Folge zugleich.

Vielmehr folgt sowohl aus rein apriorischen Gründen, als aus natürlichen, unwidersprechlichen Thatsachen des Bewußtseins, daß die Ursache der Veränderungen in unserm Vorstellungskreise zum Theile wenigstens *außerhalb* unser selbst, und nur teilweise, bei den Anschauungen z. B. nur zu sehr geringen Theilen, *in uns* gelegen sein müsse.

Denn betrachten wir ganz allgemein unser Ich als veränderliche Substanz, deren Vorstellungen entstehen und vergehen, deren Kräfte also der Zunahme und Abnahme fähig sind: so ist es klar, daß sie zu keiner Zeit *alle* Kräfte, und noch weniger alle in dem *größten Maße*, in welchem sie neben einander möglich sind, besitze, d. i. daß sie nicht vollkommen ist. Wenn nichts anders, so muß doch Jeder von sich zugestehen, daß er nicht *alle* Wahrheiten erkenne, die es überhaupt gibt, daß er deren von Tag zu Tag mehrere zu erkennen im Stande sei, daß also wenigstens seine Erkenntnißkraft eine im Wachsen begriffene, unvollendete sei. Der Grund aber, daß er nicht *alle* Wahrheiten erkennt, kann doch unmöglich in den Wahrheiten selbst liegen. Von diesen kann keine der andern widersprechen, sonst hörte eine oder die andere auf, eine Wahrheit zu sein. Es liegt daher in der Beschränktheit unserer Erkenntnißkraft. Wodurch wird aber die Erkenntnißkraft selbst beschränkt? Warum ist sie nicht vorhanden in dem zur Allvollkommenheit erforderlichen Grade? Liegt der Grund davon in dem Wesen, d. i. in seinen übrigen Kräften? Dies wäre nur dann möglich, wenn die übrigen Kräfte, welche das Wesen besitzt, mit demjenigen Grade der Erkenntnißkraft, welcher zur Allvollkommenheit des Wesens verlangt wird, im Widerspruche ständen. Die übrigen Kräfte sind jedoch keineswegs von der Art, daß sie das Dasein des zur Allvollkommenheit nothwendigen Grades der Erkenntnißkraft verbieten. Kann daher der Grund, weshalb ein Wesen nicht vollkommen ist, nicht in den Kräften desselben liegen, so liegt er in dem Wesen überhaupt nicht; denn wo sollte er sonst liegen? Er muß sich folglich in einem anderen Wesen, das nicht anders als außerhalb des Veränderlichen sein kann, befinden. Das Veränderliche muß daher fähig sein, Einwirkungen von außen zu empfangen, oder, was dasselbe ist, es muß außerhalb unsers eigenen Ich Dinge geben, welche nach außen zu wirken im Stande sind.

Von welcher Beschaffenheit diese außer uns befindlichen Dinge sind, darüber sagt diese Untersuchung noch nichts. Sie spricht es nicht aus, ob die in uns vorgehenden Veränderungen von eben so unvollkommenen Substanzen, wie die unsre ist, erfolgen; ob sie theilweise, oder wie

Leibniz und *Descartes* gemeint zu haben scheinen, wenn man sie so auslegen darf, gänzlich von dem vollkommensten Wesen herrühren; sie bestätigt aber neuerdings, was wir schon bei *Leibniz* angedeutet, daß, sobald einmal zugegeben sei, es gebe veränderliche und folglich endliche Wesen, auch nach einem außerhalb liegenden Grunde dieser Veränderungen geforscht und folglich die Möglichkeit des Einwirkens von außen angenommen werden müsse.

Noch viel entschiedener aber, besonders für Jene, welche gewohnt sind, den Anfangspunkt des philosophischen Denkens, wie seine Bestätigung, in dem denkenden Subjecte selbst zu suchen, sprechen für unsere Behauptung einer Einwirkung von und nach außen, gewisse Classen von Vorstellungen, welche wir in unserm Bewußtsein antreffen, und die wir schon mehrmals als *Anschauungen* bezeichnet haben. Es sind einfache Vorstellungen, die nur einen einzigen Gegenstand haben. Unter diesen gibt es mitunter mehrere, welche so beschaffen sind, daß wir es unmittelbar, also auch mit voller Gewißheit erkennen, daß sie von etwas außer uns Befindlichem in unserm Innern erzeugt werden. Dies gilt nicht von allen. Auch Gegenstände, die sicher nicht außerhalb meiner sind, z. B. meine eigenen Seelenzustände, kann ich anschauen, d. i. ich kann mir eine Vorstellung davon bilden, die einfach ist, und einen einzigen Gegenstand hat. Von der letztern Art sind die Vorstellungen, welche wir in den unmittelbar gewissen Wahrnehmungsurtheilen anwenden, durch welche wir das Dasein einer in *uns* befindlichen Vorstellung aussagen, z. B.: *ich* habe die Vorstellung: *Dies* Roth. Der Bestandtheil dieses Satzes ist nicht die Anschauung: Dies Roth, sondern die Vorstellung dieser Anschauung. Die Anschauung selbst sowohl, als die Anschauung dieser Anschauung sind *in mir*.

Von der oben zuerst erwähnten Art sind dagegen die Anschauungen: *Dieser* Wohlgeruch, *dieser* Schall, *dieses* Grün u. s. w. Diese weisen unmittelbar auf etwas außerhalb unseres Ich Befindliches hin, durch welches sie angeregt werden. Dieses braucht eben nicht ein außerhalb meines Leibes Existirendes zu sein. Recht gut können diese Anschauungen in meinem Ich auch blos durch Zustände meines Leibes, krankhafte Affectionen meiner Sinnesorgane veranlaßt werden; desungeachtet bleibt ihre Ursache eine äußere für mein erkennendes Ich, und bringt durch seine Thätigkeit in diesem eine Veränderung hervor. Nur erst wenn wir über den Gegenstand selbst, der sie in uns hervorbringt, etwas aussagen wollen, gerathen wir in Gefahr, zu irren. Welch anderweitige Beschaffenheiten er habe, das erkennen wir meist durch Wahrscheinlichkeitsschlüsse, die häufig trügen, uns z. B. eine Rose vermuthen lassen, wo statt ihrer nur eine Anhäufung gewisser Stoffe in unserem Gehirn existirt, die jene Vorstellung hervorruft u. s. w. Unmittelbar erkennen wir nur: Es gibt Wirkliches außer uns, durch dessen Einwirkung Anschauungen dieser Art in uns erzeugt werden.

Daß Urtheile, wie das letzte, von uns in der That gefällt werden, gibt gewiß Jedermann zu; ebenso, daß sie nicht von der Form sind, die wir kurz zuvor für das bloße Wahrscheinlichkeitsurtheil aufstellten: derselbe Gegenstand, der die Anschauung a in mir bewirkt, ist (wahrscheinlich) auch Ursache der Anschauung b, oder hat die Beschaffenheit, daß er auch die Anschauungen m, n hervorbringen würde, wenn noch gewisse andere Umstände einträten. Dieses Urtheil ist offenbar sehr vermittelt und zwar durch Vordersätze, die ihrer Natur nach einen bloß wahrscheinlichen Schlußsatz gewähren, weil einer unter ihnen von der Form sein muß: *Wenn* gewisse Erscheinungen a, b .... mehrmals gleichzeitig sind u. s. w. Dagegen wird in einem der obenerwähnten Urtheile über die Beschaffenheit des erzeugenden Gegenstandes nicht mehr ausgesagt, als daß derselbe ein Wirkliches sei; ob dasselbe oder verschiedene Wirkliche? fordert eine ganz andere Untersuchung. Dieses Urtheil reicht sonach über jede Möglichkeit des Irrthums hinaus, es ist ein unmittelbar gewisses Factum des Bewußtseins. Wer kann es läugnen, daß er Dinge außer sich voraussetze; daß er urtheile, daß dergleichen Dinge da sind, daß sie auf ihn einwirken; daß er diese Urtheile auf Nöthigungen des äußern Sinnes fälle, auf den Grund von Vorstellungen hin, von denen es sonst keinen Grund gäbe, wenn er nicht außerhalb des Vorstellenden selbst gelegen wäre? Wer kann ferner anders, als höchstens mit dem Munde läugnen, daß er sehe, höre, rieche, und daß er deshalb Gegenstände setze, welche er zu sehen, zu hören und zu riechen meine? Zwang nicht dieses unwiderstehliche Hinweisen der Vorstellungen des äußern Seins auf außen befindliche Gegenstände sogar den strengen Idealismus, gewisse unbegreifliche Schranken und Gesetze des Ich in »der untern bewußtlosen Sphäre unserer Subjectivität« anzuerkennen, in welchen sich das Ich nachher als in gewissen Bestimmungen d. i. Empfindungen und Vorstellungen befangen wahrnimmt? Und *Kant* erklärte ausdrücklich, die Empfindungen seien von außenher empfangener Stoff, und unsre ganze Kenntniß von der Außenwelt beschränke sich auf den Satz: Wären keine Dinge außer uns, so wären auch keine Erscheinungen in uns. Nun sind diese, also müssen auch jene sein.

Ja während man bei *Leibniz*, dem schon *Bayle* vorrückte, daß im Falle vollkommener Spontaneität der Seele in Betreff ihrer Vorstellungen gar kein Grund vorhanden sei, mehr als *eine* Monade anzunehmen, mit Recht fragen darf, woher er denn von den mehreren Monaden, die er voraussetze, mit einem Wort, von der Außenwelt, selbst von dem allervollkommensten Wesen etwas wissen könnte, wenn in aller Strenge durchaus kein äußerer Einfluß stattfinden dürfe: waren Denker, wie *Locke* und *Herbart*, so durchdrungen von dem Gefühle der Abhängigkeit unsers Vorstellens von der Außenwelt, daß sie selbst so weit gingen, zu behaupten: *alle* unsere Vorstellungen ohne Ausnahme würden von außenher erzeugt, was wir unsrerseits nur von *einem Theile der Anschauungen* zu behaupten wagten. Denn obgleich es wahr ist, daß keine unsrer Vorstellungen ohne irgend eine von außen gebotene *Veranlassung* in uns entsteht, so ist doch die Art, wie die Außenwelt hiebei thätig ist, bei verschiedenen Classen von Vorstellungen eine verschiedene, und zwar werden jene Anschauungen, welche eine so stringente Hinweisung auf die Außenwelt enthalten, durch wirkliche, außer uns befindliche Gegenstände erzeugt; sobald aber auch nur zwei derselben durch das Wörtchen »*und*« verbunden werden sollen, tritt dieser einfache *Begriff* hinzu, der offenbar nicht wie jene durch einen äußern Gegenstand, sondern durch die eigene Thätigkeit der Seele auf Veranlassung und bei Gelegenheit jener Anschauungen erzeugt worden ist. Überhaupt darf der Ausdruck: *von außen erzeugt* nicht so verstanden werden, als wäre hiebei unsre Seele selbst völlig unthätig. Dies ist nicht einmal bei jenen Anschauungen, die von außen herkommen, der Fall, und es ist deshalb nicht völlig richtig, wenn man sie, wie häufig geschieht, als unwillkürliche, uns ohne und häufig wider Willen aufgedrungene Vorstellungen bezeichnet. Denn gegen viele, ja die meisten, steht es gänzlich in unsrer Macht, uns zu verschließen. Schließe ich die Augen, so werde ich die Rose nicht sehen, und daher auch die Anschauung: *Dies* Roth, nicht empfangen. Ziehe ich, um auch ein Beispiel der Anschauung eines innern Gegenstandes zu gebrauchen, meine Aufmerksamkeit von der Vorstellung $\sqrt{-1}$ oder dem Urtheil, daß z. B. $\sqrt{-1}$ imaginär sei, ab, so gelangen diese Gedanken nicht zur Anschauung. Auf alle unsre Anschauungen hat daher unser Wille wenigstens mittelbaren Einfluß.

Aber auch wenn dies nicht der Fall wäre, so bliebe doch soviel erreicht, als wir hier erreichen wollen: wir finden unter den Anschauungen in der That Zustände, welche mit unmittelbarer Gewißheit auf Einwirkung von außenher schließen lassen. Zu entscheiden, welche Anschauungen diese Nöthigung wirklich ausüben, weil wohl jede einen Gegenstand hat, dieser aber, wie schon gesagt, nicht jedesmal ein äußerer sein *muß*, sondern wohl auch ein innerer, ein Seelenzustand u. s. f. sein *kann*; denn ich vermag auch meine eigenen Vorstellungen, Urtheile, Empfindungen, Wünsche u. s. w. anzuschauen, und mir Anschauungen von Anschauungen zu verschaffen; zu prüfen, ob das Eine oder das Andere stattfinde, ob das, was ich eben jetzt anschaue, etwas in mir oder nicht in mir Befindliches, sondern von außen auf mich Einwirkendes sei: dies vermögen wir und urtheilen wirklich darüber. Dieses Urtheil fällen wir sogar nicht mit bloßer Wahrscheinlichkeit, sondern mit unmittelbarer Gewißheit, sofern wir uns nur nichts Mehreres erlauben, als zu behaupten, daß wir hier etwas anschauen, was ein außer uns Wirkliches ist, nicht aber, von welchen weiteren Beschaffenheiten es sei, ob eine Rose, oder ein Blatt Papier u. s. w. Die Urtheile, mittels welcher wir dies behaupten, sind unmittelbar gewisse Erfahrungsurtheile von der Form: *Dies*, was ich jetzt eben anschaue, ist die Wirkung eines auf mich einwirkenden Wirklichen. In diesem Urtheil erscheint aber als Subjectvorstellung nicht die Anschauung selbst, von welcher wir dies aussagen, sondern eine Anschauung von dieser Anschauung. Diese Subjectvorstellung ist daher selbst etwas in mir Vorhandenes und stellt etwas in mir Vorhandenes vor; dieses Letztere aber ist selbst die Anschauung eines außer mir Befindlichen, nämlich des einwirkenden äußern Gegenstandes. Obgleich hier also Gegenstand der Vorstellung und diese selbst beides Vorstellungen sind, dürfen sie dennoch nicht mit einander verwechselt werden. Die Vorstellung, welche den Gegenstand der andern ausmacht, tritt dadurch zu dieser ganz in dasselbe Verhältniß, wie ein wirklicher sinnlicher Gegenstand zu seiner Vorstellung. Die Vorstellung der *wirklichen* gedachten Vorstellung: *Dies Haus*, ist von ihr nicht weniger verschieden, als die Vorstellung: *dies* Haus von dem *wirklichen Hause* selbst. Durch die Verwechslung beider Dinge, des Gegenstandes der Vorstellung mit dieser selbst, sind vielfache Irrthümer entstanden, wie es nicht anders geschehen kann, wenn man zwei völlig verschiedenen Dingen dieselben Eigenschaften beilegt. Auf ihr beruht hauptsächlich der reine Idealismus, und noch greller der transcendentale, bis die Verwirrung in der völligen Identificirung des Denkens und Seins den Gipfelpunkt erreicht. Denn wo soll dann ein klares Denken noch herkommen, wenn der Begriff eben so gut die Sache, als die Sache der Begriff sein soll, wenn Sein und Nichts und wieder Sein und Denken identisch sind.

Auf diese Weise wäre das Vorhandensein einer Einwirkung von außen, wenigstens auf eine einfache Substanz, wie unser (des Denkenden) eigenes Ich, durch eine unwidersprechliche, unmittelbar gewisse *Thatsache des Bewußtseins* erwiesen. Auf dieses Wort hin ist schon so viel gesündigt worden, daß man fast fürchten muß, durch seine Anwendung Mißtrauen zu erregen. Es scheint sehr bequem und kann es auch in der That sein, »wo die Begriffe fehlen«, sich mit Berufung auf innere Thatsachen auszuhelfen, die Einer eben so gut läugnen als der Andere zugeben kann. Hat man doch sogar die transcendentale Freiheit für eine Thatsache des Bewußtseins ausgegeben! Ein Anders ist es aber mit jenen Urtheilen, die wir als unmittelbare Erkenntniß durch innere Erfahrung angesehen wissen wollen. Niemand kann es, er müßte denn sich selbst Lügen strafen wollen, verneinen, daß er Urtheile, wie: ich werde afficirt, ich empfinde Einwirkungen auf mich, wirklich fälle. Selbst Denker, welche, wie *Leibniz*, die Möglichkeit der Einwirkung nicht anerkannten, vermochten sich im Leben dieses Urtheils kaum zu enthalten. Sie zweifelten am Schreibtisch, weil ihnen vorkam, daß der Satz gewissen anerkannten Begriffswahrheiten widerstreite, aber sie würden sich kaum so angelegenheitlich bemüht haben, denselben mit den scheinbarsten Argumentationen zu bestreiten, wenn er sich ihnen nicht so nachdrücklich von jeder Seite her aufgedrängt hätte. Wenigstens das Urtheil, daß sie fortwährend so afficirt werden, als ob auf sie von außen gewirkt werde, würden sie mit allen Andern zuzugestehen sicher bereit gewesen sein. Und mehr bedürfen wir nicht. In dieser unmittelbar gewissen Erkenntniß, daß wir von außen afficirt werden, liegt auch schon die Bürgschaft, daß dies wirklich geschehe; von wem und wie? darauf vermögen wir hier noch keine Antwort zu geben.

Wenn man gegen diesen Beweis, der zwar auf Erfahrungssätzen, aber auf *unmittelbar* gewissen beruht, einwenden wollte: jegliches Urtheil, welches wir fällen, z. B. Ich denke, sei eine bloße Sache der Erfahrung, und rein apriorisch sei ein Beweis nur dann, wenn er auch nicht einmal eine *solche* Erfahrung enthalte: so hört damit die Möglichkeit überhaupt auf, irgend einen Beweis zu führen, ja nur irgend eine richtige Erkenntniß zu erlangen. Denn ohne zu urtheilen vermag man auch nichts zu erkennen. Will man aber die letztere Möglichkeit nicht gänzlich aufgeben, so muß man zugestehen, daß eine Deduction, welche sich auf keine andere, als unmittelbar gewisse Wahrnehmungsurtheile stützt, wenigstens mehr als Wahrscheinlichkeit zu liefern im Stande sei.

Ist einmal nur soviel außer Zweifel, daß wenigstens wir selbst (das denkende Subject) Einwirkungen von etwas Wirklichem, das außer uns und von uns selbst verschieden ist, erfahren, so sind die weiteren Fragen nach dem Woher? und Wie? des Einwirkens nicht länger unbeantwortlich.

Das außer uns befindliche Wirkliche kann, als solches, nur ein zweifaches sein, entweder ein solches, das noch an einem andern sich befindet, oder ein solches, bei welchem dies nicht mehr der Fall ist. Ein weiterer Fall ist nicht denkbar. Im erstern Falle wollen wir es mit einem alten Namen: *Adhärenz*, im letztern *Substanz* nennen. Wenn nun gleich Dasjenige, was zunächst auf uns einwirkt, in den meisten Fällen selbst nur eine Adhärenz sein mag, die sich vielleicht wieder an einer Adhärenz befindet u. s. f., so kann dies doch nicht ins Unendliche hinaus sich erstrecken. Denn eine endlose Reihe von Dingen, welche an andern sind, ohne ein solches, welches nicht mehr an andern ist, eine endlose Reihe von Getragenen ohne Träger ist ein klarer Widerspruch. Zuletzt muß es dennoch irgend ein Selbständiges geben, eine Substanz, von welcher wir, durch Vermittlung ihrer Adhärenzen, die Einwirkung von außenher erleiden. Eine weitere Frage, deren Beantwortung uns jedoch hier zu weit führen würde, ist es dann, ob es dieser außer uns befindlichen Substanzen eine oder mehrere, vielleicht sogar unendlich viele gebe, ob sich unter diesen eine vollkommene befinde, ob wir sowohl von dieser als von den unvollkommneren Einwirkungen erleiden u. s. w. Alle diese Sätze, wie noch mehr andere, z. B. daß es Wirkliches überhaupt gebe, daß jedes Wirkliche wirke, daß keine Substanz zur selben Zeit widerstreitende Beschaffenheiten besitzen könne, daß sie daher, wenn sich dergleichen an ihr aufzeigen lassen, zu verschiedenen Zeiten existirt haben muß u. v. d. A., bestehen aus so einfachen Begriffen, daß sie theils unmittelbar, theils nach sehr kurzer Betrachtung jedem unbefangenen Verstand einleuchten müssen, selbst ohne daß er sich der Gründe, auf welchen sie beruhen, deutlich bewußt geworden. Ja das Letztere ist sogar häufig äußerst schwierig, wovon sogleich der Satz von der äußern Einwirkung der Substanzen das treffendste Beispiel liefert; und darum wird es dem Denken, sobald es einmal den Gründen dieser scheinbar so einfachen Wahrheiten nachgeht, gar nicht schwer, dieselben mit dem Munde zu läugnen und allmälig ganz zu verwerfen, weil es die Gründe für dieselben nicht aufzufinden vermag. Zum Theil aber haben diese Wahrheiten in der That gar keine Gründe, sondern sind *Grundwahrheiten,* zum Theil liegen diese ganz anderswo, als wo sie gewöhnlich gesucht zu werden pflegen. So viel ist jedenfalls gewiß, daß das unverdorbene Denken nicht erst die Beweise des Denkers erwartet, um diese Wahrheiten als solche anzuerkennen, und der Vorzug des *Vernünftigen* besteht eben darin, dergleichen Wahrheiten, wie er sie nur vernimmt, mit Beifall anzunehmen. Des Denkers Aufgabe ist es viel weniger, diesen Sätzen allgemeine Anerkennung zu verschaffen, als vielmehr die falschen und scheinbaren Gegengründe und Vorurtheile, die man gegen dieselben vorgebracht hat, hinwegzuräumen.

Dies hielten wir auch bei dem Satze von der *äußern Einwirkung der Substanzen,* einer Wahrheit, an welcher im gemeinen Leben ohnedies Niemand zweifelt, für unsere vornehmste Aufgabe. Die Vorurtheile und irrigen Vorstellungen, denen namentlich das Wie? dieser äußern Einwirkung ausgesetzt war, vermochten wir nicht kürzer zu beseitigen, als indem wir zu zeigen suchten, daß diese Frage selbst schon *an sich* eine nichtige, ein *non-sens* sei, weil sie etwas Ansichunmögliches zu wissen verlangt. Wir vermögen auch hier, wo wir bereits erwiesen haben, daß wir Einwirkungen von außen, und zwar von wirklichen Substanzen außer uns erfahren, über die Art und Weise dieser Einwirkung nichts anders zu sagen. Sie ist ihrer Natur nach *unmittelbar*, oder wenn sie vermittelt ist, läßt sie sich wenigstens auf unmittelbare Einwirkungen zurückführen, und diese Zurückführung ist schon ihre ganze Erklärung. Alle Fragen nach ihrer fernern Beschaffenheit, nach Berührung, Durchdringung, materiellem Übergang, Selbsterhaltung u. s. w. müssen wir demnach als *nicht zur Sache gehörig* ohne weiters abweisen. Unser Satz lautet einfach so: Wir nehmen Veränderungen in uns wahr; unter diesen solche, die unmittelbar auf außerhalb unseres Ich befindliche Wirkliche hinweisen, von welchen sie als Wirkungen in uns hervorgebracht werden; diese Wirklichen selbst müssen (zum Theil wenigstens, d. h. mit Ausschluß der Adhärenzen) Substanzen sein; die Einwirkungen aber geschehen entweder unmittelbar oder sie lassen sich doch auf unmittelbare zurückführen.

Nachdem wir soviel erreicht, dies von einer einzigen einfachen Substanz, jener, welche unser eigenes (des Denkenden) Ich ausmacht, zu erweisen, erübrigt die Frage: ob diese Fähigkeit, Einwirkungen von außen zu erleiden und also umgekehrt auch auszuüben, *allen* Substanzen zukomme oder nicht. Darüber würde kein Zweifel herrschen können, wenn es ausgemacht wäre, ob zwischen sämmtlichen Substanzen höhern und niedern Ranges nur eine Grad- oder wirklich specifische Verschiedenheit (d. h. solche, die sich nicht auf eine blos graduelle zurückführen läßt) stattfinde. Wenn einige Substanzen die Fähigkeit nach außen zu wirken und von außen zu leiden besäßen, andere nicht, so wäre dies allerdings eine specifische Verschiedenheit unter denselben. In der That waren viele Denker dieser Meinung und besonders die Schriften des *Cartesius*, seiner Anhänger und Zeitgenossen liefern reichliche Beispiele von widersinnigen Behauptungen, zu welchen die Annahme specifischer Verschiedenheit unter den Substanzen verführt hat. Besonders war es der Streit um die Thierseelen, welcher die Gemüther beschäftigte und häufig bis zur Parteiwuth entzündete. Während die Einen den Thieren alle und jede Seelenfähigkeit, ja die Seele selbst absprachen, geriethen Andere ins entgegengesetzte Extrem, die Thierseele sogar über die Menschenseele zu erheben, und sie für weit begabtere Wesen als die letztern anzusehen. *Leibniz* dagegen nahm sich der wesentlichen Gleichheit aller Substanzen auf das eifrigste an und hatte, wie die bekannte Anekdote im Schlosse zu Charlottenburg zeigte, gar nichts dawider, daß auch aus den Atomen, die in dem Kaffee, den er eben trank, enthalten sein mochten, sich mit der Zeit Wesen höherer, sogar menschlicher Art entwickeln können. Selbst *Herbart*, dem man unter den Neuern am nachdrücklichsten den Vorwurf gemacht, er betrachte z. B. die Thiere als bloße Maschinen, erscheint als Vertheidiger der wesentlichen Gleichheit aller Substanzen[127]. Er gibt zu, es sei keinem einzigen einfachen Realen wesentlich, Substanz zu sein – welches bei ihm nichts anderes heißt, als in Causalzusammenhang mit andern Realen zu treten, in Folge dessen Selbsterhaltungen d. i. Vorstellungen in dem Ersten entstehen; und diese Eigenschaft könne unter

---

127 d. h. in ihren letzten Gründen. Der Abstand von einem Tartuffe zu einem Newton würde noch immer groß genug bleiben.

Hinzutritt gewisser Umstände einem jeden ohne Unterschied zukommen. Vor allem aber gibt uns die Erfahrung Belege genug an die Hand, daß sich das Charakteristische der Seele, ihre innern Zustände, wenn auch in verschiedenem Grade an allen einfachen Substanzen vorfinden, und diese generisch durchgehends verwandt sind. Fast an allen organischen Wesen trifft man Organe und Thätigkeiten an, welche den menschlichen analog sind, und in den unorganischen läßt sich zum wenigsten keine sichere Grenze festsetzen, über welche hinaus sie aufhörten, noch organisch zu sein, so daß wir zuletzt genöthigt werden, auch in ihnen Organismen, wenn auch von minderer Vollkommenheit, anzuerkennen. Von Vorstellungen aber haben wir eben gar keinen andern Begriff, als daß es solche Veränderungen seien, welche im Innern einfacher Substanzen vorgehen. *Leibniz* erklärt sie mit klaren Worten für das Einzige, was im Innern einfacher Substanzen vor sich gehen kann, und worin alle innern Thätigkeiten der Monaden bestehen[128]. Da nun alle Substanzen, mit Ausnahme der allvollkommenen, unvollkommene, also veränderliche sind, mithin Veränderungen mit ihnen vorgehen, die nach dem eben Gesagten keine andern als Vorstellungen (im weitesten Sinn) sein können, so folgt, daß alle Substanzen Vorstellungen haben und ohne Ausnahme Vorstellungskraft besitzen, und daher generisch nicht unter einander verschieden sind. Allerdings darf man bei dem Wort Vorstellungen nicht an solche denken, die wir gemeiniglich mit diesem Namen bezeichnen, und die meist schon »bewußte« d. i. solche Vorstellungen sind, von denen wir *wissen, daß wir sie haben*. Diese Vorstellungen werden vielmehr *alle*, oder doch dem größten Theil nach *dunkle*, unbewußte Eindrücke sein können, bloße Perceptionen nicht Apperceptionen; unbestimmte Empfindungen, aber doch Veränderungen im Innern der Substanzen, aus welchen sich im Laufe der Zeit *klare* und *deutliche* entwickeln. Sind aber alle Substanzen vorstellende und veränderliche Wesen, so werden sich bei jeder einzelnen die Fragen nach einem *Grund* ihrer Veränderungen, welcher nicht in ihr selbst liegen kann, wiederholen, und in jeder werden sich höchst wahrscheinlicher Weise Vorstellungen von ähnlicher Art wie unsere Anschauungen oder *Diesse* vorfinden, welche eben so unmittelbar wie diese auf ein außenbefindliches, einwirkendes Wirkliche hinweisen. Zum wenigsten ist gar kein Grund vorhanden, warum es nicht

---

128 *Monad.* §. 17.

der Fall sein sollte, da im Gegentheil eben die Anschauungen diejenigen Vorstellungen sind, welche dem größten Theile nach gar nicht zu unserm Bewußtsein gelangen.

Indeß möge dies oder jenes der Fall sein, so gilt der bisher zu erweisen versuchte Satz, wenn nicht von allen, doch wenigstens von denjenigen Wesen, welchen auch der Dualismus die Vorstellungs- und Seelenfähigkeit nicht abspricht. Erweitert umfaßt daher unser Satz von nun an *alle* endlichen vorstellenden Substanzen, weil sich um ihrer wesentlichen Gleichheit willen kein Grund angeben läßt, warum das Vermögen nach außen zu wirken und von außen zu leiden auf einige derselben sich erstrecken solle, auf andere nicht. Denn wissen wir einmal, daß alle endlichen und vorstellenden Substanzen eben deshalb auch veränderlich, und des Wachstums ihrer Kräfte fähig sind, so dürfen wir auch schließen, daß der Zweck ihrer Erschaffung kein anderer war, als sich dieser Zunahme ihrer Fähigkeiten zu freuen und darin Glückseligkeit zu genießen. Und wenn einige, namentlich alle diejenigen, welche auf *uns* einwirken, und deren Dasein wir eben nur aus diesen ihren Wirkungen auf uns erfahren, d. i. sämmtliche Erdengeschöpfe nicht weniger als die uns bisher bekannten Himmelskörper, die Kraft auf andere zu wirken, und Rückwirkungen von ihnen zu erfahren besitzen: reicht dies nicht hin, zu schließen, daß ähnliche Kräfte *allen* zukommen, weil sie sonst zwecklos da wären, wenigstens des Guten nicht so viel genießen und in andern befördern könnten, als sie auf diese Weise vermögen?

Ist aber dies einmal außer Zweifel, so kann es auch keinem Anstand mehr unterliegen, daß diese Einwirkung unter den Substanzen eine *wechselseitige* sein müsse. Denn jede Veränderung in dem Veränderten setzt eine Veränderung in dem *Verändernden*, von welchem die thätige Kraft ausgeht, voraus. Es gab eine Zeit, in welcher die Veränderung im Veränderten noch nicht da war, das Verändernde sie also noch nicht bewirkt hatte. Indem das letztere dieselbe früher noch nicht bewirkte und jetzt bewirkt, hat es an sich selbst eine Veränderung erfahren, die es nicht erfahren haben würde, wenn es nicht jene Veränderung im andern hervorgebracht hätte. Ohne die letztere wäre es daher selbst ein anderes geblieben. Insofern daher das Veränderte da sein muß, um eine Veränderung vom andern zu erfahren, welche ihrerseits wieder eine solche im Verändernden, das aus dem Zustande der Unthätigkeit in jenen der Thätigkeit übergehen muß, erfordert: kann es selbst wieder als reciproke Ursache dieser Änderung im Verändernden angesehen werden. Darin liegt nichts Widersprechendes; denn die Veränderung x im veränderten Dinge A ist eine andere als jene y im verändernden Dinge B. Das Ding A ist also Ursache der Veränderung y in B, und das Ding B Ursache der von y verschiedenen Veränderung x an dem A. Der Widerspruch würde nur dann stattfinden, wenn A Ursache derselben Veränderung in B wäre, welche B in A bewirkt, wenn z. B. das A Ursache des *Seins* von B und B umgekehrt Ursache des Seins von A sein sollte. In *derselben* Beziehung kann ein Ding nicht zugleich Ursache und Wirkung sein, wohl aber in *verschiedener* Beziehung. Wenn daher *Lotze* der Wechselwirkung vorwirft, die Ursache bedinge in ihr nicht nur die Wirkung, sondern die Wirkung zugleich die Ursache, und es werde daher unter Wirkung nicht das Resultat des Processes, sondern das Object verstanden, an welchem dieses erzielt wird, indem z. B. der Geschlagene den Schlagenden und dieser jenen bedinge: so verwechselt er die Vorstellung des gemeinen Lebens, welches hier, wie häufig, eine bloße *Theilursache*: den Geschlagenen, statt der ganzen Ursache heraushebt, mit der ausdrücklichen Erklärung, daß dasjenige, was in einem Sinne Wirkung, in einem ganz *andern Sinn* Ursache sei; weil beides andernfalls in der That widersprechende Bestimmungen desselben Dings sein würden. Trifft z. B. die bewegte Kugel a auf die ruhende b, so gibt sie einen Theil ihrer Geschwindigkeit an diese ab, so daß sie selbst sich langsamer bewegt als früher, die zweite aber sich bewegt, die vordem geruht hat. Die *Abnahme* der Geschwindigkeit der ersten ist daher Ursache der *Zunahme* der letztern, und die *Zunahme* der Geschwindigkeit der letztern die Ursache der Abnahme der Geschwindigkeit der erstern. Auch *Hegels*[129] Einsprache gegen diesen Satz gründet sich auf die unrichtige Voraussetzung, daß die Wirkung in *derselben* Beziehung, in welcher sie dies ist, auch wieder Ursache sein solle. Allein um das obige Beispiel beizubehalten, ohne Zweifel ist die Veränderung, welche in dem Geschlagenen vorgeht, eine andere, als jene, welche der Schlagende erfährt, der Geschlagene daher in einer ganz andern Beziehung Grund einer Veränderung im Schlagenden, als jene ist, in welcher er zugleich eine Wirkung durch den Schlagenden erleidet.

---

129 Encyclop. I. S. 306.

Das Ergebniß der ganzen bisherigen Untersuchung ist daher in wenig Worten Folgendes: Jede (endliche, veränderliche) Substanz wirkt auf jede andere und zwar *unmittelbar* in jeder Entfernung, in mancherlei Weise, anziehend, abstoßend, verändernd; sie wirkt aber auch *mittelbar*, indem sie dadurch, daß sie auf irgend eine Substanz unmittelbar wirkt, Einfluß auf jene Veränderungen nimmt, welche diese selbst wieder ihrerseits unmittelbar in anderen Substanzen bewirkt; jede Substanz *erfährt* eben so von jeder andern mittelbarer oder unmittelbarer Weise Einwirkungen mannigfacher Art; sie erfährt dergleichen nicht nur von den endlichen Substanzen, auf welche sie selbst einen mittelbaren oder unmittelbaren Einfluß ausübt, sondern auch von der allvollkommenen, in welcher sie, weil diese unveränderlich ist, ihrerseits keinerlei Wirkung hervorzubringen vermag. In Bezug auf die allvollkommene Substanz ist daher die Thätigkeit jeder endlichen Substanz einseitig, nicht wechselseitig. Denn nur von der ungeschaffenen auf die geschaffenen kann eine Einwirkung bestehen, nicht aber umgekehrt, weil die *ungeschaffene* auch *unveränderlich* ist.

Man könnte hiebei den Grund vermissen, auf welchen sich das Vorhandensein der nach außen wirkenden Kraft in der allvollkommenen Substanz stützt. Allein wenn wir die Kraft nach außen zu wirken bereits jeder unvollkommenen Substanz beilegen, welchen Grund gäbe es wohl, sie der *vollkommensten* abzusprechen? Dies könnte nur der Fall sein, wenn sie irgend einer ihrer übrigen Kräfte widerstreiten möchte. Das findet jedoch keineswegs statt, ja ihr Vorhandensein wird sogar aufs entschiedenste gefordert, wenn die Gottheit wirklich das allervollkommenste Wesen sein soll, weil sonst den unvollkommenen Substanzen ein Vermögen zukommen würde, das der allvollkommenen mangelt, und weil ohne diese die Gottheit aufhören müßte, *Schöpfungs*kraft zu besitzen. Es genügt schon zu bemerken, daß das Vorhandensein einer solchen Kraft in Gott mit keiner seiner übrigen Kräfte in Widerspruch stehen könne, weil wir denselben analoge in uns selbst vereinigt antreffen.

Der Weg, auf welchem wir zu diesem, von den Ansichten Anderer bedeutend abweichenden Resultat gelangt sind, beruht im Wesentlichen auf Leibnizisch-monadistischen Fundamenten. Entscheidende Wendepunkte sind jedoch für denselben die Begriffe: unmittelbare Wirkungen, Stetigkeit und allseitige Erfüllung des Raums, und die unmittelbar gewissen Erfahrungsurtheile. Wer uns vorwerfen will, daß wir uns hiebei auf ein »Geheimniß«, beim zweiten Punkt auf ein »im Denken nicht Erreichbares«, beim dritten auf ein »schlechthin Gewisses« berufen, und die Deduction deshalb für oberflächlich und unzureichend erklärt: dem können wir nichts Anderes entgegenhalten, als was wir schon im Laufe der Untersuchung am rechten Orte eingeschaltet, und worin, wie wir glauben, eine genügende Vertheidigung liegt. Nicht die Nichterklärbarkeit eines *an sich* nicht Erklärbaren, wie es die unmittelbaren Wirkungen sind, scheint uns den Namen eines Geheimnisses zu verdienen; dieser ist vielmehr dort am Platze, wo es Etwas zu erkennen *gibt*, welches wir bisher aus was immer für Gründen noch nicht erkannt haben, aber mindestens bei fortgeschrittener Vervollkommnung und günstigen Umständen einst zu erkennen und erklären hoffen dürfen. Dies ist aber bei unmittelbaren Wirkungen keineswegs der Fall; diese werden und können wir niemals zerlegen und erklären, weil ihre Natur es verbietet.

Eben so wenig dünkt uns die Unmöglichkeit, einen gewissen Begriff »im Denken zu erreichen«, d. h. sich eine *anschauliche* Vorstellung von demselben zu entwerfen, schon ein Recht zu geben, diesen Begriff überhaupt für ungereimt und widersprechend zu erklären. Der Umstand, daß wir zu einfachen Punkten weder durch wirkliche Theilung gelangen, noch durch fortgesetzte Zählung eine unendliche Menge einzelner Einheiten zusammen addiren können, bietet keine hinreichende Bürgschaft weder dafür, daß es keine einfachen Punkte in der That gebe, noch dafür, daß sie in keinem endlich begrenzten Raume in unendlicher Anzahl vorhanden seien. Vielmehr belehren uns Schlüsse aus reinen Begriffen auf das nachdrücklichste von dem Gegentheil.

Noch weniger aber können wir von der Annahme »unmittelbar gewisser Erfahrungsurtheile« ablassen, sobald unter denselben keine andere, als Urtheile von der Form: Ich habe die Vorstellung *a*, verstanden werden. Denn um dieses Urtheil zu fällen, muß ich die Vorstellung *a* wirklich besitzen und nicht nur sie allein, sondern sogar noch eine Vorstellung von ihr selbst, welche als Bestandtheil in meinem Urtheile erscheint. Ihr Dasein ist daher so gewiß, als ich dieses Urtheil wirklich fälle; mein Urtheil hat daher *unmittelbare* Gewißheit. Das Auffallende in dieser Behauptung verursacht nur das geringe Gewicht, das man *bisher* auf dieselbe gelegt hat, und die Verwechslung solcher Urtheile mit den nur *wahrscheinlichen* Erfahrungssätzen von der Form: »Derselbe Gegenstand, welcher Ursache der Anschauung *a* in mir ist, ist auch zugleich Ursache der Anschauung *b*«, welche sie sich gefallen lassen mußte. Urtheile dieser letztern Art aber begnügen sich nicht damit, das *Dasein* einer Vorstellung in uns auszusprechen, sie maßen sich an, Etwas über den *Gegenstand* auszusagen, von welchem diese Vorstellung herrühren soll, und gerathen auf diese Weise in Gefahr des Irrthums.

Obgleich daher unser Satz zuletzt aus Erfahrungsurtheilen der ersten Form entspringt, so können wir doch nicht zulassen, daß er um deswillen nur Wahrscheinlichkeit besitzen solle. Seine Prämissen, Erfahrungs- wie reine Begriffssätze, haben objective Gewißheit, denn theils lassen sie sich durch andere unwidersprechlich darthun, theils sind sie unmittelbar gewiß, und leisten dann, auch wenn sie Erfahrungssätze sind, denselben Dienst, wie reine unangefochtene Begriffswahrheiten. Die einzige Art von Wahrscheinlichkeit (besser: Gefahr zu irren), die hier, wie bei jedem Schließen und Folgern unterläuft, ist die leider nur allzu häufige Möglichkeit, durch *Verwechslung* eines im Schließen gewonnenen Satzes mit einem andern blos ähnlichen, oder auf *sonst eine Weise* irgendwo einen Irrthum im Schließen, eine Art Rechnungsfehler, begangen zu haben. Aber diese Wahrscheinlichkeit ist nicht wenig verschieden von derjenigen, welche bei Feststellung irgend eines Factums in der Naturbeschreibung, Experimentalphysik, Geschichte u. s. w. (z. B., ob die Iliade in der That von *Homer* herrühre u. dgl. m.), in's Spiel kommt. In der letztern folgern wir aus Vordersätzen, die selbst schon von der Form sind: Wenn, α, β *wahr* sind, so sind *u*, *v* ... *wahrscheinlich*. Bei der erstgenannten subjectiven Wahrscheinlichkeit jedoch liegt der Grund der bloßen Wahrscheinlichkeit nur in der Möglichkeit des Irrthums im Denken. Die *Abfolge* der Sätze selbst ist von diesem Denken völlig unabhängig; sie sind, gleichviel ob mittelbare Erfahrungs- oder reine Begriffssätze, von der Form: Wenn *a*, *b wahr* sind, so sind auch *m*, *n* ... *wahr*. Hier herrscht daher in den Sätzen selbst keine bloße Wahrscheinlichkeit. Um diese aber auch im Gedachtwerden der objectiven Schlußfolgen möglichst zu beseitigen und unsere Zuversicht zu unsrer Erkenntniß zu erhöhen, bedarf es nur der Erfahrung, daß mehrere Menschen oder wir selbst zu verschiedenen Zeiten und unter verschiedenen Umständen diese Reihe von Schlüssen geprüft und richtig befunden haben.

Von einer Prüfung *dieser* Art hat daher jeder neue Versuch, einen Theil unsres Gedankenschatzes zum deutlicheren Bewußtsein zu erheben, sein Urtheil, seine Bestätigung oder Verwerfung zu erwarten. Einer solchen sieht auch der vorstehende entgegen. Wenn wir gleich recht gut fühlen, wie Viele uns einwenden werden, mit der Zurückführung auf unerklärbare Thatsachen sei eben nichts erklärt, und ein Beweis, welcher Schwierigkeiten negire, statt sie zu lösen, entbehre des wissenschaftlichen Ernstes, so hoffen wir desungeachtet, eine unbefangene Prüfung, über die Mängel der Darstellung eines ersten Versuches hinweg sehend, werde hie und da Ansichten entdeckt haben, welche näherer Betrachtung nicht unwerth sind. Der Schreiber dieses wenigstens hat aus ihnen die Überzeugung gewonnen, sowohl daß es eine Ungereimtheit genannt zu werden verdient, dort wo *an sich* nichts weiter zu erklären oder zu vermitteln ist, eine weitere Erklärung zu verlangen, als auch daß es unmöglich ist, den Quellen unserer empirischen Erkenntniß nachgehend nicht endlich zu solchen Urtheilen und Vorstellungen zu gelangen, welche, die erstern unmittelbar unumstößlich und gewiß, die letztern ihrer Natur nach durch Einwirkung außerhalb der Seele, wenn auch nicht immer des Leibes, befindlicher Gegenstände erzeugt sein müssen. Mit Hilfe dieses und einiger der andern hier dargelegten Begriffe däucht es uns nicht unmöglich, ohne an *Leibniz'* Grundsätzen etwas Wesentliches (etwa mit Ausnahme der Raumbegriffe, die bei ihm ziemlich unklar sind) zu vergeben, vielmehr nur durch consequente Festhaltung seines eigenen Hauptprincips, der odiosen Annahme der prästabilirten Harmonie auszuweichen und eine befriedigendere Ansicht zu gewinnen, für welche nicht nur die Naturwissenschaften, sondern auch die Astronomie mit ihrer Gravitation und Äquilibrirung der Himmelskörper zu sprechen scheinen. Jene Grundsätze *Leibniz'*, also die Fundamente monadistischer Metaphysik selbst zu untersuchen, war hier nicht der Ort und lag nicht in unserer Absicht, denn dies würde beinah eine Prüfung der gesammten Metaphysik erfordern. Noch erfreut sich dieselbe, zahlreicher genialer Versuche ungeachtet, in den wenigsten Lehren einer allgemeinen Übereinstimmung, und im Ganzen erstreckt sich das zweifellose Wissen der Denker noch wenig über *Descartes'* berühmtes: *cogito, ergo sum* hinaus. Während die Naturwissenschaften von Stunde zu Stunde mehr Boden gewinnen und überraschende Fortschritte machen, stockt die *reine Begriffswissenschaft*, welche ihnen die feste Grundlage, auf der sie fußen können, erst geben sollte, noch immer bei den zuerst sich darbietenden Problemen. Manchmal der Auflösung sich ganz nahe glaubend, gewahrt sie sich kurz darauf weiter als je davon zurückgeworfen. Das letztere vielleicht gerade deshalb, weil sie, besonders in neuester Zeit, Gefallen daran gefunden zu haben scheint, gerade der zunächst liegenden, und ihr nur um deswillen trivial dünkenden Lösung, weil sie dem gesunden Menschenverstand am meisten zusagend ist, immerdar aus dem Wege zu gehen, und das Wort des Räthsels auf geheimen, nur für Auserwählte gangbaren Wegen, die nicht immer jene des Lichtes sind, zu suchen. Wenn daher die Frage nahe liegt, warum die Vorsehung es zulassen möge, daß das Denken, die eingeschlagene gerade Bahn verlassend, oft erst nach den seltsamsten und weitesten Umwegen zu derselben zurückzukehren genöthigt werde, während es nur eines glücklichen Griffes, eines offenen Blickes bedurft hätte, um die Wahrheit auf dem kürzesten Wege zu finden: so mag vielleicht einer der Gründe der sein, daß sie uns das unschätzbare Gut des schlichten geraden Verstandes durch die eigene Verwirrung am herbsten und eindringlichsten fühlen lassen will. Auf dem Umwege waren vielleicht manche andere glückliche Entdeckungen zu machen, zu welchen wir ohne denselben nie gelangt sein würden, und wenn nichts Anderes, so macht das Gefühl, alle Möglichkeiten des Irrens erschöpft zu haben, unsern Glauben an die endlich errungene Wahrheit zuversichtlicher und fester haftend. *Lessing*'s Ausspruch, er wolle lieber das redliche Streben nach der Wahrheit, als die fertig zugerichtete (wenn man sie nicht mit *Liebe* erfaßt), findet hier seine Geltung. Durch den langen Umschweif, welchen das Denken seit *Leibniz* durch die mannigfaltigsten Gebiete genommen, um endlich doch zu der Überzeugung zurückzukehren, daß ohne Wirksamkeit keine Welt, daß die lebendige Wechselthätigkeit einfacher Wesen die *conditio sine qua non* sei, wenn wir nicht in todten Mechanismus und starren Indifferentismus verfallen sollen, dem durch extramundane wirkungslose Bevormundung nicht abgeholfen werden kann, wird es hoffentlich anschaulich genug geworden sein, die *Wechselwirkung* allein sei der passende Ausweg, den Glauben des Herzens und die Zweifel des Verstandes zu versöhnen, und der täglich gebieterisch sich vordrängenden Erfahrung auf metaphysischem Wege die Hand zu reichen. Durch das Wirken erst erhält das Sein Leben, wie die elektrische Spannung der Luft erst zum Vorschein kommt, wenn sie leuchtet und zündet. Ein Sein, das nicht wirkt, ist ein todtes Sein, also gar kein Sein, und ein Sein, das nicht auf Andere wirkt, ein nutzloses Sein; denn kein Wesen ist um seinetwillen, sondern um des Ganzen, wie ein Factor um des Productes willen da. Nur einer kurzen Beharrlichkeit hätte es vielleicht bedurft, um den Monaden *Leibniz'* diesen weltbürgerlichen Sinn einzuhauchen; allein so schnell sollte die Forschung nicht fortschreiten, damit der Einzelne nicht übermüthig werde, und um zehn Irrthümer ist die Wahrheit nicht zu theuer erkauft. So mußte die Monadologie als Betrachtung des Weltganzen den Platz räumen, um ihn dem Idealismus der einzelnen Monade zu überlassen; so mußte *Leibniz'* genialer rhapsodischer Dogmatismus geläutert werden durch eine scharfe Prüfung unsrer Erkenntnißkräfte und erst, nachdem trotz *Kant*'s Gegenrede dem denkenden Geiste durch lange Beobachtung gewiß geworden, er vermöge wenigstens einige synthetische, oder besser reine Begriffswahrheiten, die synthetischer Natur sind, und nicht minder Erfahrungsurtheile einer gewissen Gattung mit zweifelloser Gewißheit zu erkennen, ohne sie durch irgend eine Art »reine« Anschauung vermitteln zu müssen: jetzt erst dürfen wir uns ruhig und unbesorgt dem Zuge unserer Gedanken überlassen, und wenn er uns zum Monadismus zurückführt, darin einen Beweis für die innere Nothwendigkeit dieses Gedankenweges sehen. Daraus folgt aber keineswegs, daß das Denken genau die Form des *Leibniz'*schen behalten müsse, obgleich auch der wichtigste, für die Brauchbarkeit eines metaphysischen Systems entscheidende Gedanke darin, wie wir zu zeigen suchten, schon im Keime lag. Welche Form es auch immer annehmen möge, daß es *Leibniz'* Grundsätzen wenigstens in den Hauptzügen ähnlich sich gestalten werde, dafür finden wir nicht nur in *Herbart*'s Beispiel, sondern auch in der merkwürdigen Erscheinung, daß das Denken, welches so lange auf den abenteuerlichsten Bahnen schweifte, zu ihm als seinem Anfangspunkte neuerdings zurückgekehrt, die sichere und erfreuliche Bürgschaft.

Biographie

1646   *1. Juli:* Gottfried Wilhelm Leibniz wird in Leipzig geboren. Sein Vater ist Professor für Moralphilosophie an der Leipziger Universität.
Der junge Leibniz besucht die Nicolaischule und erwirbt historische und philologische Kenntnisse, dann widmet er sich der Philosophie und vor allem der Logik. Er studiert Luthers Buch über die Sklaverei des Willens (»De servo arbitrio«) und andere theologische Schriften

1661   Leibniz nimmt das Studium der Rechtswissenschaft an der Universität Leipzig auf. Jedoch beschäftigt er sich hauptsächlich mit Philosophie: Platon, Aristoteles, Plotin, die Scholastiker. Besonders beeinflusst wird er durch seinen Professor Thomasius; bei ihm studiert er Geschichte der Philosophie und Mathematik.

1663   Mit der Dissertation »De principio individui« erwirbt Leibniz den untersten akademischen Grad. Auf den Rat von Strauch begibt er sich zu einem Kurzaufenthalt an die Jenaer Universität. Dort studiert er Mathematik unter der Leitung Weigels.

1664   Leibniz kehrt nach Leipzig zurück.
Mit der Abhandlung »Specimen difficultatum in jure seu quaestiones philosophicae amoeniores es jure collectae« erwirbt er den Magistergrad in der Philosophie. Außerdem schreibt er »Meditationes de cognitione, veritate et ideis«.

1666   *7. März:* Für die Berechtigung, in der philosophischen Fakultät einen Platz einzunehmen, qualifiziert sich Leibniz mit der Abhandlung »Disputatio arithmetica de complexionibus«. Es handelt sich hierbei um einen Teil des größeren Werkes »De arte combinatoria«.
Leibniz verläßt Leipzig, da er wohl auf Grund seines jugendlichen Alters auf Widerstände bei der Erlangung des Doktorgrades der Jurisprudenz stößt.
Er wechselt auf die Nürnbergische Universität Altdorf. Dort wird er zur Prüfung zugelassen und verteidigt seine Abhandlung »De casibus perplexis in iure« (Über verwickelte

Rechtsfälle).
Leibniz wird Doktor der Jurisprudenz. Ihm wird eine Professur an der Hochschule angeboten, die er aber ausschlägt.

1667 Begegnung mit dem Baron Johann Christian von Boineburg (ehemaliger Minister des Kurfürsten Johann Philipp von Mainz) in Nürnberg. Boineburg zieht Leibniz in kurmainzische Dienste und veranlaßt ihn, nach Frankfurt zu gehen.
Die Schrift »Nova methodus discendae docendaeque iurisprudentiae« (Neue Methode, die Jurisprudenz zu lernen und zu lehren) wird dem Kurfürsten gewidmet. Leibniz bekleidet die Stelle eines Kurfürstlichen Rats in Mainz.

1670 Leibniz gibt die Schrift des Nizolius »De veris principiis et vera ratione philosophandi« von 1553 neu heraus.

1672 Leibniz reist nach Paris, um Ludwig XIV. den Plan eines Feldzugs der Franzosen nach Ägypten zu unterbreiten, um ihn von Holland und Deutschland abzulenken. Der Plan scheitert jedoch.
Er nimmt Kontakt zu den von Descartes beeinflußten Philosophen Malebranche, Arnauld u.a. und zu Mathematikern und Naturforschern auf.
Er vertieft sich in die durch Descartes, Pascal u.a. auf den Weg gebrachte höhere mathematische Analysis. Sein eigentlicher Lehrer in der Mathematik ist jedoch Huygens.

1673 Erste Reise nach London. Dort macht Leibniz Bekanntschaft mit Newton, Boyle, Oldenburg u.a. Er wird in die Royal Society aufgenommen.
Der Antrag seitens des Kurfürsten von Hannover Johann Friedrich, in seine Dienste zu treten, wird zunächst abgelehnt.

1675 Wieder in Paris betreibt Leibniz intensive Studien zur Infinitesimalrechnung.
Er konstruiert eine Rechenmaschine.

1676 Zum zweitenmal reist Leibniz nach England. Dort macht er die Bekanntschaft Collins.
Johann Friedrich erneuert seinen Vorschlag und macht Leibniz das berufliche Angebot eines Bibliothekars und Mitgliedes des Ratskollegiums. Dieser nimmt an und reist über Holland, wo er Spinoza in Den Haag aufsucht, nach

	Deutschland zurück. Ende des Jahres trifft Leibniz in Hannover ein.
1677	»Über das Hoheits- und Gesandtschaftsrecht der deutschen Fürsten«.
1678	Leibniz wird Hofrat, später Geheimer Justizrat.
1679	Kurfürst Johann Friedrich stirbt, Ernst August tritt die Regierung an.
	Während der nächsten Jahrzehnte arbeitet Leibniz an der Geschichte des Braunschweigischen Fürstenhauses.
1684	»Nova methodus pro maximis et minimis«.
1686	»Discours de métaphysique« (Metaphysische Abhandlung). »De geometria infinitorum«.
1687	Fast drei Jahre lang reist Leibniz durch Deutschland und Italien, um Quellenstudien zu treiben. In Rom macht er die Bekanntschaft des Missionars Grimaldi, der ihm später über die Philosophie der Chinesen reichliche Aufschlüsse zukommen läßt.
1688	In Wien wird ein kaiserliches Kriegsmanifest gegen Ludwig XIV. aufgesetzt.
1689	Leibniz besucht Neapel und begibt sich über Florenz und Bologna zum zweiten Mal nach Modena, wo er die Verwandtschaft zwischen dem welfischen Fürstenhaus und den Herzögen von Este in Urkunden entdeckt.
1690	Leibniz kehrt über Venedig und Wien nach Hannover zurück.
1691	Er wird Bibliothekar in Wolfenbüttel.
1692	Hannover wird zur neunten Kurwürde erhoben.
1693	Der erste Band der Urkundensammlung (»Codex gentium diplomaticus«) erscheint; es folgen die zwei Bände der »Historischen Zugaben« (»Accessiones historicae«). Zu Beginn des neuen Jahrhunderts erscheint die zweite Quellensammlung. Das Hauptwerk allerdings, die »Annales rerum Brunsvicensum« oder »Annales imperii occidentis Brunsvicensis«, ist nicht vollendet worden.
1695	»Système nouveau de la nature«.
1697	Leibniz beteiligt sich erfolglos an den Verhandlungen betreffs der Vereinigung der Lutheraner und der Reformierten. »De rerum originatione radicali«.

1698	Kurfürst Ernst August stirbt. Georg Ludwig, später Georg I. von Großbritannien, tritt die Regierung an. Über die seit 1684 mit dem Kurprinzen Friedrich von Brandenburg vermählte Prinzessin Sophie Charlotte nimmt Leibniz fortan Einfluß auf den preußischen Staat. »De ipsa natura«.
1700	Leibniz wird Präsident auf Lebenszeit bei der »Societät der Wissenschaften«, der nachherigen Akademie der Wissenschaften in Berlin, zu deren Gründung er maßgeblich beigetragen hat. L. ruft verschiedene Zeitschriften ins Leben, z.B. die »Acta eruditorum« in Leipzig und den »Monatlichen Auszug« in Hannover.
1704	»Nouveaux essais sur l'entendement humain« (Neue Abhandlungen über den menschlichen Verstand) entsteht als Gegenschrift zu Lockes Werk »An essay concerning human understanding« (Versuch über den menschlichen Verstand), wird aber erst 1765 gedruckt.
1705	Königin Sophie Charlotte stirbt. »Considérations sur le principe de la vie et sur les natures plastiques«.
1710	Es erscheinen »Miscellanea Berolinensia«, ein Sammelband gelehrter Abhandlungen, und »Essais de Théodicée«, die gegen Bayle gerichtet und aus den Gesprächen mit Sophie Charlotte hervorgegangen sind.
1711	Leibniz macht die Bekanntschaft Peters des Großen, des Zaren von Rußland. Er nimmt die Gründung einer Akademie in Rußland in Aussicht, welche später dann auch in Petersburg zustande kommt. Er verfaßt eine Reihe von Denkschriften, z.B. über die Reform der russischen Gerichtsordnung.
1712	Leibniz wird vom deutschen Kaiser zum Reichshofrat ernannt.
1712-14	Leibniz lebt in Wien.
1714	»La Monadologie« (»Monadologie«). »Principes de la nature et de la grace«, verfaßt für den Prinzen Eugen.

1716   Leibniz fällt beim Braunschweigischen Hof in Ungnade.
        14. November: Leibniz stirbt in Hannover.

Lektürehinweise

K. Müller, G. Krönert, Leben und Werk von Gottfried Wilhelm Leibniz. Eine Chronik, Frankfurt a.M. 1969.

H. Poser, Gottfried Wilhelm Leibniz, in: Klassiker der Philosophie, hg. v. O. Höffe, Bd. 1, München 1981.